Erwin Lutzer
Wenn ihr urteilt ...
Zwischen Richtgeist und Toleranz

W0173087

ERWIN W. LUTZER

»*Wenn ihr urteilt …*«

Leben zwischen
Richtgeist und Toleranz

Impressum

This book was first published in the United States by Moody Publishers
with the title »Who are You tu Judge?« by Erwin W. Lutzer
© Copyright 2002 by the Moody Bible Institute of Chicago
Translated by permission.

Erwin W. Lutzer
Wenn ihr urteilt ...
Zwischen Richtgeist und Toleranz
Zweite vollständig überarbeitete Auflage 2008
(Die erste Auflage erschien 2003 unter dem Titel
»Wer bist du, dass du andere richtest?«)

ISBN 978-3-89436-647-6

© 2003 und 2008:
Christliche Verlagsgesellschaft mbH, Dillenburg
Übersetzung: Alex Collings
Satz: CV Dillenburg
Cover: Christoph Ziegeler, www.pixelkraft.de
Druck: CPI Moravia, Pohorelice

Printed in Czech Republic

Inhalt

Bevor Sie beginnen 7

1   Warum fürchten wir uns zu richten? 11
    Die Zukunft ist da

2   Richte nicht, damit du nicht gerichtet wirst! 35
    Sollen wir aufhören zu richten?

3   Wenn man die Lehre beurteilt 53
    Spielt das, was wir glauben, wirklich eine so große Rolle?

4   Wenn man falsche Propheten beurteilt 79
    Wie können wir sie erkennen?

5   Wenn man Wunder beurteilt 103
    Stammen diese von Gott oder vom Teufel?

6   Wenn man Unterhaltung beurteilt 127
    Wie viel Hollywood dürfen wir zuhause hineinlassen?

7   Wenn man das Äußere beurteilt 149
    In welchem Verhältnis stehen Schönheit und Glück?

8   Wenn man Okkultes beurteilt 169
    Wann wird Fantasie zur Realität?

9 Wenn man Geister, Engel und Wallfahrtsorte beurteilt ...   191
Wie sollen wir die Geisterwelt deuten?

10 Wenn man das Verhalten beurteilt 209
Können wir Übereinstimmung über das erzielen,
was richtig und falsch ist?

11 Wenn man den Charakter beurteilt 223
Was sind die Merkmale und Zeichen von Integrität?

Buchempfehlungen 239

Bevor Sie beginnen ...

Es gab eine Zeit, in der Wahrheit wichtig war.

Es war sogar so, dass die Wahrheit manchmal eine so bedeutende Rolle spielte, dass dabei die Liebe zu kurz kam. Lesen Sie nur einmal einige Schriften der Reformatoren. Dort können Sie sich davon überzeugen, dass allzu oft die Wahrheit Vorrang vor der Nächstenliebe hatte; Recht zu haben war damals entscheidender, als freundlich und liebevoll zu sein. Ich habe mir oft die Frage gestellt, was wohl passiert wäre, wenn John Knox der Königin von Schottland ein wenig mehr Höflichkeit und Mitgefühl entgegengebracht hätte, wenn er mit ihr sprach. Natürlich kennen wir die Antwort hierauf nicht, aber vielleicht wäre ihr Herz gegenüber dem Glauben der Reformatoren erweicht worden, und die bitteren Auseinandersetzungen wären von mehr Nächstenliebe geprägt gewesen. Das Gleiche lässt sich über den hitzigen Lehrstreit zwischen Luther und Zwingli sagen, oder auch über den Groll zwischen Calvin und Servetus, der ja damit endete, dass Servetus in Genf am Pfahl verbrannt wurde. Ein wenig Verständnis füreinander hätte diesen Streitigkeiten die Schärfe genommen.

Heutzutage sind wir in die entgegengesetzte Richtung umgeschwenkt. Die Liebe hat die Wahrheit ersetzt und ist um der lieben Einheit willen wichtiger geworden als jede biblische Lehre – das Evangelium eingeschlossen. Wir tolerieren lieber die abweichende

Lehre, so argumentiert man zumeist, als zu riskieren, dass wir uns vor der Welt unbeliebt machen. Und so wird unter dem Banner der Einheit nahezu jede lehrmäßige Abweichung in Kauf genommen; ebenso werden moralische Vergehen schnell vergeben.

Uns mag die Haltung der Reformatoren nicht immer gefallen. Und doch ist ihr Beispiel ein notwendiger Kontrapunkt zu unseren liberalen Ansichten und Lebensstilen. Diese Männer und Frauen würden uns sagen, dass noch niemand in den Himmel gekommen ist, weil er so liebevoll war; wer dorthin gelangen möchte, braucht Wahrheit. Genauso hätten uns die Reformatoren vor einer Einheit im Irrtum gewarnt. Jesus hat uns gezeigt, dass sich ein von Liebe erfüllter Geist durchaus mit Warnungen vor Irrtum vereinbaren lässt, ja sogar mit der klaren Benennung falscher Lehrer.

Wo aber ziehen wir die Grenze? An welchem Punkt müssen wir ausrufen »Genug ist genug!«? Gewiss möchten wir keine Spaltung wegen unwesentlicher Fragen herbeiführen; wir wollen unseren Glaubensgeschwistern nicht mit einer Haltung begegnen, die »heiliger als heilig« ist und den Anspruch erhebt, nur wir allein hätten die Wahrheit gepachtet. Gleichzeitig gilt es aber, mahnend zu rufen; es ist unsere Pflicht, die Gemeinde daran zu erinnern, dass sie sich von der Welt unterscheiden muss. Wir müssen die Wahrheit ehren und für sie einstehen, auch dann, wenn wir möglicherweise missverstanden werden oder die persönliche Gemeinschaft mit einem anderen Menschen darunter leidet.

Dies ist ein Buch über geistliches Urteilsvermögen, die Fähigkeit, das Falsche vom Wahren, den Irrtum von der Halbwahrheit zu unterscheiden. Selbstverständlich gehe ich nicht davon aus, dass mir alle Christen in der Abhandlung der verschiedenen Themen auf den folgenden Seiten zustimmen. Ich wünsche mir allerdings, dass es dadurch zum Dialog über diese Themen kommt. Es würde mich außerordentlich freuen, wenn wir gemeinsam darüber nachdenken könnten, wie die religiösen und moralischen Ausprägungen unserer Kultur die Kirche beeinflusst haben und welche Aufgabe daraus für uns erwächst. Zu dieser Herausforderung sind wir aufgerufen.

Ich habe größtenteils darauf verzichtet, die Namen derer zu nennen, die sich für persönliche Intuition und sogenannte Prophezeiungen zulasten fundierter Lehre entschieden haben. Meine Absicht liegt darin, die elementaren Prinzipien herauszustellen, die für eine schriftgemäße Bewertung erforderlich sind. Verkündiger, Pfarrer, Glaubensheiler, Gesundbeter und Propheten kommen und gehen, Gottes Wort aber bleibt.

Begleiten Sie mich auf einer Reise. Lassen Sie uns gemeinsam erkunden, wie wir angemessen die Grenzen nachzeichnen können, die Gemeinde und Welt voneinander trennen. Wir wollen uns dabei untereinander in Liebe warnen, zurechtweisen und belehren – in der Hoffnung, dass wir kostbaren Boden zurückgewinnen, den wir durch das Vordringen des Weltgeistes verloren haben.

Die Aufgabe erlaubt keinen Aufschub. Lassen Sie uns um Gottes Stärke bitten, das tun zu können, was zu tun ist.

Erwin Lutzer

KAPITEL 1

Warum fürchten wir uns zu richten?

Die Zukunft ist da

Die Gemeinde muss in der Welt so sein, wie ein Schiff auf dem Meer; aber wenn das Meer in das Schiff eindringt, besteht für das Schiff große Gefahr. Ich befürchte, dass in das »evangelikale Schiff« Wasser hineinläuft. Die Welt flutet so rasch in die Gemeinde hinein, dass wir uns wohl zu Recht fragen dürfen, wie lange das Schiff sich noch über Wasser halten kann. Die Gemeinde, deren Aufgabe es ist, auf die Welt Einfluss zu nehmen, befindet sich nunmehr in der umgekehrten Position: Sie *wird* von der Welt beeinflusst.

Wenn wir als die Beauftragten Christi uns nur knapp über Wasser halten, wie können wir ernsthaft erwarten, eine Gesellschaft zu retten, die um uns herum am Untergehen ist? Wir haben uns die Werte der Welt zu eigen gemacht; ihre Unterhaltung, ihre Moralvorstellungen, ihre Geisteshaltungen. Wir haben uns ebenfalls ihre Toleranz angeeignet, ihr Bestehen darauf, dass wir die persönlichen Überzeugungen des Einzelnen niemals kritisch zu hinterfragen haben, egal ob außerhalb oder innerhalb der Gemeinde. Angesichts kultureller Zwänge und Erwartungen sind wir verwirrt. Wir handeln nur noch zögerlich und sind unfähig, ein von Liebe geprägtes, aber dennoch überzeugendes Zeugnis unseres Glaubens abzulegen.

Selbstverständlich gibt es auch viele hoffnungsvolle Zeichen in unserer Kultur. Es gibt Gemeinden und auch einzelne, die sich für die gute Nachricht des Evangeliums großartig einsetzen, und dafür sind wir dankbar. Trotzdem gilt überwiegend, dass wir uns als Christen mit einer bequemen Art von Christentum eingerichtet haben, die einem sehr wenig abverlangt und infolgedessen die sonstige Kultur kaum berührt. Geht die Welt einen Schritt auf uns zu, so umarmen wir sie ganz ohne Gewissensbisse. Eine Gemeinde jedoch, die mit der Welt Frieden geschlossen hat, ist unfähig, diese zu verändern.

Heute hat sich der Mythos durchgesetzt, dass die Welt im Gegensatz zu früher toleranter geworden ist, weil sie »beide Standpunkte« anerkennt. Wenn Sie sich an eine Straßenecke in einer der Städte Amerikas hinstellen und die Leute fragen würden: »Was halten Sie von Jesus Christus?«, so würden Sie höchstwahrscheinlich sehr positive Antworten erhalten. Jesus würde als guter Weisheitslehrer oder als einer, der uns über die Liebe unterrichtete, beschrieben werden. Aber wir können ziemlich sicher sein, dass Weltmenschen nur deshalb gut von ihm sprechen, weil sie missverstehen, wer er ist und warum er auf die Erde kam.

Hören wir ihm selbst zu: »*Wenn die Welt euch hasst, so wisst, dass sie mich vor euch gehasst hat. Wenn ihr von der Welt wäret, würde die Welt das Ihre lieben; weil ihr aber nicht von der Welt seid, sondern ich euch aus der Welt erwählt habe, darum hasst euch die Welt*« (Joh 15,18-19). Im Großen und Ganzen hat die Welt heute nur deshalb eine positive Meinung über Christus, weil sie ihn missversteht.

Merken Sie sich diese unverbrüchliche Wahrheit: Je besser die Welt den Grund für das Kommen Jesu versteht, desto mehr hasst sie ihn. Was die Welt schätzt, verachtet Christus; was er liebt, hasst die Welt. Vor vielen Jahren schrieb F.B. Meyer: »Zwischen solch unversöhnlichen Gegensätzen wie Gemeinde und Welt kann es nur Widerstreit und Feindschaft geben. Jede Seite verehrt und sucht das, was die jeweils andere Seite als wertlos zurückweist. Jede Seite ist Zwecken verpflichtet, die sich als nachteilig zu den wertvollsten Interessen der anderen Seite erweisen.«[1]

Und dennoch sind die meisten Christen der Auffassung, dass es möglich ist Jesus nachzufolgen, ohne der Welt den Rücken zu kehren!

Es ist schon einige Generationen her, dass wir Predigten hörten, die überschrieben waren mit »Biblische Absonderung«. Dies waren Predigten, in denen zum Ausdruck kam, dass wir uns von dem absondern müssen, was Gott missfällt, und uns stattdessen ganz den Werten und Glaubensgrundlagen der Heiligen Schrift hingeben sollten. Viele von uns wurden vor Dingen wie Kino, Alkohol, Rauchen und einigen weiteren Sünden gewarnt. Diese Art von Unterweisung hatte ihre Grenzen, denn Gottgefälligkeit wurde oft mittels der Dinge definiert, die wir nicht tun sollten. Aber zumindest wurden wir gelehrt, dass einige Dinge richtig und andere falsch waren; es wurde versucht – so unvollkommen dies auch gewesen sein mag –, die Gemeinde von der Welt erkennbar zu unterscheiden.

Meine Generation beanspruchte für sich, klüger als ihre Eltern zu sein. Wir sagten, dass die Liste der »weltlichen Sünden« Menschenwerk sei und dass wir über solche Angelegenheiten selbst zu entscheiden hätten. Ältere Christen kannten ihre Herzen besser als wir unsere. Sie warnten uns, dass wir eine ganze Reihe von Dominosteinen zum Umstürzen brächten, wenn wir anfingen, die Weltlichkeit – was auch immer man darunter versteht – zu tolerieren. Sie wiesen uns darauf hin, dass dann der Tag komme, an dem die Gemeinde mit »weltlichen Gläubigen« voll sei.

Dieser Tag ist nun gekommen.

Meinungsumfragen zeigen, dass der Unterschied zwischen Gemeinde und Welt in mancherlei Hinsicht nicht mehr zu erkennen ist. Die Sünden, die wir in der Welt finden, sind gleichermaßen in der Gemeinde anzutreffen: Scheidung, Unmoral, Pornografie, zweifelhafte Unterhaltung, Materialismus und Gleichgültigkeit gegenüber dem, was andere glauben. Offiziell glauben wir, dass Menschen verloren sind, wenn sie nicht Jesus als ihrem Erlöser vertrauen; tatsächlich handeln wir aber so, als ob es egal sei, was Leute glauben und tun. Kein Wunder, dass aus unserem Licht ein schwaches Flackern geworden ist und dass unser Salz seinen Geschmack verloren hat.

Viele glauben, dass wir kein Recht haben, den Lebensstil oder die Überzeugungen einer anderen Person zu beurteilen. Wir haben uns dem radikalen Individualismus und der Privatisierung des Glaubens verschrieben, so dass wir gewillt sind, »zu leben und leben zu lassen« – ohne irgendeine Diskussion, Bewertung oder Ermahnung. Wir haben die Fähigkeit verloren, die Welt zu beurteilen, weil wir nicht mehr die Fähigkeit besitzen, uns selbst zu beurteilen. Wir betonen zwar gewisse Glaubensgrundsätze, handeln dann aber so, als ob sie nicht wirklich wichtig seien.

Kein Wunder, dass der meistzitierte Vers der Bibel nicht Johannes 3,16 ist: *»Denn so hat Gott die Welt geliebt«*, sondern vielmehr: *»Richtet nicht, damit ihr nicht gerichtet werdet!«* (Mt 7,1). Sogar in evangelikalen Kreisen hören wir manchmal: »Wer sind Sie, dass Sie richten?« Diese Frage impliziert ganz offensichtlich, dass wir kein Recht haben zu sagen: »Dieser Lebensstil ist falsch«, oder: »Dies ist eine Irrlehre«, oder auch: »Dieser Prediger ist ein falscher Lehrer.« Der Satz, der unsere Kultur am treffendsten beschreibt, lautet: *Was soll's!*

Wie sind wir an diesen Punkt gelangt?

Warum fällt es uns so schwer zu sagen, dass einige religiöse Ansichten falsch sind? Oder dass verschiedene Verhaltensweisen sündig sind? Warum erlauben wir Hollywood so massiven Zugriff auf unser Zuhause und meinen dabei, dass wir und unsere Familien von der Unterhaltungsindustrie nicht beeinflusst werden? Warum lassen wir es zu, dass falsche Lehrer und Propheten aufstehen, ohne das Gottesvolk davor zu warnen? Warum werden verschiedene Formen des Okkultismus praktiziert? Dies sind nur einige der Fragen, die wir in den folgenden Kapiteln des Buches besprechen werden.

Bevor wir unsere Reise beginnen, müssen wir ein tieferes Verständnis davon gewinnen, wie die vorherrschenden Vorstellungen unserer Kultur und Gesellschaft die Gemeinde beeinflusst haben. Wir könnten dabei herausfinden, dass wir sehr viel mehr von der Welt vereinnahmt werden, als wir es gegenwärtig erkennen. Wir müssen deshalb zuerst für einen Moment die Herausforderungen betrachten, mit denen wir es in der Welt um uns zu tun haben. Danach wenden wir uns der Verantwortung zu, die wir als Glieder der Gemeinde Gottes haben.

Wir haben alle schon gehört, dass wir in einer postmodernen Gesellschaft leben – aber was bedeutet das eigentlich? Und welche

Wirkung hat die Postmoderne auf die Gemeinde? Jede Generation muss ihre eigenen Schlachten kämpfen; manchmal sind die Reibungspunkte einer Generation die gleichen wie die der vorigen, oft aber sind die Themen unterschiedlich. Jede Generation muss sich allerdings mit der Welt auseinandersetzen, um sie entweder zu verändern oder von ihr verändert zu werden.

Die heutigen Herausforderungen sind einzigartig, denn keine andere Generation ist jemals so sehr von der Technik beeinflusst worden wie die unsere. Wir werden mit Fernsehen, DVD-Revolution und Internet bombardiert. Vielleicht hat keine andere Generation so viele Möglichkeiten wie wir heute gehabt – es hat sich aber auch keine mit so vielen Fallstricken auseinandersetzen müssen.

Inmitten dieser großartigen Möglichkeiten haben wir uns leider sehr stark vom Guten zum Trivialen und Irrationalen hingewendet. In unseren Tagen ist es zu einer überdimensionalen Umkehr im Denken gekommen; diese Generation nimmt die Realität anders wahr als die Generationen vor ihr. Es geht sogar so weit, dass der Mensch das Leben nicht mehr so sieht, wie er es früher tat, und wir Christen das Leben ebenfalls grundlegend anders betrachten.

Lassen Sie uns daher kurz in das postmoderne Denken eintauchen. Dann wird es uns möglich werden, die vor uns liegenden Herausforderungen besser zu verstehen. Im daran anschließenden Teil werden wir uns die Frage stellen, wie wir von der Welt beeinflusst worden sind und was wir dagegen nun tun können.

Abwärts in die Dekadenz

Die Wahrheit ist verschwunden, und wenige haben es bemerkt. Vor unseren Augen lösen sich die alten Denkmuster auf. An ihre Stelle treten neue Möglichkeiten, die Welt zu sehen und sie zu erfahren. Einige von uns sind mit Vorstellungen groß geworden, die zunehmend beiseite gelegt werden, um für neue Denkweisen Platz zu machen, die in direktem Widerspruch zum christlichen Evangelium stehen. Es ist wohl nicht zu krass formuliert, dass der Vergangenheit zugunsten einer schönen neuen Welt der Krieg erklärt wurde.

Wir können Postmoderne nicht verstehen, wenn wir nicht begreifen, was die Moderne ausmachte (und ausmacht). Die Moderne war der Glaube, dass die Vernunft die Kraft hatte, die Welt zu erklären und den Sinn in ihr zu benennen; man dachte, dass das menschliche Denken die Fähigkeit besitze, die Realität zu deuten und universelle Werte zu entdecken. Die Moderne war optimistisch und glaubte an den Fortschritt; man hoffte, dass Wissenschaft und Geschichte uns zu zahlreichen Wahrheiten führen würden und uns bei der Interpretation der Realität helfen könnten. Die Moderne griff die Religion an, insbesondere das Christentum, weil man annahm, dass es voller abergläubischer Vorstellungen wäre. Dennoch glaubten die Denker der Moderne zumindest, dass Wahrheit existiert, und sie scheuten sich auch nicht davor, dies vorauszusetzen.

Nun aber hat die Postmoderne die Bühne betreten.

Der gegenwärtige Grundgedanke ist, dass die Vernunft darin versagt hat, der Welt einen Sinn zuzuschreiben. Man sagt, die Moderne besitze gar nicht die Bauelemente, um ein System von Wahrheiten zu errichten, das auf alle Kulturen angewendet werden könne. Daher müsse die alte Vorstellung von einer objektiven Wahrheit durch die neue ersetzt werden, dass es keine »Wahrheit« im eigentlichen Sinne gibt – insofern wir unter »Wahrheit« die Werte verstehen, die für alle Kulturen und Zeiten verbindlich sind. Die Wahrheit, sofern sie überhaupt existiert, gibt es demnach nicht »dort draußen«, so dass man sie entdecken könnte. Sie ist schlicht und einfach meine ganz persönliche Antwort auf die Daten, die mir zugänglich sind. Ich *entdecke* also nicht die Wahrheit, sondern *bin* die *Quelle* der Wahrheit.[2]

Während die Moderne die Religion noch mit dem Vorwurf des Aberglaubens belegte, akzeptiert die Postmoderne alle Religionen und gibt jeder Form von Aberglauben einen hohen Stellenwert. Spiritualität jeder Art wird nunmehr anerkannt, ohne den Gedanken, dass die eine Sicht der Dinge falsch und eine andere richtig sein könnte.

Folglich geht die Postmoderne theoretisch davon aus, dass es keinen unabhängigen Maßstab für richtig oder falsch, Wahrheit oder Irrtum gibt. Wir sind jedoch alle moralische Wesen. Daher können selbst Postmodernisten nicht alle moralischen Urteile außer Acht lassen. Wenn Postmodernisten etwas sehen, was ihnen nicht gefällt, haben sie neue Wege, das zu beschreiben. Sie haben Begriffe erfunden, die das Konzept von Wahrheit ersetzen.

Diese neuen Denkstrukturen haben den Dialog in unserer modernen Welt verändert. Wenn wir unsere Kultur wirklich herausfordern wollen, sollten wir sie erst einmal gründlich verstehen.

Wahrheit wird durch Fairness ersetzt

Wie bereits erwähnt, gab es einmal eine Zeit, in der die Menschen dachten, Wahrheit als solche existiere, auch wenn sie sich nicht darüber einig waren, was diese Wahrheit war. Heute wird eine Überzeugung nicht danach beurteilt, ob sie wahr oder falsch ist, sondern danach, ob sie *fair* ist.

Bedenken Sie einmal, was das für diejenigen von uns bedeutet, die dem Evangelium glauben. Die Vorstellung, dass man nur durch Christus erlöst wird, klingt gewiss nicht »fair«, wenn man dabei die vielen verschiedenen Religionen der Welt in Betracht zieht. Deswegen wird unsere Botschaft inakzeptabel genannt, egal wie viele Beweise oder Belege dazu erbracht werden können. Es ist sogar so, dass uns gesagt wird, unser Glaube beruhe auf einer zu engen Sichtweise. Das Christentum sei einfach unser Vorurteil.

Der gleiche Ansatz wird gewählt, wenn es um die Beurteilung der Moral geht. Postmodernisten sagen, dass Moral – wenn sie überhaupt existiert – eine psychologische Frage ist. Wenn Sie und ich also sagen würden: »Dies und jenes halten wir für unmoralisch«, dann hört sich das im postmodernen Denken so an, als ob wir ein bestimmtes Vorurteil hätten. Wir haben alle schon gehört, wie Aktivisten für die Rechte Homosexueller diejenigen als Frömmler bezeichnen, die an den Wert der traditionellen Ehe glauben. Moral ist also keine objektive Angelegenheit, sondern ein enges, persönliches Vorurteil.

Vielleicht veranschaulicht ein Blick auf den Baseball-Sport unsere Aussage besser. Jemand hat einmal gesagt, dass ein Schiedsrichter aus der vor-modernen Zeit sich so ausgedrückt hätte: »Es gibt Bälle und die entsprechenden Schläge dazu. Ich nenne die Dinge so, wie *sie sind.«* Ein moderner Schiedsrichter dagegen hätte den gleichen Sachverhalt so beschrieben:»Es gibt Bälle und die entsprechenden Schläge dazu. Ich nenne die Dinge so, *wie ich sie sehe.«* Aber ein postmoderner Schiedsrichter würde es so sagen:»Es gibt Bälle und die entsprechenden Schläge dazu, und die Dinge sind so, *wie ich beliebe, sie zu nennen.«* In religiösen und moralischen Fragen ist also Wahrheit einfach das, was ich Wahrheit nenne.

Unser nationales Ideal ist es, Anstößigkeit zu vermeiden. Wenn Sie nun der Auffassung sind, dass Sie die»Wahrheit« besitzen, verlangt es die Höflichkeit, dass Sie Ihre Gedanken für sich behalten. Als guter Staatsbürger sollten Sie zivilisiert genug sein, Ihre persönlichen Überzeugungen (Ihre»Vorurteile«) in der Privatsphäre zu belassen. Selbst die Meinungsfreiheit sollte nicht so weit gehen, dass Sie moralische Urteile über die privaten Vorlieben und Verhaltensweisen anderer Leute treffen.

In der Verfassung findet sich also ein neues»Recht«. Niemand sollte je etwas anhören oder lesen müssen, womit er nicht übereinstimmt oder was für ihn anstößig ist. Das Antidiskriminierungsgesetz wird als Schutz für Gruppen angepriesen, die angeblich unfairerweise von frommen Fanatikern oder Kriminellen ausgegrenzt werden. Was auch immer die Verdienste dieser Gesetzgebung sind: Wir sollten uns bewusst sein, dass das Ziel darin besteht,»anstößiges Reden« als Diskriminierung zu brandmarken. Dies führt zu einer Unterdrückung der Meinungsfreiheit.

In Kanada gibt es ein Beispiel hierfür. Dort wurde ein solches Gesetz verabschiedet. Die Folge davon war, dass die Behörden den Radiosendungen von Dr. James Dobson (*Focus on the Family)* und Dr. Jerry Falwell (*Old Time Gospel Hour)* sowie den Beiträgen von Dr. Laura Schlessinger eine Auflage erteilten. Sie durften nur dann auf Sendung bleiben, wenn sie jeglichen Bezug zur Homosexualität entfernten. Der kanadische Rundfunkrat zitiert hier Kanadas Antidiskriminierungsgesetz, wonach es illegal ist, von irgendeiner Gruppe abwertend zu sprechen. Das heißt, dass Prediger all die Bibelstellen nicht in ihren Sendungen anführen dürfen, die sich auf Homosexualität beziehen. Andernfalls gefährden sie die Senderechte der entsprechenden Radiostationen, die ihnen die Sendezeit zur Verfügung stellen.[3]

Einige gehen in ihrer Argumentation noch ein Stück weiter. Sie behaupten, dass nicht nur der »Straftäter« selbst schuldig ist; vielmehr ist jeder, der sich nicht mit den Interessen Homosexueller identifiziert, ebenfalls schuldig. Vielleicht erinnern Sie sich an die Ermordung des homosexuellen Matthew Shepherd. Nach dem Verbrechen wurden viele Leute mit einem ganzen Netz von Anschuldigungen überzogen. Zu diesen Leuten zählten auch solche, die sich gegen Eheschließungen von Homosexuellen und die Einräumung von Sonderrechten für sie ausgesprochen hatten. Die postmoderne Logik besagt, dass solche Vorurteile rein privat zu pflegen sind, da sonst »gegen Homosexuelle gerichtete« Aussagen mit zum Verbrechen der Täter beitragen. Und ein Rückzug ins Private sei schon deshalb angebracht, weil diese Aussagen in hohem Maß anstößig sind. Der richtige Umgang mit solchen Kränkungen spielt auch im politischen Bereich eine bedeutende Rolle. Sie werden vermutlich mitbekommen haben, dass einige Firmen nach den Terroranschlägen des 11. Septembers ihren Angestellten untersagt haben, die amerikanische Flagge auf den Schreibtisch zu stellen. Sie fürchteten, dass sie damit andere Mitarbeiter kränken würden, die den Krieg in Afghanistan nicht unterstützten. S.D. Gade schreibt in seinem Buch *When Tolerance Is No Virtue* (Wenn Toleranz keine Tugend ist), dass es das Ziel der sogenannten politischen Korrektheit ist (was im Wesentlichen mit dem Begriff der Postmoderne übereinstimmt), nicht in den Bereich der persönlichen Haltungen und Überzeugungen eines anderen Menschen einzudringen.[4]

Unterm Strich können wir nur gute Nachrichten ertragen, nicht aber schlechte. Sie dürfen sagen, dass Jesus Ihr Leben verändert hat. Es ist allerdings nicht erlaubt zu sagen, dass er der einzige Weg zu Gott ist. Solche Aussagen sind zunächst einmal einfach unfair, weil sie Jesus gegenüber anderen religiösen Führern als überlegen darstellen und damit für die Mehrheit der Weltbevölkerung anstößig sind. Entscheidender ist allerdings, dass solche Aussagen nicht objektiv wahr sein können, sondern lediglich Ausdruck der eigenen religiösen Vorurteile sind. Ende der Diskussion.

Nicht alles, was man politisch korrektes Denken nennt, ist falsch. Wir Christen sind bei den falschen Streitpunkten oft verurteilend, intolerant und selbstgerecht gewesen. Wir haben uns des Rassismus, des Elitedenkens und einer auf Lehre versteiften Arroganz schuldig gemacht. Es gibt so manche Christen, die eine gute Portion Toleranz vertragen könnten, insbesondere wenn es sich um die Beziehung zu anderen Christen handelt. Aber beachten Sie dieses: Wir sollten in diesen Bereichen nicht deshalb tolerant sein, weil wir mit Intoleranz die Menschen kränken oder beleidigen, sondern weil wir durch eine tolerante Einstellung das Richtige tun. Mit anderen Worten: Unsere Toleranz muss auf der Wahrheit gründen, genau wie auch unsere Intoleranz auf Wahrheit fußen muss. Letzten Endes muss in unseren Urteilen das Fragen nach der Wahrheit stecken.[5]

Das Problem ist, dass wir oft dort intolerant sind, wo wir toleranter sein sollten; umgekehrt sind wir häufig genau da tolerant, wo wir intoleranter sein müssten. Um es auf den Punkt zu bringen: Wir sind eingeschüchtert. Auch ich habe nicht alle Antworten auf die Fragen unserer verworrenen Welt. Wir müssen dennoch versuchen, das als Wahrheit anzuerkennen, was die Bibel lehrt, und auch dem Auftrag entsprechend zu leben, den uns der Herr gegeben hat.

Wie wir gesehen haben, gibt es für die postmoderne Weltanschauung keine letzte Instanz im traditionellen Sinne. Wahrheit ist subjektiv und losgelöst von Argumentation und Fakten. Es gibt »Ihre Wahrheit« und »meine Wahrheit«, aber keine Wahrheit, die wir beide zugrundelegen müssen. Daher ist unser Maßstab zur Beurteilung von religiösen Überzeugungen und der persönlichen Lebensführung nicht Wahrheit, sondern Fairness.

Wahrheit wird durch Gefühl ersetzt

Wenn wir individuelles Empfinden zum absoluten Maßstab erheben, werden sich Menschen von der Vernunft weg und hin zum Gefühl entfernen. Als Gott den Menschen erschuf, wurden zwei Bereiche von

Natur aus geheiligt. Der eine war die Heiligkeit des menschlichen Lebens, der andere die Heiligkeit der menschlichen Sexualität. Heute sind beide Bereiche unter Beschuss: In unserer Gesellschaft greift die Gewalt im Fernsehen und auf unseren Straßen um sich; in gleicher Weise sind wir von einer Erotisierung des Lebens heimgesucht, die die Heiligkeit der Ehe zerstört.[6]

Unsere Film- und Medienindustrien haben uns der Gewalt gegenüber unempfindlich gemacht. In einer Studie zeigte man Kindern, wie im Fernsehen Leute erschossen wurden. Die Kinder nahmen das ohne größere Regung zur Kenntnis. Als sie aber sahen, wie junge Hunde getötet wurden, waren sie bestürzt, äußerten ihre berechtigte Wut und reagierten zudem schockiert und traurig. Die Kinder waren so erzogen worden, dass sie die tödliche Gewalt gegenüber Menschen hinnahmen und nur das Töten von Tieren als unfassbar begriffen. Von Natur aus werden wir nicht von der Vernunft geleitet, sondern von unseren Wünschen und Begierden. Ohne die durch Gesetze und Religion auferlegten Beschränkungen bewegt sich der Mensch immer in Richtung seiner Triebe und ihrer sofortigen Befriedigung. Als Eva vor dem verbotenen Baum stand, wurde sie von dessen verborgenen Kräften in den Bann gezogen. *»Und die Frau sah, dass der Baum gut zur Speise und dass er eine Lust für die Augen und dass der Baum begehrenswert war, Einsicht zu geben: und sie nahm von seiner Frucht und aß, und sie gab auch ihrem Mann bei ihr, und er aß«* (1Mo 3,6). Evas persönliche Wahrnehmung hatte für sie mehr Realität als die Gebote Gottes. Das, was sie sah, fühlte und sich erhoffte, war viel verlockender als der Gehorsam Gott gegenüber.

Wenn Menschen sich selbst überlassen sind, richten sie ihr Verhalten nach dem, was angenehm ist, und weniger nach dem, was ihnen Denken und Gewissen über die Richtigkeit ihres Tuns sagen. Vor dem Hintergrund der Auflösung elementarer moralischer Maßstäbe ist Toleranz gegenüber jeder Art von abweichendem Verhalten angesagt. Leute haben mir gesagt: »Ich kann meine eigenen Gefühle nicht leugnen; sie sind Teil von mir und deshalb muss ich das tun, was meinem Gefühl nach das Beste ist.« Vor Jahren fiel uns ein Aufkleber auf der Stoßstange eines Autos auf. Dort stand: »Wenn es sich gut anfühlt, dann mach es.« Heute haben wir Aufkleber, die eine Botschaft wie diese zeigen: »Wenn es sich gut anfühlt, ist es *in Ordnung*.« Wenn jemand von Schuld spricht, behauptet man, dass dies – wenn überhaupt – ein Gefühl sei, das man ablegen müsse. Wenn das Ego den Platz Gottes eingenommen hat, fühlen sich die Leute frei zu tun, was ihnen Vergnügen bereitet. Da ist es unbedeutend, wem man wehtut oder welche Konsequenzen das eigene Verhalten nach sich ziehen kann. Da es keine moralischen Urteile gibt, die sich auf alle Menschen und Zeiten anwenden lassen, und Moral sich darauf reduziert, was »mir gut erscheint«, erstaunt es nicht, dass wir häufig den altbekannten Satz hören: »Wer bist du, dass du andere richtest?«

Ravi Zacharias wirft folgende Frage auf: »Wie geben wir das Evangelium an eine Generation weiter, die mit ihren Augen hört und mit ihren Gefühlen denkt?«[7] Eine ausgezeichnete Frage, die jedoch außerhalb der Reichweite und Absicht dieses Buches liegt. Ich bin mehr daran interessiert sicherzustellen, dass wir überhaupt noch ein Evangelium haben, das wir weitergeben können, als der Frage nachzugehen, wie es weitergegeben werden sollte. Wie wir sehen, liegen unsere Herausforderungen also an vielen Fronten.

Wahrheit wird durch Mystik ersetzt

Religion ist »out«, Spiritualität ist »in«. Diese Aussage bedeutet, dass Leute sich einer Spiritualität hingeben, ohne irgendwelche Lehren glauben zu müssen. Wir haben die objektive Wahrheit zugunsten individueller Wahrnehmung aufgegeben. Daraus folgt, dass es unerheblich ist, ob sich diese individuellen Wahrnehmungen widersprechen. Was gibt Ihnen das Recht, meiner persönlichen Erfahrung die Wahrheit abzusprechen, wenn sie für mich wahr ist?

Deepak Chopra vereinigt religiösen Mystizismus mit der Medizin. Er lehrt, dass der Grundstoff unseres Körpers nicht Materie, sondern Energie und Information ist. Danach ist der Fluss der menschlichen Energie in sogenannten *charkas*[8], das sind Kanäle, zentriert. Heilungen treten dann ein, wenn wir den menschlichen Energiefluss und mögliche Unausgewogenheiten darin korrigieren. Das lässt sich dadurch herbeiführen, dass wir mit den Händen über die entsprechende Person fahren, ohne die Person dabei jedoch zu berühren. Es ist auch gar kein Kontakt nötig, weil *Prana*, d.h. die lebensnotwendige Energie, bis ein paar Zentimeter über die Haut reicht.

Chopra ist der festen Meinung, dass wir im Kern aus Liebe, Wahrheit, Mitgefühl, Bewusstsein und Geist bestehen. Er erklärt: »Ich bin perfekt, so wie ich bin.«[9] Unser Problem ist, dass wir das nicht glauben. Täten wir es, wären wir gesund, denn wir sind die Quelle unserer eigenen Stärke und Heilung. Das Böse wird geleugnet und »Wahrheit« ist das, was zufälligerweise klappt. Darüber hinaus werden die Leute zur praktischen Auseinandersetzung mit okkulten Erscheinungsformen ermuntert.

Wir lesen immer wieder Geschichten, die sich um den Wert des Gebets bei der Heilung körperlicher Leiden drehen. In einer kontrollierten Untersuchung wurde nachgewiesen, dass Leute, für die gebetet wurde, sich viel schneller erholten als andere; es gab sogar einige Fälle recht wundersamer Heilungen. Das Allerwichtigste des Forschungsbefunds war dies: Wer das Gebet sprach oder zu welcher Gottheit man sich für den Kranken hinwendete, war für den Heilungserfolg belanglos.

Die Moderne sagte noch, dass alle Religionen falsch seien. Dieses neue Untersuchungsergebnis zum Thema Gebet stärkt offensichtlich die postmoderne Vorstellung, dass alle Religionen richtig sind. Deshalb wird uns heute vermittelt, dass alle religiösen Standpunkte gleichermaßen gültig seien, auch wenn sie sich bei einem logischen Vergleich völlig widersprechen mögen. Das Denken, so ist die Annahme, schafft sich seine eigene Realität. Vorstellungen sind einfach dadurch »wahr«, weil ich sie denke; Wahrheit ist das, was ich als Wahrheit ansehe. Es ist leicht zu erkennen, dass wir als Christen vor einer echten Herausforderung stehen, denn unsere Treue zu Christus zwingt uns dazu, Urteile in dieser nicht-urteilenden Welt zu fällen.

Die Herausforderung, vor der wir stehen

Wir können die Schuld am Zustand der Gemeinde nicht auf die Postmoderne schieben. Zweifellos sind wir aber alle von der toleranten Einstellung dieses Denkens beeinflusst worden. Viele Christen sehen keine Notwendigkeit, ihren Glauben an andere weiterzugeben. Sie denken, dass ihre eigenen Überzeugungen gut für sie seien und es sicherlich schön wäre, wenn auch andere Leute Christen würden. Sie sehen aber keine Dringlichkeit, dass andere Menschen die christliche Botschaft hören müssen! Vielleicht erklärt sich daraus das Ergebnis einer von George Barna durchgeführten Meinungsumfrage: Danach haben nur noch 8 Prozent der Erwachsenen evangelikale Überzeugungen, während es vor einem Jahrzehnt noch 12 Prozent waren. Barna erläutert: »Die Zahl ist um ein Drittel gesunken, da Amerikaner ihre theologischen Ansichten immer wieder neu festlegen.«[10]

Vielen Christen ist es geradezu peinlich, dass wir an allgemeingültige Wahrheiten glauben. Dies gilt ganz besonders im Hinblick auf die Einzigartigkeit von Christus, seinen Tod, seine Auferstehung und die Tatsache, dass dies die einzige Möglichkeit ist, um Zugang zu Gott zu finden. Wir leben in einem Zeitalter, in dem die größte Sünde darin besteht, jemanden zu kränken; und als die größte Tugend wird erachtet, keinerlei Anstoß zu erregen. Da ist es natürlich schwierig, eine Botschaft zu verbreiten, die in ihrem Kern das Denken des gefallenen Menschen beleidigt.

Es geht sogar noch weiter. Wir sind zu ängstlich, um weder die Verlorenheit der Welt noch den Zustand der Gemeinde zu beurteilen. Argumentative Auseinandersetzungen über Lehre und die Handhabung von Bagatellfragen – durch die oft Spaltungen entstehen –, machen uns zu schaffen. Wir haben wiederholt gehört, wie schrecklich es ist, dass der Protestantismus in eine Unzahl von Glaubensbekenntnissen zerfallen ist und wir damit für die zuschauende Welt oft ein skandalöses Bild abgeben. Nun sind wir so weit, dass wir überhaupt keine Urteile mehr fällen, weil wir fürchten, dass es sonst zu noch mehr Abspaltungen kommt. Es könnte der Eindruck eines innerkirchlichen Krieges entstehen.

Andere Leute gehen auf ihrer Suche nach Einheit noch einen Schritt weiter. Sie erklären uns, dass auch die Trennung zwischen Protestantismus und Katholizismus geheilt werden müsse. Nur wenn die ganze Christenheit in einer Organisation verschmelze, alle die gleiche Vision hätten und sich alle in der Lehre einig seien, werde die Welt glauben. Da die protestantische Reformation mit einer Uneinigkeit über die Lehre begann, müsse die Bedeutung der Lehre eingeschränkt werden, wenn wir wirklich Einheit anstrebten.

In einer Welt, in der die Lehre als der Feind der Einheit bezeichnet wird, scheint es vernünftig, dass »kleinliche Lehrstreitigkeiten« zum Zweck der Einigkeit beiseite gelegt werden. Das sollte die Welt beeindrucken. Wer hingegen eine Grenze markiert und sagt: »Hier stehen wir«, der treibt einen weiteren Keil in eine schon zerbrochene Gemeinde. Einheit um jeden Preis.

Kein Wunder, dass wir Angst haben, Urteile zu fällen! Uns wird gesagt, wir sollten uns einigen, nicht spalten; wir sollten Liebe erweisen, statt unsere persönlichen Vorurteile zu pflegen. Wir sollten uns auf unsere eigenen Versäumnisse konzentrieren und nicht auf die der anderen. Lasst die Liebe »*eine Menge von Sünden*« bedecken, steht auf dem Banner unserer Generation.

Bei diese Atmosphäre können wir besser verstehen, warum wir oft unkritisch die Werte der Welt akzeptiert haben, ihre fehlgeleitete Toleranz, ihre Unterhaltungsformen und ihren Hang zum selbstsüchtigen Individualismus. Wir haben es vorgezogen, still zu sein, daneben zu stehen und hilflos zuzusehen, wie unsere Kultur angesichts der herannahenden Flut immer weiter abdriftet. Durch unsere Schüchternheit haben wir die Glaubwürdigkeit verloren, die wir brauchen, um ein brauchbarer Zeuge für die Welt zu sein.

Sie stimmen mir sicherlich zu, dass geistliches Unterscheidungsvermögen dringend gebraucht wird. Wir sind mit der Vorstellung groß geworden, dass wir »leben und leben lassen« sollen und haben es dem weltlichen Denken gestattet, prächtig zu gedeihen. Okkultismus breitet sich in der lebendigen Gemeinde aus, und nur wenige sind bereit, die Alarmglocken zu läuten. Noch weniger Menschen sind gewillt, die vieler Orts anzutreffenden falschen Propheten beim Namen zu nennen oder gute Gründe aufzuzeigen, warum der Gott des Islam nicht der Gott des Christentums ist. So werden viele, viele Menschen fehlgeleitet, ohne dass auch nur ein Wort der Warnung fällt. Wir erachten es für besser, den Irrtum zu tolerieren als diskriminierend zu erscheinen, weil wir die Wahrheit verteidigen.

Und wir müssen eingestehen, dass die Gemeinde oftmals hässlich aussah. Es gab überflüssige Streitigkeiten über die Lehre; genauso gab es Konflikte zwischen Persönlichkeiten. Wie oft sind gerade auch die Egos der Gemeindenführer der Grund für Teilungen, Zank und unnötige Konflikte gewesen? Es ist eine unumstößliche Tatsache, dass wir die Verantwortung haben, Urteile zu fällen. Wir müssen Christus in einer Zeit vertreten, die ihn zwar mit ihren Lippen bekennt, aber ihr Herz an andere Liebhaber hängt.

Es gibt eine Bibelstelle, die wohl öfter und effektiver als jede andere dazu benutzt wurde, um das Richten von Lehren oder religiösen Lehrern in Frage zu stellen. Es handelt sich um das Gebet Jesu, das uns nach Johannes 17 überliefert ist. Da Jesus für die Einheit betete, haben einige Leute daraus abgeleitet, dass Einheit gegenüber Wahrheit Vorrang haben müsse. Es wird erklärt, dass Lehre, weil sie oft trennend wirke, auf ein Minimum beschränkt werden müsse, um so das größere Ziel, die Evangelisation, zu erreichen. Aber wollte Christus uns wirklich sagen, dass wir die Lehre nicht beurteilen sollen? Lehrte er uns, dass Einheit wichtiger als Wahrheit ist? Müssen wir also unsere Unstimmigkeiten zugunsten einer »geeinten« Gemeinde außer Acht lassen, um so die Welt zu beeindrucken? Und was soll die Welt sehen, wenn sie die Gemeinde anschaut?

Das Gebet von Jesus erfüllen

Eine Spannung zwischen lehrmäßiger Klarheit und Einheit wird es immer geben. Jesus hat in seinem Gebet beide Eckpunkte betont und uns angewiesen, das Gleichgewicht zwischen ihnen zu finden. Wir können in Johannes 17,11 lesen, wie Jesus dafür betet, dass seine Nachfolger einig sein mögen: *»Und ich bin nicht mehr in der Welt, und diese sind in der Welt, und ich komme zu dir, Heiliger Vater!*

Bewahre sie in deinem Namen, den du mir gegeben hast, dass sie eins seien wie wir!« Ein weiteres Mal betete er für die Art von Einheit unter den Gläubigen, die diese Welt beeinflusst: *»Damit sie alle eins seien, wie du, Vater, in mir und ich in dir, dass auch sie in uns eins seien, damit die Welt glaube, dass du mich gesandt hast«* (Vers 21). Die Einheit, für die er betet, ist so mächtig, dass die Welt es bemerken und an ihn glauben soll. Es ist eine Einheit, die sichtbar, glaubwürdig und übernatürlich sein muss.

Lassen Sie uns nun das Folgende beachten:

Erstens: Es wird uns zunächst ausdrücklich gesagt, dass er nur für die Einheit unter seinen wahren Nachfolgern betet. Diese werden beschrieben als diejenigen, denen Christus den Vater offenbart hat (Vers 6); sie sind es, die seinem Wort gehorsam waren (Vers 6). Sein Gebet gilt denen, die seine Einzigartigkeit verstehen. Er betet für die, die erkennen, dass er ein Prophet ist, ja, mehr als ein Prophet. Er denkt an die, die auf seinen Namen zu ihrer Erlösung und in den Stürmen des Lebens vertrauen.

»Ich bitte für sie: nicht für die Welt«, sagt er, *»sondern für die, welche du mir gegeben hast, denn sie sind dein«* (Vers 9). Er betet nicht für Judas, denn der war kein Geschenk des Vaters für den Sohn; niemals hat Judas zu ihm gehört (Vers 12). Er betet nur für seine Nachfolger. Er betet, dass die mächtigen bösen Kräfte, auf die seine Jünger treffen würden, ihre Einheit nicht zerstören.

Ganz gewiss ist dies kein Gebet für die weltweite Christenheit als solche; es ist kein Gebet für die sichtbare, organisierte Einheit der Gemeinde, unabhängig von der jeweiligen Überzeugung und Lehre. Was auch immer wir über den gegenwärtigen römischen Katholizismus sagen, Tatsache ist, dass zu Zeiten der Reformation die Kirche von den Lehren der Bibel abgerückt war, insbesondere in Heilsfragen. Wenn wir nun meinen, die Reformatoren hätten selbst angesichts ernsthafter Irrtümer in der Lehre die Einheit der Kirche aufrecherhalten sollen, würden wir Jesus falsch verstehen. Einheit unter Gläubigen – ja; Einheit mit denen, die ein falschen Evangelium lehren – nein.

Jesu Gebet wurde beantwortet, als der Heilige Geist zu Pfingsten kam und alle Gläubigen im Leib Christi vereinte. Und dieses Gebet wird auch weiterhin immer dann erhört, wenn neuen Gläubigen die Gabe des Heiligen Geistes zuteil wird und sie in den gleichen Leib getauft werden (1Kor 12,13). Dieses Gebet überschreitet alle Glaubensbekenntnisse und Gruppen; es ist ein Gebet, das nicht an Rassen, Kulturen und Geschlechter gebunden ist. Das Gebet gilt allen, die wahrhaft aus dem Geist geboren sind, in allen Ländern und Gebieten dieser Erde.

Zweitens: Jesus betete, dass diese Einheit von der Wahrheit getragen wird. *»Heilige sie durch die Wahrheit! Dein Wort ist Wahrheit«* (Joh 17,17). Hier betet er für die Reinheit der Gemeinde; er betet, dass seine Nachfolger für den Segen und den Dienst des Vaters abgesondert werden. Er bittet, dass die Gemeinde rein werde, getrennt von der Welt, und ihrer Aufgabe hingegeben. *»Wie du mich in die Welt gesandt hast, habe auch ich sie in die Welt gesandt«* (Vers 18).

Was soll die Welt sehen, wenn sie die Gemeinde anschaut?

Die Welt soll von unserer sichtbaren und auf Wahrheit gegründeten Einheit angezogen werden. Johannes 13,35 hält fest, was Jesus nur Stunden vor diesem Gebet zu seinen Jüngern sagte: *»Daran werden alle erkennen, dass ihr meine Jünger seid, wenn ihr Liebe untereinander habt.«* Da diese Liebe zu sehen sein soll, meine ich, dass Jesus hier vor allem an die Liebe gedacht hat, die zwischen den Gliedern einer Gemeinde vorherrscht. Nicht notwendigerweise hatte er dabei die breite organisatorische Einheit im Blick, die viele für den Schlüssel halten, mit dem man die Welt gewinnt.

Verstehen Sie mich bitte nicht falsch. Ich will nicht andeuten, dass die äußere Einheit rein in unserem Belieben liegt, weil wir ja schon die Einheit des Geistes haben. Es steht völlig außer Frage, dass wir nach dem streben müssen, wozu Paulus uns in Epheser 4,3 drängt:

»Befleißigt euch, die Einheit des Geistes zu bewahren durch das Band des Friedens.« In der Geschichte der Gemeinde gibt es viele unnötige Spaltungen, entweder wegen Persönlichkeiten oder Trivialitäten. Die Zersplitterung des Protestantismus ist manchmal skandalös gewesen und hat dazu beigetragen, dass sich die Welt angeekelt abwendete. *Aber wir können das Gebet Jesu nicht dadurch erfüllen,*

dass wir unsere Streitfragen aufgeben, vor allem, wenn diese Fragen Kernbestandteile des Evangeliums betreffen.

Hinzu kommen berechtigte Zweifel daran, dass die Welt schnell zum Glauben käme, wenn alle protestantischen Glaubensrichtungen ihre Bezeichnungen aufgäben oder Massenkundgebungen in Fußballstadien durchgeführt würden, um so zu beweisen, dass wir nun alle »eins« sind. Auch die Gemeinschaft von Protestantismus und Katholizismus würde meiner Ansicht nach keine Bekehrungswelle auslösen. Solch eine Einheit mag anfänglich einige Schlagzeilen wert sein, ihre Wirkungen würden letztlich verpuffen.

Wir können die Menschen beeindrucken, indem wir eine Gemeinschaft fürsorglicher Menschen werden, deren Aufopferung für andere nicht unbemerkt bleibt. Unsere zerbrochenen Familien haben einen Beigeschmack von Verrat und Geringschätzung hervorgerufen, der nur durch tiefe Freundschaften positiv verändert werden kann. Wenn einzelne Gläubige das Leben Christi leben und dabei Schulter an Schulter mit den Skeptikern dieser Welt stehen, verleihen sie unserer Botschaft Glaubwürdigkeit. Wir müssen uns hingeben, um den Armen zu helfen und den Unterdrückten beizustehen. Es ist unsere Aufgabe, uns für die zu verausgaben, die das Christentum als bedeutungslos abgetan haben.

Eine Generation, die gelernt hat, dass unterschiedliche Ansichten über die Welt nicht anhand von rationalen Kategorien oder klaren Beweisen beurteilt werden dürfen, gewinnt man nicht allein mit intellektuellen Argumenten. Das Christentum, das im Boden von Geschichte und Vernunft verwurzelt ist, hat Probleme, in einem Zeitalter zu bestehen, das sich der Irrationalität verschrieben hat. Einem Leben, das sich jedoch dem Wohlergehen des Nächsten widmet, ist nur schwer zu widersprechen. Francis Schaeffer drückte es oft so aus: Die Gemeinde vor Ort »muss nicht nur Recht haben, sondern auch schön sein«. Es ist die Liebe, die diese Generation für Christus gewinnen wird.

Drittens: Jesus betete für die *Heiligkeit* der Gemeinde. »*Ich bitte nicht, dass du sie aus der Welt wegnimmst, sondern dass du sie bewahrst vor dem Bösen. Sie sind nicht von der Welt, wie ich nicht von*

der Welt bin. Heilige sie durch die Wahrheit! Dein Wort ist Wahrheit.«
Die Gemeinde soll »geheiligt« sein, d.h. eine Gemeinschaft von
Gläubigen, die Aufrichtigkeit, Reinheit und eine leidenschaftliche Liebe
für Gott auszeichnet. Die Werte dieser Welt müssen verworfen werden.
Die Bibel sagt ja von dem, der die Welt liebt: *»Wenn jemand die Welt
liebt, ist die Liebe des Vaters nicht in ihm«* (1Jo 2,15).

Lesen Sie die folgenden Aussagen bitte genau: Die Liebe innerhalb
der Gemeinde zieht die Welt an; die Heiligkeit innerhalb der Gemeinde verurteilt die Welt. Zur Zeit der frühen Gemeinde befiel die
Außenstehenden große Furcht (Respekt), wenn sie erlebten, wie sich
die Gemeinde der Disziplin und dem heiligen Leben verschrieb.
Leider wird die Welt in der Gemeinde von heute zwar eine Hingabe
an die Liebe finden, aber eine Liebe, die sie als Toleranz auffasst. Ich
bezweifle jedoch, dass die Welt heute in der Gemeinde eine Verpflichtung zum heiligen Leben entdeckt. Wir sind allerdings zu
beidem berufen.

Wir sind, so drückt es Petrus aus, ein erwähltes Volk: *»Ihr aber seid
ein auserwähltes Geschlecht, ein königliches Priestertum, eine heilige
Nation, ein Volk zum Besitztum, damit **ihr die Tugenden dessen
verkündigt,** der euch aus der Finsternis zu seinem wunderbaren Licht
berufen hat«* (1Petr 2,9, Hervorhebung vom Autor). Ich stimme mit
Dwight Edwards überein, der die folgende Ansicht vertritt:»Sobald
die heutigen Ungläubigen die Kinder Gottes dabei beobachten, wie sie
in radikaler Heiligkeit, übernatürlicher Gemeinschaft und über-
fließender Gnade leben, werden sie auch herausgefordert werden,
Christus in einer Weise zu betrachten, wie es tausend Traktate nicht
vermitteln könnten.«[11]

Wenn dem Ruf zur Heiligkeit Folge geleistet wird, müssen wir
geistliches Unterscheidungsvermögen besitzen. Für Gott abgesondert
zu sein, heißt, dass wir die Werte der Welt erkennen und uns für ein
Leben entscheiden, bei dem ein anderer den Ton angibt als der
Trommler dieser Welt. In der Welt zu sein, aber nicht zu ihr zu
gehören, ist die vor uns liegende Herausforderung.

Wie können wir Christus in einem Zeitalter religiösen Aberglaubens und radikaler Individualität wirksam verkündigen? Wie

können wir jene kritische Balance zwischen Heiligkeit und Einheit aufrechterhalten?

Die Heiligung, um die Jesus gebetet hat, verlangt, dass wir uns neu den Wahrheiten hingeben und verpflichten, welche die Gemeinde bedeutend gemacht haben.

Der Zweck dieses Buches

Der Zweck dieses Buches ist es, einige verwischte Linien zwischen der Gemeinde und der Welt nachzuzeichnen. Es geht darum, dass wir uns fragen, was Jesus meinte, als er sagte, dass wir »*in der Welt, aber nicht von der Welt*« sein sollten. Wir müssen die Welt, *aus* der wir herausgerufen sind, verstehen. Ebenfalls müssen wir den heiligen Ruf erkennen, *zu* dem wir berufen sind.

Auf den folgenden Seiten beabsichtige ich, etwas Licht auf ein vernachlässigtes Thema zu werfen, das Thema des geistlichen Urteilsvermögens und der Führung durch den Heiligen Geist. Bei diesem Thema geht es darum, zwischen biblischem Christentum einerseits und einer falschen Spiritualität sowie den Werten der heutigen Welt andererseits zu unterscheiden. Mein Ziel ist es, uns allen Hilfestellung zu geben, damit wir wachsame und kraftvolle Christen werden, die die Wahrheit lieben und bereit sind, auch unter Aufbietung größter persönlicher Kosten ihr entsprechend zu leben. Ich glaube, dass die Gemeinde zum gegenwärtigen Zeitpunkt der Geschichte unbedingt Glaubwürdigkeit braucht. Ich stimme S.D. Gade zu, der die folgende für unsere wichtigste Frage hält: »Was bedeutet es zu einer Stunde wie dieser, Menschen der Wahrheit und Gerechtigkeit zu sein?«[12] Kümmert uns das? Oder fühlen wir uns in unserem heimischen Nest, abgeschirmt von einer zerfallenden Gesellschaft, sicher? Wie können wir überhaupt in diesem kritischen Moment in der Geschichte Gemeinde sein?

In Liebe müssen wir dieser Generation die Wahrheit sagen. Wir dürfen nicht annehmen, dass die Aufgabe unmöglich ist, denn Gott wirkt durch den Heiligen Geist und zeigt Männern und Frauen die Wahrheit. Wir haben die Hilfe auf unserer Seite. Wir müssen zum

Schutze unserer Kinder und Enkel geistliches Urteilsvermögen vorleben und eifersüchtig die Wahrheit bewachen. Nur eine brennende Fackel wird auch die nächste Generation entzünden. Natürlich müssen wir vorsichtig sein. Wir müssen unsere Kampfschauplätze auswählen und unsere Urteile mit Liebe würzen. Wenn manche Leute »meinen, sie riechen abweichende Lehren, Häresie also«, sagt John Stott, »fangen ihre Nasen an zu jucken, ihre Muskeln zucken, und das Feuer des Kampfes erscheint in ihren Augen. Sie scheinen nichts mehr zu lieben als eine Schlacht.«[13] Andere machen den umgekehrten Fehler und glauben, dass Liebe verlangt, auch gravierende Irrtümer zu übersehen.

Stott sagt weiter: »Die Wahrheit verhärtet sich, wenn sie nicht durch Liebe weich gemacht wird; die Liebe wird weich, wenn sie nicht von der Wahrheit gestärkt wird.«[14] Das Gleichgewicht ist schwierig, aber wir haben keine andere Wahl, als es zu versuchen. Wir müssen das Wasser aus dem Schiff schöpfen, wenn wir darauf hoffen, diejenigen zu retten, die untergehen.

Sie mögen mit meinen Urteilen nicht übereinstimmen. Ich hoffe trotzdem, dass Sie mit mir einig darin sind, dass Urteile nötig sind und gebraucht werden. Lassen Sie uns herausfinden, was Jesus sagen wollte, als er gemäß Matthäus 7,1 sagte: *»Richtet nicht, damit ihr nicht gerichtet werdet!«*

Unsere Aufgabe ist es, weise Urteile zu fällen in einer Welt, die nicht richtet.

Anmerkungen
1. F.B. Meyer, *Love to the Uttermost: Expositions of John 13-21* (New York: Revell, 1899), S. 135.
2. Jim Leffel und Dennis McCallum, »Postmodern Impact: Religion«, in: Dennis McCallum (Hrsg.), *The Death of Truth* (Minneapolis: Bethany House, 1996), S. 211.
3. *Family Voice*, Ausgabe Juli/August 2001, S. 23.
4. S.D. Gade, *When Tolerance Is No Virtue* (Downers Grove, Illinois: InterVarsity, 1993) S. 22.
5. S.D. Gade, ebd., S. 28-29.

6. Ravi Zacharias, »An Ancient Message, through Modern Means, to a Postmodern Mind«, in: D.A. Carson (Hrsg.), *Telling the Truth: Evangelizing Postmoderns* (Grand Rapids: Zondervan, 2000), S. 24.

7. Ravi Zacharias, ebd., S. 26.

8. Donal P. O.'Mathuna, in: »Postmodern Impact: Health Care«, in: Dennis McCallum (Hrsg.), *The Death of Truth*, S. 60.

9. Donal P. O.'Mathuna, ebd., S. 72.

10. George Barna, »Religious Beliefs Vary Widely by Denomination«, Barn Research Online, 25. Juni 2001, www.barna.org/cgi-bin

11. Dwight Edwards, *Revolution Within* (Colorado Springs: Waterbrook, 2001), S. 24-25.

12. S.D. Gade, *When Tolerance Is No Virtue,* S. 17.

13. John Stott, *God's New Society: The Message of Ephesians* (Downer's Grove: InterVarsity 1979), S. 172.

14. Ebd.

KAPITEL 2

Richte nicht, damit du nicht gerichtet wirst!

Sollen wir aufhören zu richten?

Nun, wer sind *Sie* eigentlich, dass Sie richten?

Diese Frage warf jemand in einer Bibelstunde auf, nachdem der Leiter gesagt hatte, dass Leute, die vor der Ehe miteinander schlafen, Gott missfallen.

»Und überhaupt, wer von uns ist schon perfekt?«, bohrte der Besucher der Bibelstunde weiter nach. »Wir haben kein Recht, über die persönliche Moral eines Menschen zu Gericht zu sitzen.«

Also, wer sind *Sie* eigentlich, dass Sie richten?

Jeden Tag hören wir:

- Wer sind Sie, dass Sie sagen, Gott habe kein Gefallen an homosexuellen Beziehungen, die in Liebe geführt werden?
- Wer sind Sie, dass Sie behaupten, die Zeugen Jehovas hätten Unrecht?
- Wie können Sie sagen, dass Leute nicht durch den Heiligen Geist zu Boden fallen, wenn ihnen ein geistgesalbter Prediger die Hände auflegt, sondern aus einem anderen Grund?
- Wer sind Sie, dass Sie sagen, die Heilung einer Person während einer Versammlung sei vielleicht nicht auf die Macht Gottes zurückzuführen?

- Und wer sind Sie, dass Sie meinen, das Weinen einer Marien-statue sei nicht ihr Versuch, uns eine Botschaft mitzuteilen?

Kommen Sie auf das Thema des Urteilens und Richtens zu sprechen, so erhalten Sie zwei verschiedene Reaktionen: Da gibt es zuerst die Leute, die ganz und gar unwillig sind, überhaupt Urteile abzugeben; sie sind entschlossen, »leben und leben zu lassen« – in Maßen natürlich. Solange man sich nicht kriminell verhält, sollte jeder frei sein, seine eigenen Werte und Lebensstile zu wählen, und weder die Gemeinde noch einzelne Christen hätten das Recht, jemanden zu »richten«.

Dann gibt es eine andere Gruppe von Leuten, die nur allzu bereit sind, zu richten. Sie haben Freude daran, ihre Pfeile zu spitzen, ihr Ziel eindeutig zu bestimmen und alle um sie herum wissen zu lassen, was Gott wirklich denkt. Leider sind dies oftmals kritische Menschen, die andere nicht nur aus der falschen Einstellung heraus richten, sondern auch aus den falschen Motiven. Häufig richten sie andere wegen kleinlicher Tabus oder geringfügiger Vergehen, weniger aber wegen eines tatsächlichen Bruchs biblischer Lebensweise oder Lehre. Diese Kritiker reagieren aufgebracht und können es nicht ertragen, wenn andere ihren persönlichen Vorstellungen und Überzeugungen nicht hundertprozentig entsprechen. Genau wie die Pharisäer sehen einige nur die Buchstaben des Gesetzes und vernachlässigen die viel wichtigeren Aspekte der Gerechtigkeit, Gnade und Liebe.

Ich glaube, dass Jesus zu beiden Gruppen von Leuten sprach, als er den Jüngern sagte: *»Richtet nicht, damit ihr nicht gerichtet werdet! Denn mit welchem Gericht ihr richtet, werdet ihr gerichtet werden, und mit welchem Maß ihr messt, wird euch zugemessen werden«* (Mt 7,1-2). Was aber meinte er mit diesen Worten? Meinte er damit, dass wir uns einen Gefallen erweisen, wenn wir keinerlei Urteile fällen, weil diese immer auf uns zurückfallen werden? Ich denke nicht.

Ganz sicher lehrte Jesus nicht, dass wir keine Urteile abgeben sollten! Einige behaupten zwar, dass wir Jesus hier wörtlich nehmen und ein Klima der Einheit und des Friedens fördern sollten; dass wir eine tolerante Haltung einnehmen sollten, derzufolge wir niemals unsere Meinungen dazusagen, was andere Menschen glauben und tun; dies jedoch sind nicht die Lehren von Jesus Christus. Der Gedanke, dass Einheit wichtiger als Wahrheit ist und Liebe bedeutender als rechte Lehre, ist durch und durch faul.

Beachten Sie bitte auch den unmittelbaren Kontext der Worte Jesu: *»Gebt nicht das Heilige den Hunden; werft auch nicht eure Perlen vor die Schweine, damit sie diese nicht etwa mit ihren Füßen zertreten und sich umwenden und euch zerreißen!«* (Vers 6). Wie könnten wir diese Anweisungen jemals befolgen, ohne gelernt zu haben, Hunde und Schweine zu erkennen? Jesus äußerte sich hier sehr deutlich darüber, dass wir unterscheiden müssen, dass wir zwischen rein und unrein differenzieren lernen müssen, dass wir bewerten müssen, was klug und was unsinnig ist. Dies alles sind die Bedingungen dafür, dass wir wohlbegründete Urteile fällen können. Und nun sehen wir uns den weiteren Kontext unserer Bibelstelle an. *»Hütet euch vor den falschen Propheten, die in Schafskleidern zu euch kommen! Inwendig aber sind sie reißende Wölfe«* (Vers 15). Wie können wir vor den falschen Propheten auf der Hut sein, wenn wir sie nicht identifizieren? Es wird von uns erwartet, dass wir nach gewissen Merkmalen falscher Lehrer Ausschau halten, so dass wir sie dann meiden und andere vor ihnen warnen können (ein ganzes Kapitel wird sich in diesem Buch damit befassen).

Nur ein paar Verse später machte Jesus eine weitaus alarmierendere Bemerkung. So heißt es in den Versen 21-23: *»Nicht jeder, der zu mir sagt: Herr, Herr! wird in das Reich der Himmel hineinkommen, sondern wer den Willen meines Vaters tut, der in den Himmeln ist. Viele werden an jenem Tage zu mir sagen: Herr, Herr! Haben wir nicht durch deinen Namen geweissagt und durch deinen Namen Dämonen ausgetrieben und durch deinen Namen viele Wunderwerke getan? Und dann werde ich ihnen bekennen: Ich habe euch niemals gekannt. Weicht von mir, ihr Übeltäter!«*

Wir haben hier eine scharfe Aussage über das Auftreten von falschen Propheten, die offensichtlich fähig sind, bedeutende Wunder zu vollbringen, aber am Tage des Gerichts vom Himmelstor abgewiesen werden. Wir können bei einer Reihe von Dingen falsch liegen, aber lassen Sie uns nicht in Bezug auf falsche Lehrer und ihre Lehren irren!

Paulus, der Autor vieler Bücher des Neuen Testaments, stimmte Jesus zu, dass es notwendig ist, Urteile abzugeben. Als die Gläubigen in Korinth es versäumten, einen unmoralischen Mann aus ihrer Gemeinschaft auszuschließen, warf Paulus der Gemeinde dies vor. Er sagte weiter, dass er selbst den Übertreter gerichtet hätte, so dass sein *»Geist mit der Kraft unseres Herrn Jesus versammelt«* sei (1 Kor 5,4). Wie konnte die Gemeinde jemals eine solche Autorität walten lassen, wenn nicht ihre Führer Urteile gefällt hatten?

Schon im nächsten Kapitel lehrt Paulus, dass Gläubige andere Gläubige nicht vor das Gericht weltlicher Richter bringen sollen, weil es Aufgabe der Gemeindeleiter ist, solche Streitfälle selbst zu entscheiden. Er schrieb: *»Oder wisst ihr nicht, dass die Heiligen die Welt richten werden? Und wenn durch euch die Welt gerichtet wird, seid ihr dann nicht würdig, über die geringsten Dinge zu richten? Wisst ihr nicht, dass wir Engel richten werden? Wie viel mehr über Alltägliches!«* (1 Kor 6,2-4). Er führt weiter aus, dass sie sich schämen sollten, weil sie unfähig waren, kluge Urteile zu solchen Angelegenheiten abzugeben. Mir scheint, als höre ich jede Woche eine neue Geschichte von Christen, die gegen andere Christen gerichtlich vorgehen. Nicht nur unsere Kultur wird immer streitbarer. Auch die Gemeinde selbst. Vor Kurzem erst kam mir zu Ohren, dass eine christliche Vereinigung gegen einen Christen klagte, der ihnen ihrer Auffassung nach Geld schuldete. Sie schrieben ihm erst gar nicht, um die Sache so zu bereinigen. In einem anderen Fall klagte ein ehemaliger angeblich christlicher Leiter gegen eine Gemeinde. Er verwies darauf, dass er einen christlichen Anwalt gefunden hatte, der ihm »einen Weg zeigte, wie man an den Lehren der Schrift vorbeikommt«. Stellen Sie sich das einmal vor: ein Weg »vorbei« an den Lehren der Bibel! Leider versuchen Christen vielfach nicht einmal das; sie ignorieren ganz einfach die Bibel. Laut einer Umfrage von Barna, einem in Amerika sehr angesehenen Unternehmen für Meinungs- und Marktforschung, »verlassen sich nur vier von zehn wiedergeborenen Christen auf die Bibel oder die Lehren der Gemeinde als ihren wichtigsten moralischen Maßstab«.[1] Wenn wir je Unterweisung im Richten und Urteilen nötig hatten, dann heute!

Was meinte Jesus nun, als er sagte: »*Richtet nicht, damit ihr nicht gerichtet werdet*« (Mt 7,1)? Um es knapp auszudrücken: Er lehrte uns, dass wir nicht pharisäerhaft urteilen sollen. Wir sollen nicht wie die Pharisäer sein, die das Urteilen liebten und deswegen die falschen Dinge richteten; oder die Dinge zwar richtig beurteilten, aber aus den falschen Motiven heraus. In allem, was sie taten und sagten, stellten sie eine »Heiliger als heilig«-Haltung zur Schau. Jesus warnt uns also gewissermaßen: »Werdet keine Pharisäer, aber gebt *auf jeden Fall* gerechte Urteile ab.« Wie können wir vor Pharisäertum einerseits und leichtfertiger Gedankenlosigkeit andererseits bewahrt werden? Woher wissen wir, was gerichtet werden soll und wie Urteile zu fällen sind? Was sind die Maßstäbe, die wir anlegen? Dies sind Fragen, die zu beantworten sind. Behalten Sie bitte im Kopf, dass sich das Wort *richten* auf die Anwendung von geistlichem Urteilsvermögen bezieht; an anderer Stelle mag es »verdammen« heißen; und manchmal ist es so, dass beide Bedeutungsteile enthalten sind. Jesus sagt aber ganz und gar nicht, dass alles Richten falsch ist. Das Richten oder geistliche Urteilen liegt dem christlichen Leben in allem zugrunde.

Prinzipien biblischen Urteilens

Nicht ein Einziger von uns trifft perfekte Urteile. Selbst gottgefällige Menschen sind sich manchmal uneins über manche Fragen oder die Art und Weise, wie Urteile gefällt werden sollen. Wenn wir jedoch alle den folgenden Prinzipien zustimmen, haben wir eine Grundlage für das Urteilen und Richten. Die folgenden Richtlinien sollten uns helfen, Urteile auf der Basis geistlichen Unterscheidungsvermögens zu treffen.

Demut, nicht Überlegenheit

Wie wir bereits gesehen haben, waren die Pharisäer nur allzu eifrig im Urteilen. Sie hatten einen kritischen Geist und wollten von anderen

Leuten das Schlimmste denken. Wir stellen traurig fest, dass sie zufrieden waren, wenn sie bei anderen die Fehler fanden, nach denen sie gesucht hatten. So wie der ältere Bruder in der Geschichte vom verlorenen Sohn erträgt es auch der selbstgerechte Mensch nicht, wenn Gottes Gnade im Leben großer Sünder wirkt. Ein solcher Mensch kann sich nicht darüber freuen, wenn der Vater seinen Segen über Menschen ausschüttet, die nach Auffassung des Selbstgerechten viel eher Bestrafung verdient hätten. Der Pharisäer will, dass jeder den von ihm aufgestellten Gesetzen folgt, auch dann, wenn er selbst ihnen im Privaten nicht gehorcht. Wer davon abweicht, soll hart gerichtet werden.

Betrachten wir einmal gemeinsam Jesu humorvolle Veranschaulichung dieses Sachverhalts: *»Was aber siehst du den Splitter, der in deines Bruders Auge ist, den Balken aber in deinem Auge nimmst du nicht wahr? Oder wie wirst du zu deinem Bruder sagen: Erlaube, ich will den Splitter aus deinem Auge ziehen; und siehe, der Balken ist in deinem Auge?«* (Mt 7,3-4). In dieser Metapher ist das Auge ein Bild für die Seele. Es überlegt, denkt nach und bekundet den eigenen Willen. Nur einige Verse vorher bezeugte Jesus: *»Die Lampe des Leibes ist das Auge; wenn nun dein Auge klar ist, so wird dein ganzer Leib licht sein; wenn aber dein Auge böse ist, so wird dein ganzer Leib finster sein. Wenn nun das Licht, das in dir ist, Finsternis ist, wie groß ist die Finsternis!«* (Mt 6,22-23). Es ist also offensichtlich wichtig, ein klares »Auge« zu haben – ein Denken und Herz, die beide frei von Verunreinigungen sind.

Sowohl Sie als auch ich haben schon oft Menschen getroffen, die einen Balken im Auge haben. Gewöhnlich ist dies ein Gemeindeglied, das vorgibt, an der Wahrheit interessiert zu sein; dieser Mensch berichtet uns, dass er über den Gesundheitszustand des Leibes Christi besorgt ist. Daher ist er darauf bedacht, den Splitter aus Ihrem Auge und denen der anderen zu entfernen. Je besser Sie diese Person jedoch kennenlernen, desto mehr erkennen Sie, dass es ihr gar nicht um die Wahrheit geht. Wenn dem wirklich so wäre, würde dieser Mensch zuallererst seinen eigenen Balken aus dem Auge nehmen!

Anscheinend wollte Jesus, dass wir den Humor in dieser Sache bemerken; stellen Sie sich einen Mann mit einem Balken im Auge vor, wie er durch den Gemeindesaal tappt, um jemanden zu finden, dem er den Splitter entfernen kann! Das bloße Bild eines solchen Mannes, der in den Spiegel schaut, aber den Balken in seinem Auge nicht wahrnimmt, weil er durch ihn nicht richtig sehen kann, ist wirklich komisch.

Wenn es nun diesem Mann wirklich ernst wäre, wenn er von dem aufrichtigen Wunsch angetrieben wäre, dem Herrn zu gefallen, dann würde er sich um sich selbst genauso viel sorgen wie um andere Leute. Er würde große Beschwernisse auf sich nehmen, um zuerst aus seinem eigenen Auge den Balken zu entfernen, und danach anfangen, auch anderen aus der Misere herauszuhelfen. D. Martyn Lloyd-Jones hat es so formuliert: »Wenn ein Mensch behauptet, sein einziges Interesse liege in Gerechtigkeit und Wahrheit und überhaupt nicht in Persönlichem, dann wird er sich selbst genauso kritisch gegenüber stehen wie anderen Menschen.«[2]

Es gibt ein Grundprinzip im menschlichen Wesen: Der Splitter im Auge des anderen erscheint uns häufig als Balken; den eigenen Balken jedoch betrachtet man nur als einen kleinen Splitter! Ich erinnere mich gut an eine kritikfreudige, gemeine und auch wütende Frau, die sich über den Mangel an Liebe in der Gemeinde beklagte! Sie verleugnete diesen hässlichen Teil ihres Ichs. Deshalb hatte sie keinerlei Gewissensbisse, andere Menschen hart zu richten. Bei den Pharisäern war es ähnlich: Gnade bewirkte keine Demut, denn sie redeten ihre eigenen Sünden klein und bauschten die Sünden der anderen auf.

Einige Leute leben in zwei Welten. In der Welt A sind sie vielleicht Sonntagsschullehrer, Älteste und Leiter, denen man Vertrauen schenkt. Aber in der Welt B begehen sie möglicherweise Ehebruch, geben sich einer Sucht hin oder sind ganz einfach nur selbstsüchtig. Mitunter finden sie an anderen Menschen etwas auszusetzen. Dabei hoffen sie darauf, dass ihr eigener Wert durch den Vergleich mit den anderen steigt. Eine solche Person sieht den Splitter bei anderen so genau, weil sie beweisen möchte, dass sie »sehen« kann – trotz des Balkens im eigenen Auge. Diese Person glaubt, dass der Balken so gut verdeckt ist, dass ihn niemand erkennt – und die Tatsache, dass sie dabei auch noch den Splitter im Auge eines anderen Menschen »sehen« kann, ist ein unschlagbarer Beweis dafür!

Zu mir kam ein verlobtes Paar. Der Mann war unfähig, seiner Freundin zu vergeben. Sie hatte ihm gestanden, dass sie Jahre vor ihrer Bekehrung eine ganze Reihe intimer Bekanntschaften hatte. Trotz ihrer Verlobung war er nun der Meinung, er könne nur eine Frau heiraten, die noch Jungfrau sei. Er wolle eine Frau, die rein sei, ohne Erinnerungen an frühere Intimerlebnisse.

Ich fragte ihn also, ob er denn sexuell »rein« sei. Nein, lautete die Antwort, er habe auch eine Reihe von intimen Bekanntschaften während seiner Ausbildung gehabt. Als ich ihn auf dieses zweierlei Maß hinwies, räumte er ein: »Ja, das macht zwar keinen Sinn, aber Fakten bleiben immer noch Fakten. Ich kann ihr einfach nicht vergeben.« Ich gab ihm zu verstehen, dass sein Problem darin bestand, dass ihn seine eigenen vergangenen Sünden nicht zur Demut führten; darauf entgegnete er: »Ja, ich habe gesündigt, aber meine Sünde ist anders.« Sein Balken war mittlerweile so groß geworden, dass er ihn gar nicht mehr »sehen« konnte! *Sie werden das Herz eines Pharisäers nie verstehen, es sei denn, Sie erkennen, dass er den Balken in seinem Auge für den eines anderen hält.*

Sünde führt immer zu einer verzerrten Wahrnehmung. Als Nathan David mit einer Geschichte konfrontierte, in der ein reicher Mann das Lamm eines Armen gestohlen hatte, wurde David bleich vor Wut und sagte: *»So wahr der HERR lebt, der Mann, der das getan hat, ist ein Sohn des Todes. Das Lamm aber soll er vierfach erstatten, dafür, dass er diese Sache getan hat und weil es ihm um den Armen nicht leid getan hat«* (2Sam 12,5-6). Dann sprach Nathan zu David: *»Du bist der Mann!«* (Vers 7). David konnte sehen, wie böse es war, einem Mann ein Lamm wegzunehmen, aber er konnte nicht erkennen, wie viel böser es war, einem Mann die Frau zu rauben und ihn dann zu ermorden, um es zu vertuschen. Obwohl er blind gegenüber seinen eigenen Sünden war, sah er die Sünden anderer klar und deutlich.

Ein chirurgischer Eingriff am Auge ist äußerst heikel; ein blinder Augenarzt kann unmöglich den Splitter im Auge eines Menschen entfernen. Christus will uns auf diesen Punkt hinweisen: Uns steht es so lange nicht zu, andere zu richten, bis wir willig sind, uns die Wahrheit über uns selbst einzugestehen. Vielleicht ist eins der größten Probleme in unseren Gemeinden, dass wir über unsere eigenen Sünden nicht trauern. Wir sündigen ohne Zerbruch, ohne die vollständige Anerkennung unseres Fehlverhaltens in der Gegenwart Gottes. Wir meinen, unsere Sünde sei oberflächlich und bedürfe daher auch nur einer oberflächlichen Behandlung.

Haben wir aber den Mut, uns selbst in Gottes Gegenwart zu sehen, werden wir andere niemals falsch beurteilen. Nachdem wir den Balken aus unserem eigenen Auge entfernt haben, werden wir nun glasklar sehen und so den Splitter aus dem Auge des Bruders nehmen können. Paulus schrieb: *»Brüder, wenn auch ein Mensch von einem Fehltritt übereilt wird, so bringt ihr, die Geistlichen, einen solchen im Geist der Sanftmut zurecht. Und dabei gib auf dich selbst acht, dass nicht auch du versucht wirst«* (Gal 6,1).

Je demütiger wir sind, desto mehr Erbarmen werden wir unseren Mitmenschen gegenüber an den Tag legen. Diejenigen, die Erbarmen erfahren haben, sollten dies auch selbst walten lassen; diejenigen, die großer Gnade bedurften, sollten andere dazu einladen, große Gnade anzunehmen.

Fakten, keine Annahmen

Sind wir schnell beim Richten, brauchen wir nicht viele Belege für unsere Urteile. Bruchstückhafte Informationen werden genügen, wenn sich jemand schon eine Meinung zum Verhalten und Glauben anderer Leute gemacht hat. Etliche denken, sie haben das Recht, fehlende Informationen von sich aus hinzuzufügen und Schlussfolgerungen zu ziehen, die auf Intuition, eigenen Vermutungen und Wunschvorstellungen basieren. Es ist deshalb nicht erstaunlich: *»Wer Antwort gibt, bevor er zuhört, dem ist es Narrheit und Schande«* (Spr 18,13).

Ich erinnere mich, wie ich einmal aufgrund einer E-Mail, die mir geschickt wurde, zu einer negativen Meinung über jemanden kam. Mir war nicht bekannt, dass der Absender eine verzerrte Sichtweise hatte; es stellte sich später sogar heraus, dass er einen Balken im eigenen

Auge hatte. Wie alt ich auch schon geworden bin, es erstaunt mich doch immer wieder aufs Neue, wie verengt ein Blickwinkel sein kann, wenn man nur die eine Seite einer Geschichte hört. Der Zusammenhang, die Gründe, die dahinterliegenden Motive – all das muss man berücksichtigen, um einen Sachverhalt richtig zu beurteilen.

Als Menschen sind wir in unserem Wissen immer begrenzt. Es ist uns unmöglich, alles über irgendeine Sache zu wissen; wir bekennen daher, dass unsere Urteile falsch sein können. Umso mehr müssen wir uns vor übereilten Urteilen hüten, indem wir den Sachverhalt gut recherchieren, Fragen stellen und glaubwürdige Zeugen hören. Paulus hatte schon seinen Grund dafür, als er Timotheus schrieb: *»Gegen einen Ältesten nimm keine Klage an, außer bei zwei oder drei Zeugen«* (1Tim 5,19).

Dessen ungeachtet, sind heute die Lehren zumindest einiger falscher Lehrer weitverbreitet und finden sich in Büchern, Fernsehprogrammen und bei Großveranstaltungen. Auch ist das Benehmen mancher Christen ans Tageslicht gekommen, so dass heute eine Enthüllung nach der anderen die christliche Welt erschüttert. Doch auch bei diesen Fällen können wir nicht genug aufpassen; wir sollten auf keinen Fall hastig ans Richten gehen, sondern Gott bitten, uns beim Fällen weiser Urteile zu helfen.

Wir haben zu lernen, dass wir manchmal unsere Einschätzungen zurückhalten müssen. Wir können nicht über jeden Prediger, jede Bewegung, jedes Buch oder jeden Film den Stab brechen. Wenn uns Informationen fehlen, müssen wir vorsichtig sein. Fakten und nicht Annahmen, müssen uns leiten.

Worte und Handlungen, nicht Motive

Gott allein kennt die Beweggründe oder Motive des Herzens. Ich kann z.B. miterleben, wie ein Fernsehprediger die Leute bedrängt, ihm Geld zu schicken. Nun mag ich versucht sein, ihn für gierig zu halten, aber vielleicht kenne ich ihn nicht gut genug, um ein solches Urteil abzugeben. Was ich jedoch sagen kann, ist, dass dieser Prediger den Weg der falschen Propheten beschreitet, die zunehmend den Wert des

Geldes betonen (2Petr 2,3). Uns wird befohlen, die Lehre eines Mannes oder einer Frau zu beurteilen, ebenso deren Methoden und Lebensweisen. Aber wir sind nicht qualifiziert, die Geheimnisse ihrer Seelen zu richten. John Armstrong, ein Freund von mir, erinnerte mich daran, dass Satan diesen Fehler beging, als er Hiobs Motive beurteilte. *»Und der Satan antwortete dem HERRN und sagte: Ist Hiob etwa umsonst so gottesfürchtig? Hast du selbst nicht ihn und sein Haus und alles, was er hat, rings umhegt? Das Werk seiner Hände hast du gesegnet und sein Besitz hat sich im Land ausgebreitet. Strecke jedoch nur einmal deine Hand aus und taste an, was er hat, ob er dir nicht ins Angesicht flucht!«* (Hiob 1,9-11). Satan behauptete, dass Hiob nur deshalb gottgefällig lebe, weil ihm Gott im Gegenzug etwas dafür gebe. Aber der Teufel irrte in Bezug auf Hiobs Motive; Hiob diente Gott auch dann, als ihm alles weggenommen worden war. Der Teufel irrte in der Beurteilung von Motiven, und so tun wir es auch.

Paulus erklärte, dass ihm die Meinungen von Menschen nur wenig bedeuteten:

> *»Mir aber ist es das Geringste, dass ich von euch oder einem menschlichen Gerichtstag beurteilt werde: Ich beurteile mich aber auch selbst nicht. ... So verurteilt nichts vor der Zeit, bis der Herr kommt, der auch das Verborgene der Finsternis ans Licht bringen und die Absichten der Herzen offenbaren wird! Und dann wird jedem sein Lob werden von Gott«* (1Kor 4,3.5).

Uns wird befohlen, Lehren und Verhalten zu beurteilen; wir haben auch den Auftrag, sündige Verhaltensweisen und Einstellungen zu richten; aber die Beurteilung der Beweggründe dafür ist Gott vorbehalten und liegt außerhalb der Reichweite unseres Wissens und unserer Rechtsprechung. Der Umstand, dass wir die Motive anderer Menschen nicht kennen können, braucht uns nicht daran zu hindern, unsere eigenen Beweggründe zu prüfen. Wir müssen uns fragen: »Warum ist es uns wichtig, Urteile abzugeben? Was sind unsere Motive, wenn wir falsche Lehrer, Formen der Unterhaltung, den Lebensstil anderer Menschen und uns selbst kritisch hinterfragen?

Warum sollen wir ein Buch zum Thema Richten und Urteilen lesen?«

Erstens soll unser Motiv darin liegen, dass wir uns vom Irrtum fernhalten. Wenn wir uns die Worte Jesu zum Splitter und Balken in Erinnerung rufen, müssen wir beachten, dass das Entfernen des Balkens im eigenen Auge unser allererstes Ziel ist. Uns ist daran gelegen, die Wahrheit zu erfahren, weil wir darauf bedacht sind, heilig zu sein; es ist unser Wunsch, Gott zu gefallen. Daher wollen wir wissen, was wir seinem Willen nach glauben und wie wir dem gemäß leben sollen.

Wir müssen darauf achten, dass eine christliche Vereinigung, die vorgibt, unsere Spenden zum Bau eines Waisenhauses in Sambia zu verwenden, dies auch tatsächlich tut. Sonst stellen wir eines Tages fest, dass mit dem Geld die Schulden für das neue Gebäude der Hauptverwaltung beglichen wurden. Jedes Urteilen beginnt damit anzuerkennen, dass wir Gott gegenüber verantwortlich sind, wie wir mit unseren Begabungen und Gaben umgehen, welche Ziele wir verfolgen und wie wir unser Leben führen. Wir wollen »klug wie die Schlangen und einfältig wie die Tauben« (Mt 10,16) sein, weil wir selbst vom Herrn geprüft werden.

Zweitens soll es unser Motiv sein, andere Menschen zu führen und dabei sicherzustellen, dass sie auf dem Weg der Erlösung geleitet werden. Älteste haben eine besondere Verantwortung für die Herde. So belehrte Paulus die Ältesten der Epheser:

>»Habt Acht auf euch selbst und auf die ganze Herde, in welcher der
>Heilige Geist euch als Aufseher eingesetzt hat, die Gemeinde Gottes
>zu hüten, die er sich erworben hat durch das Blut seines eigenen
>Sohnes! Ich weiß, dass nach meinem Abschied grausame Wölfe zu
>euch hereinkommen werden, die die Herde nicht verschonen. Und
>aus eurer eigenen Mitte werden Männer aufstehen, die verkehrte
>Dinge reden, um die Jünger abzuziehen hinter sich her. Darum
>wacht und denkt daran, dass ich drei Jahre lang Nacht und Tag
>nicht aufgehört habe, einen jeden unter Tränen zu ermahnen« (Apg
>20,28-31).

Im weiteren Verlauf des Buches werde ich verdeutlichen, dass die Gemeinde von heute falsche Lehrer unterschiedlichster Art hat. Das Fernsehen hat einigen Männern und Frauen einen großen Wirkungskreis gegeben, und viele von ihnen haben eine Millionenschar von Anhängern. Einige dieser Lehrer verbreiten Irrlehren, die letztlich dazu führen, den Glauben vieler zunichte zu machen. Falls Sie dies anzweifeln, empfehle ich Ihnen, den Judasbrief und den 2. Petrusbrief zu lesen. Beide Briefe enthalten eine Fülle von Warnungen vor den Auswirkungen falscher Lehre.

Obwohl wir die Motive anderer nicht beurteilen können, lassen Sie uns Gott bitten, unsere eigenen inneren Beweggründe zu beurteilen. Wir wollen sicher gehen, dass wir immer mit Gnade und voller Erbarmen urteilen; lassen Sie uns nicht daran Freude haben, die Verfehlungen anderer aufzudecken. Jede Situation und Person sollte unterschiedlich behandelt werden. *»Und der einen, die zweifeln, erbarmt euch, rettet sie, indem ihr sie aus dem Feuer reißt, der anderen aber erbarmt euch mit Furcht, indem ihr sogar das vom Fleisch befleckte Kleid hasst!«* (Jud 22-23).

Wir wollen unsere Urteile auf die Worte und Handlungen anderer beschränken und nicht ihren Motiven nachspüren.

Biblische Themen, nicht Vorlieben

Manche Dinge sind immer richtig. Wir sollen einander immer in Liebe begegnen; wir sollen immer das Böse verabscheuen; wir sollen immer allen Menschen Gutes tun. Auf der anderen Seite sind manche Dinge immer falsch. Es ist immer falsch, Böses zu lieben oder Ehebruch zu begehen. Dann gibt es aber Dinge, die zwischen diese klar eingegrenzten Bereiche fallen. Manche dieser Sachen werden gut oder böse sein, je nachdem wie der Zusammenhang und unsere Motive aussehen bzw. wer von unseren Handlungen betroffen ist.

Als die Meinungsverschiedenheit zur Frage des Essens von Fleisch die christliche Gemeinde zu spalten drohte, gab Paulus einige wichtige Prinzipien, die versöhnlich wirkten. Er schrieb, dass manche Christen Fleisch essen, andere aber nur Gemüse, dass aber beide Gruppen einander akzeptieren müssten. Er schrieb: *»Den Schwachen im Glauben aber nehmt auf, doch **nicht zur Entscheidung zweifelhafter Fragen«*** (Röm 14,1, Hervorhebung durch den Autor). Außerdem fügte er hinzu: *»Wer bist du, der du den Hausknecht eines anderen richtest? Er steht oder fällt dem eigenen Herrn«* (Vers 4).

Um diesen Punkt geht es: Wir haben nicht das Recht, andere in Gewissensfragen zu richten, wenn es bei dem Sachverhalt einen Spielraum im Verhalten oder Glauben gibt. Manches mag mir nicht erlaubt sein, aber Ihnen sehr wohl, und umgekehrt. Vielleicht hat der eine Christ die Freiheit, Wein zu trinken, während diese Freiheit das Gewissen eines anderen belasten würde. Doch es gilt auch, dass die Christen, die diese Freiheit besitzen, sie nicht unbedingt ausschöpfen müssen, weil sonst das entsprechende Verhalten zu einem Ärgernis für einen anderen Christen würde (ein späteres Kapitel dieses Buches wird diesem Thema genauer nachgehen).

Wenn wir urteilen, sollten wir in der Lage sein, auf einen Vers in der Schrift oder ein biblisches Prinzip zu verweisen, womit unsere Ansicht untermauert wird. Letzten Endes tun wir dies vor dem Hintergrund dessen, was Gott uns offenbart hat, nicht aber wegen persönlicher Vorlieben und Einstellungen. Das bedeutet, dass wir nicht immer mit anderen Christen übereinstimmen werden, wo genau die Grenze zu ziehen ist. Mitunter werden wir uns kaum von unserer Kultur, unseren Wurzeln oder auch von Veranlagungen lösen können. Und selbst wenn wir eine solch außerordentliche Leistung vollbrächten, würden wir dennoch auf Bereiche stoßen, in denen unterschiedliche Meinungen herrschen, einfach deshalb, weil wir Menschen sind.

Das aber braucht uns nicht davon abzuhalten, notwendige biblische Urteile in einer Zeit abzugeben, die geistliches Unterscheidungsvermögen als Feind der Liebe anprangert. In den Details mögen wir durchaus unterschiedlicher Auffassung sein. Dennoch ist die Bibel gewiss eindeutig genug, um uns dabei zu helfen, innerhalb klar definierter Parameter zu bleiben. Es gibt auch keine Veranlassung, vom geistlichen Unterscheidungsvermögen Abstand zu nehmen, nur weil uns bewusst ist, dass allein Gott über alle Informationen und Fakten verfügt.

Wenn wir urteilen, müssen wir fragen: Welche biblische Wahrheit wird geleugnet? Welche Wahrheit wird hier durch etwas anderes ersetzt? Welche Wahrheit wird außer Acht gelassen? Welche Wahrheit wird falsch gewichtet?

Zeitlich begrenzte, nicht ewige Urteile

Wir haben bereits herausgearbeitet, dass die Pharisäer nicht bloß die falschen Dinge beurteilt haben, sondern zudem so handelten, als ob sie das Recht besäßen, endgültige Urteile zu fällen. Aber ein solches Vorrecht steht nur Gott zu. Wohl sind wir zum Urteilen bevollmächtigt und haben das Recht zu warnen. Wir dürfen aber nicht verdammen.

Kehren wir zu den Worten Jesu zurück. In Matthäus 7,1-2 sagte er: *»Richtet nicht, damit ihr nicht gerichtet werdet! Denn mit welchem Gericht ihr richtet, werdet ihr gerichtet werden, und mit welchem Maß ihr messt, wird euch zugemessen werden.«* Worin besteht die genaue Verbindung zwischen unseren Urteilen und der Art, wie wir selbst beurteilt werden? Jesus stellte heraus, dass das Maß, das wir bei anderen anlegen, auch das Maß sein wird, mit dem wir gerichtet werden.

Diese Aussage lässt sich in zweierlei Hinsicht deuten. Zum einen kann damit gemeint sein, dass die anderen mich mit dem Maßstab beurteilen werden, den ich bei ihnen benutzt habe. Mit anderen Worten: Man wird Sie so behandeln, wie Sie selbst auch andere behandeln. Nun, da ist etwas dran. Wir alle haben die Erfahrung gemacht, dass eine strenge, hart urteilende Person von anderen gewöhnlich umso schärfer beurteilt wird. Stolpert diese Person einmal, legen wir Wert darauf, dass sie das bekommt, »was sie verdient«. Da gab es beispielsweise einen Herrn, der außergewöhnlich drakonisch und unbarmherzig war, als sich ein Mitbruder unmoralisch verhielt. Dieser Mann musste dann jedoch lernen, dass ihm nur wenig Mitleid widerfuhr, als er selbst die gleiche Sünde beging. Behandeln Sie einmal solche Leute so, wie diese es normalerweise mit anderen tun. Dann wird auffallen, dass genau diese Personen Regelverstoß, Unnachgiebigkeit oder noch Schlimmeres beanstanden.

Vielleicht hat Jesus aber mit dieser Aussage etwas anderes im Sinn gehabt. Viele Ausleger deuten die Stelle so: Wer andere Menschen scharf richtet, wird von Gott umso schärfer beurteilt. Dafür gibt es im Neuen Testament Beispiele. Paulus warnte die Personen, die während des Abendmahls ehrfurchtslos waren; sie sollten sich selbst richten, so dass sie nicht *»mit der Welt verurteilt werden«* (1Kor 11,32). Etliche dieser Leute, die sich selbst nicht richteten, starben unter Gottes strafender Hand.

Oder betrachten Sie bitte diese Worte: *»Deshalb bist du nicht zu entschuldigen, o Mensch, jeder, der da richtet; denn worin du den anderen richtest, verdammst du dich selbst; denn du, der du richtest, tust dasselbe«* (Röm 2,1). Jene Leute beweisen aufgrund ihrer eigenen Urteile, dass sie nicht wissen, was richtig ist; da sie allerdings selbst nicht besser sind, verdammen sie sich. D. Martyn Lloyd-Jones fragt: »Behaupte ich, außergewöhnlichen Einblick in die Heilige Schrift zu haben? Wenn ich das tue, soll ich aufgrund dieses von mir vorgegebenen Wissens gerichtet werden. Behaupte ich, dass ich ein Diener bin, der sich in diesen Dingen wirklich auskennt? Dann sollte ich nicht erstaunt sein, wenn ich viele Striemen bekomme.«[3] Er setzt hinzu: »Wenn wir uns zum Richter über andere erheben, haben wir keinen Grund uns zu beschweren, wenn wir nach dem gleichen Maßstab gerichtet werden. Das ist nur fair, auch wohl gerecht, und es gibt wirklich keinerlei Beschwerdeanlass.«[4]

Die Pharisäer beurteilten die Menschen nach dem Äußeren. Sie meinten, sie besäßen das Recht, andere endgültig zu verdammen. Und was noch schlimmer war, sie richteten die Leute für Dinge, die sie selbst taten. Diejenigen, die schnell beim Urteilen sind, werden von Gott sehr viel härter gerichtet werden!

Fazit

Kein Wunder, dass das Thema Urteilen und Richten voller Herausforderungen steckt. Hier sind die Leute, die mit dem Urteil schnell bei der Hand sind, die verdammen und wenig Erbarmen zeigen; dort sind die anderen, die nach dem Motto »leben und leben lassen« verfahren, und so handeln, als ob das alles für Gott nicht so wichtig ist.

Nicht alle, die einen Balken im Auge haben, suchen den Splitter im Auge ihres Nächsten. Einige, die mit ihrem eigenen »Balken« zurechtkommen, übersehen sehr gerne den »Splitter« beim anderen. Um also konsequent zu sein, richten sie weder sich noch andere.

Ein kirchlicher Leiter beschäftigte sich in einer Predigtreihe mit dem allgemeinen Thema, dass wir andere nicht wegen ihrer Versäumnisse und Sünden richten sollten. »Christen schießen auf ihre Verwundeten«, führte er aus, und wir müssten anfangen zu verstehen, dass wir alle unsere Fehler hätten; wir seien besser beraten, wenn wir Gnade walten ließen anstatt zu urteilen, Liebe im Gegensatz zur Kritik. Im Grunde trällerte er das bekannte Lied: »Wer bist du, dass du richtest?«

Wie sich dann herausstellte, hatte derselbe Leiter zu genau der Zeit, als er die Predigten hielt, ein außereheliches Verhältnis. Er ging davon aus, dass er mit dieser Sünde eher davonkäme, wenn er auch bei anderen die Sünden übersah. Er sagte also im Grunde dies: »Mein Balken sieht kleiner aus als er ist, wenn ich mich in Gesellschaft von Leuten aufhalte, die allesamt Balken der unterschiedlichsten Größe und Machart mit sich herumtragen.«

Die Fähigkeit zu urteilen, ist ein Kernbestandteil des christlichen Lebens. Wenn wir nicht Lehre, Lebensweisen und Formen der Unterhaltung beurteilen, wenn wir nicht zwischen äußeren Erscheinungsformen und inneren Charaktereinstellungen unterscheiden, werden wir kaum den Zweck begreifen, zu dem uns Gott hier auf die Erde gebracht hat. Es wird dann wohl darauf hinauslaufen, dass wir einen Stein anstelle eines Brotes und eine Schlange anstelle eines Fisches akzeptieren.

Wir gehen nicht von Unfehlbarkeit im Urteil aus. Auch sind unsere Urteile nicht endgültig. Wir stehen nicht über denen, die wir richten.

Wir unterstellen uns jedoch dem Befehl, die Schrift zu erforschen, um die Wahrheit zu zwei einfachen Fragen zu erfahren: Was möchte Gott, dass wir glauben? Und wie will er, dass wir leben? Wir unterstreichen, dass wir die Verantwortung dafür tragen, gemäß dieser Wahrheiten zu leben. Wir ermutigen andere, dies in gleicher Weise zu tun.

Wie wir im Folgenden noch genauer sehen werden, bestimmt das geistliche Urteilsvermögen unser Schicksal.

Anmerkungen

1. George Barna, »Practical Outcomes Replace Biblical Principles As the Moral Standard«, Barna Research Online, 10. September 2001. Zugang über www.barna.org
2. D. Martyn Lloyd-Jones, *Studies in the Sermon on the Mount* (Grand Rapids: Eerdmans, 1960), Bd. 2, S.178-79.
3. Ebd., S. 177.
4. Ebd., S. 177-178.

KAPITEL 3

Wenn man die Lehre beurteilt ...

Spielt das, was wir glauben, wirklich eine so große Rolle?

»Mir ist egal, was Sie glauben; ich interessiere mich nur dafür, wie Sie leben!«

So äußerte sich der Besucher unserer Gemeinde, als ich ihn nach seinem Verständnis des Evangeliums fragte. Ihm reiße der Geduldsfaden, sagte er, wenn Leute wegen unwichtiger Lehrfragen Wortklaubereien betrieben und gleichzeitig so viel Not in der Welt herrsche. »Die Lehre«, so meinte er, »steht den viel entscheidenderen Dingen wie Glaubwürdigkeit und Mitgefühl im Wege.«

Zweifellos ist viel Zeit dafür aufgewendet worden, an Lehrauffassungen herumzukritteln. Dennoch kann keine Frage der Welt so wichtig sein wie die nach dem Weg zum Himmel. Die Antwort darauf bestimmt unser ewiges Schicksal. Ja, es stimmt, dass sich jemand moralisch verhalten kann, ohne das Evangelium zu verstehen; wir können sogar in einem sehr weiten Sinne behaupten, dass es in jeder Religion gute Menschen gibt. Man kann jedoch den Himmel nicht erreichen, ohne dass man das Evangelium zumindest in seinen Grundzügen versteht – dies sagt zumindest die Bibel.

Etliche Gemeinden haben großen Zulauf, weil sie »gefühlte Bedürfnisse« akzentuieren. Die Leiter dieser Gemeinden legen allergrößten Wert darauf, die Bedeutung des Christentums aufzuzeigen, wenn es darum geht, dadurch ein gutes Familienleben herzustellen, mit Kollegen besser klarzukommen und beruflich erfolgreich zu sein. Und da die Leute kein gefühltes Bedürfnis haben, das Evangelium zu hören, wird dieses auf den zweiten Platz verwiesen und nur vorsichtig in Diskussionen anderer Themen eingefügt. Was diese wohlmeinenden Leiter vergessen, ist dies: Wenn wir als Sünder in der Gegenwart Gottes stehen, wird in diesem Augenblick das größte gefühlte Bedürfnis darin bestehen, die Gerechtigkeit von Christus in Anspruch zu nehmen, um vor der Heiligkeit Gottes bestehen zu können. Selbstverständlich sorgen wir uns auch um gefühlte Bedürfnisse, aber wir müssen den Leuten versuchen klarzumachen, was ihre gefühlten Bedürfnisse sein *sollten*.

Es gibt keine Alternative hierzu: Wir können nur mit dem richtigen Glauben in den Himmel gelangen. Und noch eins kommt hinzu. Ohne den richtigen Glauben sind wir außerstande, unser Leben in Ordnung zu bringen. Was wir von Gott denken und glauben, legt fest, was wir von uns selbst und anderen denken und worin wir den Zweck unseres Daseins sehen. Der Erfolg, den wir heute erringen, garantiert uns nicht den Erfolg im Jenseits. Leute werden auf ewig verloren gehen, weil sie falsch belehrt wurden. Die gesunde Lehre bestimmt auch einen gesunden Glauben. Dieser Glaube wird uns in diesem Leben führen und uns für das Zukünftige qualifizieren. Es gibt einen engen Zusammenhang zwischen Glaube und Verhalten, Lehre und Leben.

Natürlich trennt die Lehre; das ist ihr Zweck! Zudem hat sie noch einen weiteren Zweck: Gottes Leute um einen gemeinsamen Glauben herum zu sammeln. Wir sollen in Gemeinschaft beieinander stehen und zusammen gegen die Irrlehren vorgehen, die immer wieder versuchen, unseren Glauben langsam zu zerstören.[1] Wenn es um die Lehre von der Erlösung geht, ist es um ein Vielfaches besser, durch die Wahrheit getrennt zu werden, als sich im Irrtum zu vereinen.

Dies führt uns nun unmittelbar zur Lehre von der geistlichen Unterscheidung. Wir haben diesen Ausdruck bereits gebraucht, aber was bedeutet er eigentlich? John MacArthur definiert ihn als »die Fähigkeit, Wahrheit vom Irrtum zu unterscheiden« oder, noch treffender formuliert, »Wahrheit von Halbwahrheiten zu unterscheiden.«[2] Irrtum lässt sich meist sehr einfach aufdecken; wenn man es indessen mit einer Mischung aus Wahrheit und Irrtum zu tun hat, stellt sich die Aufgabe viel schwieriger dar.

Ein Mann besuchte einmal eine Versammlung, um sich ein Bild über die von Lachen begleitete Erweckung zu machen. Da lagen Leute auf dem Boden, kicherten und brüllten wie die Löwen. Kaum vernehmbar fragte er: »Ob das alles von Gott kommt?« Eine Frau neben ihm erwiderte darauf: »Nun, das alles passiert doch in der Gemeinde, oder etwa nicht?« Und genau das, was in der Gemeinde stattfindet, muss geprüft und bewertet werden. Sogar in unserer Gemeinde können wir falsche Wunder, seltsame Glaubensüberzeugungen und auch Irrlehren erwarten.

Eine nüchterne Bewertung der Kirchengeschichte fördert Folgendes zutage: Oberflächlich gut erscheinende Dinge mögen tatsächlich überhaupt nicht auf Wahrheit gründen. So gab es vorgetäuschte Heilungen, falsche Erweckungen und verfälschte Verkündigungen des Evangeliums. Kein Wunder, dass Paulus uns anhielt: *»Prüft aber alles, das gute haltet fest! Von aller Art des Bösen haltet euch fern«* (1 Thes 5,21-22). Uns wird aufgetragen, unser Bestes zu tun, um Wahrheit von Irrtum und Halbwahrheiten zu unterscheiden.

Die stark angewachsene Zahl von Talkshows, die sich durch Banalität und Schmutz auszeichnen, hat mit dazu beigetragen, dass in unserer Kultur das Bizarre zum Normalfall erklärt wird. Verhalten am Rande der Normalität wird gerühmt, als ob es sich in bester Gesellschaft zu dem befände, was moralisch, akzeptabel und anständig ist. So werden Homosexuelle, Transvestiten und Prostituierte in landesweit ausgestrahlten Programmen vor einem Fernsehpublikum vorgeführt, ohne dass ein objektives moralisches Urteil abgegeben wird – mit Ausnahme natürlich von der »radikalen religiösen Rechten«. Jeder ist okay, kein Verhalten ist besser als das andere. Durch ein solches Denken ist es zu einer Verwischung wichtiger Grenzlinien gekommen. Der dadurch entstandene Schaden lässt sich wohl kaum groß genug beziffern.

So wie Talkshows das Verhalten von Randgruppen normalisieren, erheben viele Propheten und sogenannte Glaubensheiler und Gesundbeter bizarre Verhaltensweisen und Lehren zum Normalfall. Alle möglichen Ideen werden ohne Einschränkung oder den geringsten Hinweis auf mögliche Fehler hinausposaunt. Wenn Gott eine Frau dadurch heilen will, dass sie ihren Kopf zwanzig Minuten lang schüttelt, wer ist man da, um hier zu richten? Jede verkündete Offenbarung wird als von Gott eingegeben anerkannt, ganz egal, ob sie der Heiligen Schrift widerspricht oder schlichtweg Unsinn ist.

Die Bibel warnt vor falschen Lehrern und ihren Lehren. *»Denn es wird eine Zeit sein, da sie die gesunde Lehre nicht ertragen, sondern nach ihren eigenen Begierden sich selbst Lehrer aufhäufen werden, weil es ihnen in den Ohren kitzelt«* (2 Tim 4,3). Falsche Lehrer werden von ihren persönlichen Motiven und ihrer Gier angetrieben. Die Leute wollen das hören, was ihnen gefällt; sie werden es nicht gern haben, wenn ihre Sünde herausgestellt wird; vielmehr schenken sie nur *dem* Verkünder ihr Ohr, der ihren eigenen Bedürfnissen Rechnung trägt. Sie machen sich selbst zum Maß aller Dinge und suchen sich einen Verkündiger, der sie darin bestätigt.

Ohne sich rigoros unter das Wort Gottes zu beugen, kommen Menschen zu einer Theologie, die (1) ihnen erlaubt, das Anhäufen von Besitz zu rechtfertigen; die (2) ihrem Stolz entgegenkommt, sich als besondere Sprachrohre Gottes zu begreifen, und die (3) ihnen einen Rahmen bietet, in dem unmoralisches Verhalten stillschweigend geduldet wird. Selbst wenn ein falscher Prophet als Betrüger entlarvt wird, wird er dennoch weitermachen dürfen, denn »Gott hat ihm vergeben; können wir das nicht auch tun?« Auf den Punkt gebracht, bedeutet das, dass wir einer falschen Lehre, einem fragwürdigen Lebensstil und einem Hunger nach Macht überhaupt nichts entgegensetzen dürfen.

Überrascht es da, dass geistliches Unterscheidungsvermögen so selten anzutreffen ist? Wir sind der Auswüchse vergangener Lehrstreitigkeiten müde geworden und in den gegenwärtigen Sog nach unbedingter Einheit geraten. Wir unterliegen dem Geist dieses Zeitalters. Aus Angst, für lieblos gehalten zu werden, haben wir ein Klima entstehen lassen, in dem jede beliebige Meinung als ebenbürtig zu jeder anderen angesehen wird. Wir möchten nicht der Diskriminierung beschuldigt werden und haben dabei vergessen, dass wir *diskriminieren* (lat. für *unterscheiden*) sollen. Man sagt, die Liebe verbietet es uns, aufzustehen und zu sagen: »Das ist falsch.« Deswegen müssen wir es höflich hinnehmen, wenn jemand behauptet: »Der Herr hat mir gezeigt, dass ...«

Sie erinnern sich doch bestimmt an die Sage vom trojanischen Pferd, das man vor die Tore der Stadt Troja stellte? Die zukünftigen Eroberer überließen es der Stadt als »Geschenk« und zogen sich dann scheinbar zurück. Ein Priester warnte die Bewohner davor, dem Feind zu vertrauen, »selbst wenn er kommt, um Geschenke darzubringen.«

Sie kennen das Ende der Geschichte. Nachdem das hölzerne Pferd in die Stadt gebracht worden war, sprangen die Soldaten heraus, öffneten die Stadttore und schon schwärmten die übrigen Eindringlinge hinein. Heute ist der Feind schon innerhalb unserer Tore.

Wie die Irrlehre gedeiht

Die falschen Lehrer unter uns leugnen nicht direkt die Lehren der Bibel. Täten sie es, würde sich die Zahl ihrer Zuhörer drastisch reduzieren. Sie lassen vielmehr die Stellen weg, die nicht zu ihrer Tagesordnung passen – einer Tagesordnung, auf der sich nur Einheit, Wohlstand und besondere Offenbarungen finden. Indem sie Uneinigkeit als die allergrößte Sünde brandmarken, bereiten sie jeder nur vorstellbaren Abweichung in der Lehre den besten Nährboden. Wer sich besorgt nach der lauteren Lehre erkundigt, wird rasch als »inquisitorisch« bezeichnet, als jemand, dem man besser aus dem Wege gehen sollte. Menschen, deren Stimmen wir so sehr brauchen, werden so zum Schweigen gebracht.

Wie gelingt es den falschen Lehrern, so viele lebendige Christen hinters Licht zu führen? Sie wenden Auslegungsprinzipien an, die es ihnen erlauben, die Bibel in die Hand zu nehmen, um sie dann wie Modelliermasse zu bearbeiten, bis sie die gewünschte Form angenommen hat. In Wirklichkeit benutzen sie also nicht die bewährten Auslegungsprinzipien, sondern »verdrehen« die Schrift, wie Petrus in 2. Petrus 3,16 warnt. Was sind nun diese falschen Prinzipien?

Der Wohlstand des Alten Testaments
für die Gläubigen des Neuen Testaments

Viele nehmen die Segensverheißungen des Alten Testaments, die sich an Israel richteten, und übertragen sie direkt und ohne viel Aufhebens auf die Gemeinde. Im Alten Testament gab es in der Tat eine enge Verbindung zwischen dem Gehorsam des Volkes und dem Versprechen Gottes, das Land dann mit gutem Getreide und Wohlstand zu belohnen. Heute allerdings gibt es diese Verbindung aus einem einfachen Grund nicht mehr: Gott arbeitet nicht mit seinem Volk, das als solches zu einer bestimmten geographischen Nation gehört. Er hat entschieden, sich ein Volk zur Ehre seines Namens zu erwählen, das aus allen Nationen dieser Welt stammt und so einen neuen Leib bildet, die Gemeinde. Daher werden die Verheißungen geistlichen Segens im Neuen Testament all denen zuteil, die dem Herrn treu sind. Es findet sich aber keine Verheißung von Wohlstand oder Gesundheit darin. Es ist vielmehr so, dass uns Armut, Verfolgung und Kummer verheißen werden, so wie es auch Christus selbst widerfuhr. Ohne auf diese wichtige Unterscheidung zu achten, haben die Prediger von Wohlstand und Gesundheit ihren Anhängern gesagt, dass sie ein Recht darauf haben, materiellen Segen zu erwarten – ganz besonders dann, wenn sie bereit sind, dem Verkündiger ein großes Geschenk als »Glaubenskorn« zukommen zu lassen.

Ein Evangelist forderte die Leute sogar auf, die Belege ihrer Kreditkartenabrechnungen einzuschicken, damit er sie dann verbrennen könnte. Er behauptete, dass Gott den Leuten dadurch auf wundersame Weise aus ihren Schuldenproblemen heraushelfen würde. Dieses überaus erstaunliche Versprechen wurde dann von Leuten als richtig bestätigt, die angeblich völlig unerwartet hohe Schecks in ihrer Post fanden, womit sie Hypotheken und anderes abzahlen konnten. Es gab keine Notwendigkeit mehr für ein kühles Durchrechnen des eigenen Budgets; man brauchte auch nicht mehr wegen finanzieller Engpässe sein neues Auto gegen einen Gebrauchtwagen einzutauschen: Gott wird Ihnen aus der finanziellen Misere schon heraushelfen – wenn Sie dem Verkündiger Ihr

»Treueversprechen« zusenden. Ja, »wenn Sie das Korn pflanzen, ist die Ernte bereits da.«

Wer diesen Unsinn hinterfragt, erhält als Antwort: »Wer sind Sie, dass Sie sagen, was Gott tun kann und was nicht?« Die Frage ist aber gar nicht, was Gott tun kann und was nicht; die Frage ist, ob er dies versprochen hat, und ob wir das Recht haben, darauf zu bestehen, dass er seine angebliche Verheißung einlöst.

So kommt es, dass unter der Maskerade ausgewählter Schriftstellen und dem Verzicht auf seriöse Prinzipien der Auslegung alle Wünsche nach Wohlstand und Gesundheit von Bibelversen ummantelt werden. Die ausgewogenen Lehren des Neuen Testaments werden zugunsten einer »Jesus-will-dass-du-reich-wirst«-Lehre ignoriert. Diese Lehre lässt sich prima mit den materialistischen Bestrebungen eines Großteils der amerikanischen Bevölkerung vereinbaren. Die Worte des falschen Propheten sind Musik für die kitzelnden Ohren der Leute.

In den ersten Jahrhunderten diskutierten Christen noch darüber, ob ein reicher Mensch überhaupt gerettet werden konnte. Zeitgenössische Propheten bejahen diese Frage nicht nur, sondern versteigen sich sogar zu der Behauptung, dass es Gottes Wille ist, jeden Menschen reich zu machen. Man nimmt Abschied von Jesu Armut; auch sind die Generationen von Gläubigen nicht mehr gefragt, die *»in Schafpelzen und Ziegenfellen, Mangel leidend, bedrängt, geplagt«* umhergingen (Hebr 11,37). Man verabschiedet sich auch von dem Glauben, den Millionen von Christen heute noch haben, die in Gefängnissen schmachten oder nicht in der Lage sind, Essen für ihre unterernährten Kinder zu beschaffen.

Wir heißen dagegen die Welt der heutigen Propheten willkommen! Jemand sagte einmal: »Wir haben Kühe für Milch; Schafe für Wolle; und nun haben wir Gott, um alle unsere Gelüste zu befriedigen!«

Krankheiten und Armut kommen vom Teufel

Ein zweites Prinzip zur Auslegung der Schrift, das der Irrlehre die Tore geöffnet hat, war folgende Art der Argumentation: Krankheit und Armut kommt vom Teufel. Nun ist es allerdings so, dass wir über den Teufel die absolute Macht haben. Daher entspricht es der Logik dieser Denkweise, dass wir jeder Krankheit und auch der Armut »gebieten«, d.h. sie in ihre Schranken verweisen und so gesund und gut situiert leben können. All dies sei erreichbar ohne Buße, ohne das Leiden um der Gerechtigkeit willen und ohne die Ausübung des Gehorsams, der zu einem heiligen Leben führt! Ja, all dies und der Himmel noch dazu!

Es ist eine Tatsache, dass das Neue Testament nicht zu der Annahme berechtigt, dass Krankheit und Armut vom Teufel kommen; und selbst wenn es einmal der Fall ist, wird uns nicht garantiert, dass wir diese Leiden überwinden können. Paulus hatte einen Dorn für das Fleisch, einen Gesandten des Teufels, *»dass er mich mit Fäusten schlage«* (2Kor 12,7). Und dennoch lehnte Gott es ab, ihn davon zu befreien, obwohl Paulus ihn dreimal angefleht hatte. Stattdessen schenkte Gott ihm Gnade, um diesen Kummer zu ertragen (Vers 9). Untersuchen Sie einmal das Leben der Apostel, und Sie werden nicht einen finden, der Wohlstand und Gesundheit erhielt; die meisten hatten mit Verfolgung, Gefängnisstrafen und dem Tod zu kämpfen.

Anders als behauptet, ist unsere Autorität über den Teufel natürlich nicht absolut. Wir haben nicht die Vollmacht, ihm zu verbieten, in Washington D.C. tätig zu sein, so wie es sich einige Leute ausgemalt haben. Wir haben auch nicht die Autorität über ihn, um ihm zu untersagen, Besorgungen für Gott zu erledigen, so wie er es tun musste, als Hiob einer Prüfung durch Gott ausgesetzt war (Hi 1,12; 2,6). Wenn wir die Waffenrüstung Gottes anlegen, haben wir tatsächlich Vollmacht, Satan in unserem persönlichen Leben und Erfahren zu überwinden. Aber selbst dann benutzt Gott den Bösen, um uns zu prüfen und zu lehren, dass wir nahe am Herrn leben müssen – dem Gott, der uns von dem Reich der Finsternis erlöst hat. Ich habe an anderer Stelle dieses Thema ausführlich behandelt.[3]

Die Fortsetzung der Offenbarung

Dann kam es zum finalen Schlag gegen jede Art von Kontrolle durch die Lehre. Mit dem Aufblühen der sogenannten Glaubensbewegung (engl. *Faith Movement*) und dank einiger (aber nicht aller) Charismatiker gibt es Millionen von Menschen, die glauben, dass Gott direkt zu den heutigen »Propheten« spricht; daher ist dann ernsthaftes Bibelstudium nicht mehr notwendig. Propheten mit den neuesten Offenbarungen Gottes sind in die Gemeinden eingedrungen und haben Botschaften mit großartigsten Verheißungen und von immenser Wichtigkeit verbreitet.

Es ist schon etliche Jahre her, als Menschen aus ganz Kanada, den Vereinigten Staaten und Großbritannien zu einer Gemeinde in der Nähe des Flughafens von Toronto strömten, in der sie den sogenannten Toronto-Segen erleben konnten. Dort bellten Leute wie Hunde, wurden vom Geist zu Boden geworfen und von unkontrollierbarem Lachen ergriffen. Da über diese Bewegung zahlreiche Bücher geschrieben wurden, beabsichtige ich nicht, diese Sache im Detail zu beurteilen. Ich möchte jedoch Personen zitieren, welche die Bewegung »in- und auswendig« kennen.

Drei charismatische Autoren, die im Allgemeinen den Manifestationen des Heiligen Geistes offen gegenüberstehen, haben die Ereignisse in Toronto miterlebt und dazu Stellung bezogen. Einer von ihnen ist Peter Fenwick. Er schrieb: »Meine größte Sorge kommt daher, dass die Bibel nicht mehr den Platz einnimmt, den sie in der Gemeinschaft lebendiger Christen einst hatte. Faktisch ist es so, dass die ganze Kontroverse, die im Zusammenhang mit dem Segen von Toronto aufkam, ein Schlachtfeld für die Bibel ist.«[4] Er führt dann weiter aus, dass der Toronto-Segen niemals hätte ausbrechen können, wenn man nicht unbiblische Praktiken in Kauf genommen hätte.

Als ernstzunehmende Bibellehrer darauf hinwiesen, dass sich das »Wort der Erkenntnis« aus 1. Korinther 12,8 nicht auf die hellsichtige Fähigkeit des Verkündigers bezieht, vielerlei Krankheiten der Leute in seiner Zuhörerschaft zu erkennen, trafen diese Informationen auf taube Ohren. Zum größten Teil spielte es gar keine Rolle, was die Leiter taten oder sagten; es war unerheblich, ob ihre Praktiken bizarr oder ihre Lehren neu und widersprüchlich waren. Diese Leute beantworteten Kritik mit der Frage: »Wer sind Sie, dass Sie das in Frage stellen, was Gott hier vollbringt?«

Als einige Leute die Frage aufwarfen, warum sich manche dieser
Dinge nicht in der Bibel finden, machten die Leiter sie auf den
folgenden Bibelvers aufmerksam: »*Siehe, ich wirke Neues!*« (Jes
43,19). Da war es gleichgültig, wie der biblische Kontext war, in dem
dieser Vers hier verwendet wurde: In der Bibel verweist »das Neue«
auf Gottes Eingreifen, wenn er die Juden aus dem Exil zurückbringt,
sie wieder im Lande ansiedelt und das kommende Königreich
errichtet. Dieser Vers wurde jedoch aus dem Kontext gerissen und
dann benutzt, um praktisch alles und jedes zu rechtfertigen. Da nun
jede Manifestation des Geistes als eine »neue Sache« beschrieben
werden konnte, wurde den Christen das Schutzschild entzogen, mit
dem sie sich gegen Irrtum hätten wehren können.

Heute werden »neue Offenbarungen« empfangen, der »Prophet«
deutet an: »Der Geist Gottes sprach zu mir und sagte, ...« Dieser Satz
wird dann mit jedem erdenklichen Unsinn und Irrtum zu Ende geführt:
dass Jesus die Last ertrug, das Wesen Satans anzunehmen; dass Jesus
in der Hölle wiedergeboren wurde; dass wir alle so göttlich wie Jesus
sind – diese Absurditäten und Hunderte anderer sind einem oder
mehreren dieser selbsternannten Propheten offenbart worden.[5] Und
Millionen glauben daran.

Vor einiger Zeit erhielt ich einen Brief von einem Freund, der mir
mitteilte, dass ich in einer Radiosendung eine Bemerkung gemacht
hatte, die ihn sehr bedrückte. Als ich seinen Brief las, wusste ich
gleich, dass ich die Bemerkung nicht gemacht hatte, da sie eine
Aussage enthielt, der ich nicht zustimme. Da er allerdings darauf
beharrte, fand ich nach einigem Suchen die Aufnahme der Sendung
und hörte sie mir an. Ich war sehr erleichtert, als ich feststellte, dass
ich Recht gehabt hatte; ich hatte die mir zugeschriebene Bemerkung
nicht gemacht. Basierend auf einem Teil meiner Botschaft hatte er
etwas eingefügt – einen Zusatz, der meine Position zu dem Thema
falsch wiedergab. Mir geht es um das Folgende: Wenn ich es schon
nicht mag, dass mir Leute Worte in den Mund legen, *wie viel ernster
wird das Ganze, wenn ich Gott Worte unterstelle!*

Natürlich spricht Gott heute noch zu uns, wenn wir damit meinen,
dass er die Sünde in unseren Herzen offenlegt und unser Denken

bezüglich des Werkes Christi für uns erleuchtet. Auch kann es durchaus sein, dass Gott besondere »Akte der Vorsehung« gewährt, um Menschen für das Evangelium empfänglich zu machen. Einige Muslime, die zum Christentum übergetreten sind, erzählen, dass sie Träume oder Visionen von Jesus hatten, bevor sie das Evangelium hörten. Es gibt Zeiten, in denen Gott unsere Gedanken durch Gebet und die Betrachtung des Wortes leitet; wir können auch Eindrücke erhalten, die uns Führung und Richtung geben. Es bleibt hingegen schwierig, zwischen den Gedanken Gottes und unseren eigenen zu unterscheiden. Wir sagen deshalb eher »Ich glaube, dass Gott mir zeigt, dass ...« oder »Es ist mir aufgefallen, dass ...«. Das ist etwas ganz anderes, als zu sagen, Gott würde uns Weissagungen, Hellsehen und eine neue Lehre geben. Wir sollten es nicht wagen, unsere subjektiven Gedanken auf die gleiche Stufe wie das überlieferte Wort Gottes, die Bibel, zu stellen.

Da keine Bewegung in der Geschichte der Gemeinde ausschließlich gut oder schlecht ist, versteht es sich von selbst, dass etliche Menschen etwas aus dem Toronto-Segen und den Lehren der Glaubensbewegung für sich herausziehen konnten. Einige haben eine neue Liebe für Jesus bekommen, andere sind in ihrem Leben mit Gott ermutigt worden. Von verlässlichen biblischen Kontrollen losgelöst, wird solchen Bewegungen allerdings erlaubt, ihren eigenen Weg zu gehen, auf dem sie die Heilige Schrift wohl oder übel nur zur Rechtfertigung von Absurditäten benutzen.

Zappen Sie einmal in Amerika durch die verschiedenen Programme Ihres Fernsehers. Sie werden dabei auf viele Evangelisten treffen, die im Grunde Folgendes lehren: Je bizarrer etwas ist, desto größer ist die Wahrscheinlichkeit, dass es von Gott kommt.

Sie werden auf übertriebene Heilungsversprechen stoßen; da gibt es Zeichen, Wunder, Lachen und auch Berichte über Zähne mit Goldfüllungen; Sie werden Geschichten hören, wo Geld quasi von nirgendwo herkommt, um die zu »segnen«, die ihr Geschenk eingeschickt haben. Und inmitten von alldem – und das macht das Ganze dann so verworren – werden manchmal auch hilfreiche Wahrheiten der Bibel verkündigt.

Wir müssen es klar sagen: Wer den Teufel in Amerika finden will, muss hinter den Kanzeln anfangen zu suchen; in der Gemeinde selbst und nicht in der Welt treibt der Teufel sein größtes Werk der Täuschung. Manchmal ist die mit Irrtum vermengte Wahrheit tödlicher als der Irrtum selbst.

Wiederaufbereitete Häresien

Irrlehren der verschiedensten Ausprägung sind nicht neu. Während der Reformation gab es einen »Propheten« namens Thomas Münzer. Er vertrat die Ansicht, dass die Bibel zu schwer zu verstehen sei. Sie erfordere einen göttlichen Ausleger – und das sei nicht die Gemeinde, sondern das innere Zeugnis des Geistes. Die Bibel, so erklärte er, sei nur Papier und Tinte. »Bibel, Babel, Seifenblase!«, rief er aus.[6] Indem er die gleiche Heilige Schrift wie die selbsternannten Propheten unserer Tage gebrauchte, rechtfertigte er seine lehrmäßige Position mit der Aussage: *»Denn der Buchstabe tötet, der Geist aber macht lebendig«* (2Kor 3,6). Luther antwortete zunächst bejahend, dass der Buchstabe ohne den Geist natürlich tot sei, dass die beiden aber genauso wenig voneinander zu trennen seien wie die Seele vom Körper. Luther betonte, er brauche ein sicheres Wort von Gott, nicht die Fantastischen Erfahrungen eines Propheten neuerer Zeiten.

Was Münzers Träume, Visionen und Offenbarungen anging, hatte Luther eine klare Haltung: Er erinnerte sich daran, dass der Heilige Geist in der Bibel als Taube dargestellt ist. Demgemäß wollte er Münzer nicht einmal dann zuhören, wenn »er den Heiligen Geist mit Federn und allem anderen verspeist habe«[7]. Münzer wurde der Vater all derer, die an die Eingebung durch den Heiligen Geist glaubten und so die Heilige Schrift umgingen.

Wenn wir die Bibel korrekt interpretieren, gibt es keine Möglichkeit, ihre Lehren so zu verdrehen, dass sie zu unseren Wünschen und Begierden passen. Bei einer richtigen Auslegung kommen wir nicht zu dem Ergebnis, man könne alles und jedes glauben. Wie Jay Adams es ausdrückte, befasst sich die Bibel mit etwas, was man antithetische Lehre nennen könnte:

In der Bibel, wo die Antithese oder Gegenbehauptung eine so wichtige Rolle spielt, ist das geistliche Unterscheidungsvermögen von zentraler Bedeutung, die Fähigkeit also, Gottes Gedanken und Wege von denen anderer zu unterscheiden. In der Tat sagt Gott: *»Wer weisen Herzens ist, wird ein Verständiger genannt«* (Spr 16,21).

Angefangen vom Garten Eden mit seinen beiden Bäumen (einer erlaubt, einer verboten) bis zum ewigen Aufenthaltsort des Menschen, entweder im Himmel oder in der Hölle, sieht die Bibel immer zwei, und nur zwei Wege vor: Gottes Weg und den der anderen. Dementsprechend wird von Menschen gesagt, sie werden errettet oder sie gehen verloren. Sie gehören zum Volke Gottes oder der Welt. Es gab Garizim, den Berg des Segens, und Ebal, den Berg des Fluchs. Wir haben den engen Pfad und den breiten Weg, der uns entweder zum ewigen Leben oder in die Zerstörung führt. Es gibt diejenigen, die gegen uns sind, und die anderen, die für uns sind. Da ist ein Drinnen und ein Draußen. Leben und Tod stehen sich gegenüber, ebenso Wahres und Falsches, Gutes und Schlechtes, Licht und Finsternis, das Königreich Gottes und Satans, Liebe und Hass, geistliche Weisheit und die Klugheit der Welt. Von Christus wird gesagt, dass er der Weg, die Wahrheit und das Leben ist und dass niemand zum Vater kommen kann außer durch ihn. Er ist der einzige Name unter dem Himmel, der uns rettet.[8]

Einigkeit/Uneinigkeit

Wo ziehen wir nun die Grenze? Wann wissen wir, dass es sich für eine Lehre zu kämpfen lohnt? Wir stimmen sicherlich darin überein, dass unterschiedliche Auffassungen im Verständnis der Prophetie kein Grund sind, um »Irrlehre!« zu rufen. Ich wuchs mit der Lehre auf, dass die Gemeinde vor der Zeit der großen Trübsal hinweggenommen wird. Viele meiner Freunde, die Gottes Wort genauso fest wie ich glauben, haben jedoch eine andere Überzeugung: Sie meinen, dass die Gemeinde die Trübsal miterleben wird (obwohl sie – dessen bin ich mir sicher – insgeheim hoffen, dass sie sich irren!).

Unser Problem ist die Ausgewogenheit. Einerseits ziehen manche unter uns den Kreis der Lehre zu eng. Sie brechen die Gemeinschaft mit denen, die ihre Ansichten nicht *aufs Genaueste* teilen. Manche bestehen darauf, dass wir alle die traditionelle englische Bibelübersetzung, die *King James Version*, verwenden; andere vertreten die Meinung, dass nur diejenigen, die an einer Theologie des »zweiten Segens« festhalten, wahrhaft vom Geist erfüllt sind. Es ist schön, solche Überzeugungen zu haben, solange man sich darin einig weiß, dass dieses nicht die fundamentalen Wahrheiten der Bibel sind; dies sind nicht die Streitfragen, wegen derer wir die Gemeinschaft miteinander aufgeben. Ich halte mich an viele der Überzeugungen, die man gemeinhin als Calvinismus zusammenfasst; dort werden Gottes Souveränität und die Vorherbestimmung besonders betont. Andere sind stärker am sogenannten Arminianismus ausgerichtet, der den freien Willen mehr akzentuiert. Aber diese Dinge sollten nicht die Angelegenheiten sein, die uns möglicherweise trennen oder anhand derer wir Irrlehren abgrenzen.

Und wie steht es mit einer Streitfrage wie der Taufe? Ich bin sicher, dass die Bibel die Taufe des Gläubigen lehrt, d.h. die Taufe derer, die bewusst Zeugnis für ihren Glauben an Christus ablegen. Ich glaube auch, dass die richtige Form der Taufe das völlige Untertauchen im Wasser ist. Wenn aber jemand das Besprengen des Kopfes mit Wasser für richtig hält, sollten uns diese Unterschiede, auch wenn sie wichtig sind, nicht trennen.

Was soll über die Kindstaufe gesagt werden? Einige deuten es als Zeichen des Bundes, als Zeichen also, dass das Kind in Gottes Segen der Errettung aufgenommen ist. Ich bin mir nicht ganz sicher, was das bedeuten soll. (Heißt das, dass das Kind eines Tages errettet wird? Oder ist dies ein Zeichen, dass die Eltern versprechen, ihr Kind für Christus zu erziehen?) Ich kann aber diesen Standpunkt respektieren.

Es gibt demgegenüber viele, die lehren, dass die Taufe selbst das Mittel zur Errettung ist. Die katholische und lutherische Kirche lehren, dass die Taufe Wiedergeburt bewirkt; in der Tat ist es so, dass bei der Geburt eines kränklichen Kindes ein Priester oder Pfarrer ins Krankenhaus gerufen wird, um das Kind vor einem möglichen Tod noch zu taufen. In Notfällen dürfen die Mutter oder auch ein Angestellter des Krankenhauses die Taufe selbst vornehmen.

Obwohl sowohl Katholiken als auch Lutheraner glauben, dass die Taufe durch die Firmung bzw. Konfirmation später erneuert werden muss, meinen sie, dass das Kind durch die Taufe schon errettet sei. Dies ist für etliche von uns schon eine ernsthafte Abweichung von der biblischen Lehre.

Andere haben hierzu noch andere Auffassungen. So sind sich einige ganz sicher, dass der Glaube an Christus für die Errettung zwar notwendig sei, er aber ohne Taufe keinen Wert besitze. Die *Boston Church of Christ* lehrt, dass man zur Errettung nicht nur getauft werden müsse, sondern dass auch nur die Taufe ihrer Gemeinde zähle.[9] Ein Mitglied der Gemeinde dort sagte mir, dass ich trotz meiner Taufe in die Hölle gehen würde, weil ich nicht von ihnen getauft worden sei. Wenn man sich solcherlei Auslegungen zur Taufe anschaut, lohnt es sich, für ein fundiertes Verständnis der Tauflehre zu kämpfen.

Was ist Irrlehre?

Die Bibel benutzt das Wort Irrlehre und Irrlehrer in zweifacher Bedeutung. Paulus nannte verschiedene Splittergruppen »Parteiungen«, d.h. Abspaltungen (vgl. 1Kor 11,19). Einige dieser Abspaltungen finden zwischen Gläubigen statt; in dieser Weise definiert, kann ein fleischlicher Gläubiger, der offenbarte Wahrheit zurückweist, als Irrlehrer bezeichnet werden. So hat meines Wissens Paulus das Wort im Galaterbrief 5,19-20 verstanden. Dort sagte er, dass Parteiungen oder Splittergruppen das Ergebnis des Fleisches sind. An anderer Stelle meinte er, dass ein sektiererischer Mensch verkehrt und durch sich selbst verurteilt ist (Tit 3,10-11).

Die andere Bedeutung des Wortes bezieht sich auf jene Leute, die an ernsthaften Abweichungen in der Lehre festhalten. Petrus spricht von »verderbenbringenden Parteiungen«. Sie leugnen, dass Jesus Herr ist (2Petr 2,1). Hierbei handelt es sich um Lehrer, welche die grundlegenden Lehren des Glaubens bestreiten. So benutzen wir das Wort heutzutage auch meistens. Robert Bowman definiert in dem Buch *Orthodoxy and Heresy* den Begriff Häresie (Irrlehre) oder Parteiung als »eine Lehre, die in direktem Gegensatz zu den Grundlagen des christlichen Glaubens steht, so dass wahre Christen sich von solchen trennen müssen, die an derartigen Vorstellungen festhalten«[10].

Können Christen zu Häretikern werden? Gewiss können sie zu Häretikern gemäß der ersten Definition weiter oben im Text werden. Oftmals haben sich Christen auch ketzerischen Überzeugungen verschrieben, sei es aus Unkenntnis oder persönlicher Rebellion. In einigen wenigen Fällen haben Menschen, die behaupteten, den lebendigen Glauben zu haben, sich davon abgekehrt und so ihren eigenen Glauben zerstört, den sie einst besaßen. Das mag zurückzuführen sein auf ihre Lebensweisen oder das Anhängen an Mythen und Traditionen, die den Glauben zerstörten, den sie früher bejahten. Ja, auch diese Menschen sind Irrlehrer.

Kehren wir zu den Grundlagen zurück

Um »Theologie praktisch zu handhaben«, wie man es mitunter nennt, müssen wir uns auf das antithetische Denken einlassen. Das bedeutet, dass wir eine Lehre nicht nur bejahen, sondern auch ihr Gegenteil ausschließen. Ein solches Vorgehen ist die Grundlage für jede Form vernunftgeleiteten Handelns; sie ist eine notwendige Funktion des menschlichen Denkens. Und nicht nur das. Dieses Vorgehen stimmt mit den Lehren der Bibel überein.

Nehmen wir zum Beispiel die Aussage »Nur die Bibel ist für uns Gottes Wort«. Wenn diese Aussage wahr ist, schließt sie jede andere Quelle der Offenbarung und auch andere Autoritäten aus. Die Aussage schließt damit die Traditionen des römischen Katholizismus als Mittel der Offenbarung aus; ebenfalls werden hiermit das Buch der Mormonen, der Koran und die Veden ausgeschlossen. Das gleiche gilt für die Schriften von Mary Ellen White und Mary Baker Eddy.

Wer glaubt, dass die Bibel Gottes einzige Quelle der Offenbarung ist, erwartet keine weitere Offenbarung von den Lippen eines Gurus, Propheten, Evangelisten oder Erweckungspredigers. Niemand wird so in der Lage sein zu behaupten, dass Gott etwas Neues über den Heiligen Geist oder Christus oder auch neue Prophezeiungen offenbart hat. Natürlich glauben wir auch, dass es immer einen Weg gibt, die Offenbarungen Gottes noch besser zu erklären oder ein tieferes Verständnis davon zu gewinnen. Wir sind jedoch auf die Worte Gottes auf den Seiten der Bibel beschränkt. Wenn jemand behauptet: »Der Herr hat zu mir gesagt, ...«, finden wir dies vielleicht interessant. Es kann gut sein, dass mitunter eine Person hinsichtlich des Eindrucks, den sie empfangen hat, richtig liegt. Wir werden diese Offenbarung aber nicht als das irrtumslose Wort Gottes ansehen.

In dem Moment, da wir die Bibel als die einzige Grundlage für alle Lehre akzeptieren, merken wir, dass die Bibel selbst uns dabei hilft, die unveränderlichen Teile der Lehre zu bestimmen. Wir müssen nicht selbst entscheiden, wo die Grenze zwischen Wahrheit und Irrtum zu ziehen ist. Das ganze Neue Testament hindurch werden wir beständig mit der Lehre der Errettung und anderen sie unterstützenden Lehren konfrontiert, weil sie von höchster Wichtigkeit ist. Das ist auch sinnvoll. Vergegenwärtigen Sie sich dabei, dass die wichtigste Frage, die wir je beantwortet haben sollten, die ist, wie wir sichergehen können, dass wir die Ewigkeit bei Gott verbringen.

Paulus warnte die Gläubigen in Galatien zu versuchen, das Evangelium von Christus zu entstellen. Dann fügte er hinzu: »*Wenn aber auch wir oder ein Engel aus dem Himmel euch etwas als Evangelium entgegen dem verkündigen, was wir euch als Evangelium verkündigt haben: Er sei verflucht! Wie wir früher gesagt haben, so sage ich auch jetzt wieder: Wenn jemand euch etwas als Evangelium verkündigt entgegen dem, was ihr empfangen habt: Er sei verflucht!*« (Gal 1,8-9).

Stellen Sie sich das einmal vor! Ein Engel erscheint und teilt Ihnen mit, dass der Weg zum Himmel der ist, dass Sie eine liebevolle, anständige Person sind. Sie wären überrascht, wie viele einer solchen Offenbarung Glauben schenken würden. Der Beweis dafür liegt darin, dass das Buch der Mormonen von einem »Engel« offenbart wurde, der die Offenbarung eines komplett anderen Evangeliums an Joseph Smith weitergab. Millionen Menschen haben diese Botschaft bereits geglaubt. Es gab Marien-Erscheinungen mit einem anderen Evangelium; Wallfahrtsorte sind zu Ehren dieser Erscheinung entstanden. Oder

– und das gibt es auch – Jesus hat angeblich ein anderes Evangelium offenbart. Paulus würde dazu ausrufen: »Solche Offenbarungen sollen verflucht sein!«

Paulus ist Petrus persönlich entgegengetreten, weil Petrus einen falschen *Eindruck* vom Evangelium vermittelte. Folgendes war vorausgegangen: Petrus hörte auf, mit den nicht-jüdischen Nachfolgern, den Heidenchristen, zu essen, als Judenchristen die Gemeinde besuchten. Damit erweckte er den Eindruck, dass er den Lehrern zustimmte, die davon sprachen, dass wir durch Christus *und* Gesetz errettet werden. Unseres Wissens hat Petrus niemals ein Wort über den Inhalt des Evangeliums verloren; er wollte nur einfach nicht mehr mit denjenigen essen, die glaubten, dass das Evangelium ein auf Gnade beruhendes und frei gewährtes Geschenk Gottes sei. Paulus war bleich vor Wut!

Die Tatsache, dass Petrus bloß den Anschein erweckte, dass die Judenchristen Recht haben könnten, war Paulus Grund genug für eine öffentliche Auseinandersetzung.

»Als aber Kephas nach Antiochia kam, widerstand ich ihm ins Angesicht, weil er durch sein Verhalten verurteilt war. ... Als ich aber sah, dass sie nicht den geraden Weg nach der Wahrheit des Evangeliums wandelten, sprach ich zu Kephas vor allen: Wenn du, der du ein Jude bist, wie die Nationen lebst und nicht wie die Juden, wie zwingst du denn die Nationen jüdisch zu leben?« (Gal 2,11.14).

Paulus bestätigt im weiteren Verlauf des Kapitels, dass wir durch den Glauben an Christus gerechtfertigt sind, nicht aber durch die Werke des Gesetzes (Vers 16). Eins muss für uns alle gelten: Die Klarheit des Evangeliums ist die eine Lehre, für die wir bereit sein sollten, unser Leben zu lassen.

Wie lautet dieses Evangelium? Heißt es einfach »Glaube an Jesus«? Nein, wie wir im kommenden Kapitel darlegen werden. Denn es gibt eine Reihe von falschen Sekten, die auch »an Jesus glauben«. Das System von Aussagen, die Bestandteil der Lehre von der Errettung sind, muss als Teil des göttlichen Plans erhalten bleiben. Ich möchte veranschaulichen, wie man »Theologie praktisch handhabt«. Dazu werde ich die Grundelemente des Evangeliums beschreiben und auch zeigen, was man leugnet, wenn man etwas anderes ausdrücklich bejaht. Bei einem solchen Vorgehen schneiden wir fast allen Irrlehren – ob alten oder modernen – den Einflussbereich ab. Ältere Theologen haben diese Methode des Bejahens und gleichzeitigen Ausschließens als Mittel eingesetzt, um herauszukristallisieren, worin nun die Wahrheit genau bestand. Schauen wir also gemeinsam, wie diese Methode angewendet werden kann.

Aussagen des Evangeliums

Es geht mir darum, die grundlegenden Aussagen des lebendigen Glaubens zu umreißen, indem ich zeige, was er beinhaltet und was er ausschließt.

1. *Wir bejahen, dass Gott heilig ist.* Das bedeutet, dass Gott anders, rein und »völlig unterschieden«, also total abgesondert von seinen Geschöpfen ist.

Warum ist dies ein wichtiger Teil des Evangeliums? Wäre Gott nicht heilig, könnte er Sünder ohne ein Opfer annehmen. Dies ist aber gerade nicht der Fall. Viele bekannte Bücher zum Thema Spiritualität vermitteln den Eindruck, als ob sich jedermann Gott zu jeder beliebigen Zeit in welcher Weise auch immer nähern könnte. Der so dargestellte Gott ist eigentlich gar nicht anders als wir: Nun ja, vielleicht ein wenig mächtiger, aber doch nicht heilig. So ist denn auch Furcht in seiner Gegenwart überflüssig. Ebenso besteht kein Grund, Buße zu tun. Ein solcher Gott ist nicht der Gott der Bibel.

Genauso wenig ist der Gott der bürgerlichen Religion der Gott der Bibel. Nach dem terroristischen Angriff am 11. September wurden überall in Amerika Schilder aufgestellt. Auf ihnen war »Gott segne Amerika« zu lesen. Viele Christen freuten sich darüber, dass »Gott« ins amerikanische Alltagsleben »zurückgekehrt war«. Dessen war ich mir überhaupt nicht so sicher. Mir wurde sogar berichtet, dass in Nashville zwei Erotikläden, die Bücher und Videos für Erwachsene verkaufen, in ihrem Schaufenster den Spruch »Gott segne Amerika« aufhingen. Dies war aber ein Verweis auf einen anderen Gott, den Gott der modernen Vergnügungssucht. Hier war nicht der Gott gemeint, der sagte: »*Seid heilig, denn ich bin heilig*« (3Mo 11,44).

Wir lehnen es außerdem ab, den Gott der Bibel mit Allah oder den Göttern des Buddhismus, Hinduismus und anderen Religionen gleichzusetzen. Wir bestreiten, dass es möglich ist, Gott zu erreichen, ohne Gottes Gerechtigkeit als die unsere anzunehmen, wie sie uns durch Christus zuteil wird (siehe unten).

2. *Wir bejahen, dass Jesus der fleischgewordene Gott ist.* Hören Sie bitte einmal auf die Warnung, die Johannes, der Apostel der Liebe, ausspricht:

> »*Geliebte, glaubt nicht jedem Geist, sondern prüft die Geister, ob sie aus Gott sind! Denn viele falsche Propheten sind in die Welt hinausgegangen. Hieran erkennt ihr den Geist Gottes: Jeder Geist, der Jesus Christus, im Fleisch gekommen, bekennt, ist aus Gott; und jeder Geist, der nicht Jesus bekennt, ist nicht aus Gott; und dies ist der Geist des Antichrists, von dem ihr gehört habt, dass er komme und jetzt ist er schon in der Welt*« (1Jo 4,1-3).

Es gibt noch andere Textstellen, in denen die Gottheit von Christus bejaht wird (siehe z.B. Joh 1,1, Hebr 1,8).

Die Gottheit und Menschwerdung von Christus zu bestreiten, ist ein klarer Hinweis auf einen Irrlehrer; dieser Lehre allerdings nur zuzustimmen, ist jedoch nicht unbedingt ein Beweis für Orthodoxie. Einige, die diese Lehre glauben, lehren dennoch die Errettung durch Werke. Oder sie fügen ihre eigene Gerechtigkeit dem hinzu, was Jesus vollbracht hat. Wenn wir also die Gottheit Jesu und seine Menschwerdung ausdrücklich bejahen, schließen wir damit andere bekannte Lehren aus.

Wir verneinen, dass Jesus von Nazareth von Christus getrennt werden kann; wir verneinen ferner, dass es einen gnostischen oder universalen Christus gibt, den man in allen Religionen findet. Wir verneinen auch die Lehre der Zeugen Jehovas, die besagt, dass Christus ein erschaffenes Wesen ist. Wir müssen gleichfalls die Lehren des sogenannten *Jesus Seminars* zurückweisen, bei dem Theologen mittels Abstimmung über die Authentizität von Jesu Worten und Taten entscheiden und wonach Jesus nur ein Mensch ist.

Wie Sie wahrscheinlich wissen, führen uns die Lehren der Schrift zum direkten Konflikt mit dem Islam, der davon ausgeht, dass Gottes Menschwerdung Blaspemie ist. Im Gespräch mit Muslimen müssen wir allerdings berücksichtigen, dass ihre Abneigung gegen die Menschwerdung Gottes darauf beruht, dass sie ein falsches Verständnis von der Dreieinigkeit haben. Muslime meinen, dass es im Christentum um eine körperliche, physische Dreieinigkeit geht. Wenn Christen also Jesus den Sohn Gottes nennen, stellen sich Muslime dabei vor, dass der himmlische Vater mit Maria Geschlechtsverkehr hatte und aus dieser Verbindung der »Sohn Gottes« hervorging. Wir müssen klarstellen, dass wir an eine geistliche Dreieinigkeit glauben, nicht aber an eine körperliche.

3. *Wir bejahen die stellvertretende Buße.* Petrus schrieb: *»Denn es hat auch Christus einmal für Sünden gelitten, der Gerechte für die Ungerechten, damit er uns zu Gott führe, zwar getötet nach dem Fleisch, aber lebendig gemacht nach dem Geist«* (1 Petr 3,18). Damit ist ausgesagt, dass Christus für uns am Kreuz litt, um unsere Sünden auf sich zu nehmen. Er ertrug die Strafe, die wir verdient hatten, und zahlte so die Schuld für die, die sein Opfer in Anspruch nehmen wollen.

Wir verneinen, dass Gott uns wegen seiner Liebe retten kann, unter Verzicht auf das Opfer von Christus. Außerdem verneinen wir, dass es andere Mittler zwischen uns und Gott gibt, unabhängig davon, ob es sich dabei um verstorbene Heilige oder Engel handelt. Wir verneinen weiterhin, dass Mohammed, Krishna oder jeder andere Guru, Lehrer oder Prophet dafür qualifiziert ist, an unserer Statt zu sterben und uns so zu Gott zu bringen.

4. *Wir bejahen, dass wir Sünder sind, sowohl von Natur aus als auch aus freier Wahl.* Paulus formulierte es so: *»Auch euch hat er auferweckt, die ihr tot wart in euren Vergehungen und Sünden«* (Eph 2,1). Unsere Sündhaftigkeit schließt jede Eigeninitiative aus, zu Gott Kontakt aufnehmen zu können. Alle unsere guten Taten, obwohl sie in sich gut sein mögen, sind dennoch mit Sünde befleckt. Wir sind außerstande, irgendeinen Beitrag zu unserer Erlösung zu erbringen.

Wir verneinen alle Formen der Erlösung durch Werke, ob sie nun im Katholizismus oder in nicht-christlichen Religionen auftreten. Wir verneinen, dass es möglich ist, die menschliche Natur selbst zu verbessern und zu perfektionieren. Wir halten es auch für unwahr, dass Gott zu unserer Erlösung verpflichtet ist, weil wir in uns selbst gut sind.

5. *Wir bejahen, dass wir nur durch Glauben errettet werden. »Denn wir urteilen, dass der Mensch durch Glauben gerechtfertigt wird, ohne Gesetzeswerke«* (Röm 3,28). Daraus folgt, dass die Errettung ein Geschenk sein muss, weil die von uns benötigte Gerechtigkeit nicht in uns zu finden ist. Wir werden dementsprechend dadurch gerettet, dass wir Christus als den einen annehmen, der die Strafe für unsere Sünden bezahlt hat.

Wir verneinen, dass wir durch die Sakramente erlöst werden, sei es Taufe, Abendmahl oder auch andere. Wir verneinen, dass uns die Erlösung dadurch zuteil werden kann, dass wir und Gott »zusammenarbeiten«.

6. *Wir bejahen, dass die Heilsgewissheit daher kommt, dass wir darauf vertrauen, dass das von Christus geleistete Werk für uns ausreichend ist.*

»Und dies ist das Zeugnis: dass Gott uns ewiges Leben gegeben hat, und dieses Leben ist in seinem Sohn. Wer den Sohn Gottes hat, hat das Leben; wer den Sohn Gottes nicht hat, hat das Leben nicht. Dies habe ich euch geschrieben, damit ihr wisst, dass ihr ewiges Leben habt, die ihr an den Namen des Sohnes Gottes glaubt« (1Jo 5,11-13).

Wir verneinen, dass die Heilsgewissheit durch unsere Werke zustande kommt; ausgenommen davon ist, dass unsere Werke Ausdruck des rettenden Glaubens sind. Wir halten es für unwahr, dass wir Heilsgewissheit durch irgendwelche Rituale der Gemeinde oder unsere eigene Redlichkeit und guten Werke erlangen. Wenn wir glauben, dass Jesus durch seinen Tod und seine Auferstehung alles vollbracht hat, was notwendig ist, um in die Gegenwart des heiligen Gottes aufgenommen zu werden; wenn wir freudig annehmen, was er für uns getan hat, dann werden wir errettet werden und wissen es auch.

Nachtrag

Wie wissen Sie, ob ein Mensch der Postmoderne sein Leben tatsächlich Jesus übergeben hat? Nicht, indem er sagt, er glaubt an Jesus – denn dies tun selbst die Dämonen mit Zittern. Auch nicht, indem er sagt, dass er Jesus als seinen Erlöser angenommen hat – da viele meinen, dies durch die Sakramente oder ihre eigenen Anstrengungen getan zu haben.

Wir wissen, dass ein Mensch das Evangelium versteht, wenn er (1) eingesteht, dass er ein Sünder ist und keinerlei Beitrag zu seiner Erlösung aufbringen kann; (2) bejaht, dass er Christus angenommen hat, weil nur er allein die Gerechtigkeit besitzt, die Gott akzeptiert und (3) sagt, dass ihm bekannt ist, dass daher Christus der einzige Weg zum Vater ist.

Vielleicht kennen Sie die Geschichte von dem kleinen Jungen, der sich in der Großstadt verlaufen hatte. Als ihn ein Polizist nach seiner Anschrift fragte, konnte er diese Frage nicht beantworten. Der kleine Kerl kannte nur seinen Namen. Er war sich jedoch sicher, dass er den Weg nach Hause finden würde, wenn man ihn nur zu der Gemeinde brächte, die er normalerweise besuchte. »Welche Gemeinde ist es denn?«, wollte man wissen. Darauf erwiderte der Junge: »Die mit dem großen Kreuz am Eingang!« Dann fügte er noch hinzu: »Bringen Sie mich einfach nur zum Kreuz, und ich werde meinen Weg nach Hause schon finden!«

Christen mit geistlichem Urteilsvermögen werden Lehrer, Propheten und Verkündiger anhand der Klarheit prüfen, mit der diese das Evangelium vom Kreuz predigen. Und wenn das Evangelium verzerrt oder außer Acht gelassen wird, können wir uns ziemlich sicher sein, dass wir einen Lehrer getroffen haben, dem man nicht folgen sollte. Denn nur das Kreuz, richtig verstanden, führt uns nach Hause zum Vater.

In einem verworrenen Zeitalter wie diesem müssen wir für die Grundlagen des Glaubens streiten.

Anmerkungen

1. Robert Bowman, Jr., *Orthodoxy and Heresy: A Biblical Guide to Doctrinal Discernment* (Grand Rapids: Baker 1992), S. 17.
2. John F. MacArthur Jr., *Discernment – Spiritual Survival for a Church in Crisis*, Audiokassettenserie (n.d.).
3. Erwin W. Lutzer, *Ein Blick hinter die Kulissen* (CV Dillenburg, 1998).
4. Clifford Hill, Peter Fenwick, David Forbes & David Noakes, *Blessing the Church?* (Guildford, Surrey [U.K.]: Eagle, 1995), S. 40-41.
5. Hank Hanegraaff, *Christianity in Crisis* (Eugene, Oreg.: Harvest, 1993). Dieses Werk ist eine ausgezeichnete Darstellung der Lehren und Irrlehren der sogenannten *»Faith Movement«* (»Glaubensbewegung«). Unsere Zeit ist von immer neuen Offenbarungen, prophetischen Worten, Wundern und schlichtem Unsinn geprägt. Wer sich daher ernsthaft für geistliches Unterscheidungsvermögen interessiert, wird an der vorliegenden Abhandlung nicht vorbeigehen können.
6. Rolland Bainton, *Here I Stand: A Life Of Martin Luther* (New York & Toronto: Mentor, 1950), S. 203.
7. Ebd.
8. Jay Adams, *A Call to Discernment* (Eugene, Oreg.: Harves, 1987), 31; zitiert nach: John F. MacArthur in: *Reckless Faith: When the Church Loses Its Will to Discern* (Wheaton, Illinois: Crossway, 1994), S. 49-50.

9. Russ Wise, The Boston Church, www.probe.org/docs/boston.html,
   siehe auch: www.reveal.org/abouticc/crossroadsera.html
10. Bowman, *Orthodoxy and Heresy*, S. 50.

KAPITEL 4

Wenn man falsche Propheten beurteilt ...

Wie können wir sie erkennen?

»Nehmt euch in acht vor falschen Propheten.«

Mit dieser Aussage nannte Jesus zwei Wahrheiten: Die erste ist, dass es falsche Propheten gibt; die zweite sagt aus, dass sie gefährlich sind. Je mehr sich die Leute daran gewöhnen, den Predigern anzuhängen, die ihnen genau das sagen, was sie hören wollen, desto weniger überrascht sollten wir sein, dass es überall falsche Propheten gibt. Viele von ihnen haben eine große Gefolgschaft, und ihr Lebensstil wird auch von ernsthaften Christen gutgeheißen.

Uns ist gesagt worden, dass wir Wunder, Prophezeiungen oder Lehren nicht näher untersuchen sollten, da dieses die Gemeinde spalte. Etliche Leute warnen uns, dass wir »die vom Herrn Gesalbten« nicht anrühren sollten, da wir sonst unter das Gericht Gottes fielen. Aber wir müssen dabei im Auge behalten, dass sich diese Warnung darauf bezieht, die Diener des Herrn vor körperlicher Versehrtheit zu bewahren. Sie hat überhaupt nichts damit zu tun, falsche Lehrer und ihre Lehren zu identifizieren (siehe 1Chr 16,22; Ps 105,15). Wir beabsichtigen in diesem Kapitel nicht, den Dienern des Herrn Schaden zuzufügen, sondern vielmehr diejenigen kenntlich zu machen, die das Volk Gottes vom Wege abführen. Wir lassen uns auch nicht von Fernsehevangelisten einschüchtern, die alle mit einem Fluch belegen, die ihre Lehren und unbiblischen Praktiken entlarven. Die Wölfe sind schon dabei, Schafe zu rauben, und wir müssen die Alarmglocken läuten.

Wir haben die Fähigkeit der Boten Satans unterschätzt, durch die sie als die Abgesandten des Herrn auftreten. Wir müssen die Heilige Schrift erneut lesen, um herauszufinden, was sie über Propheten sagt, die ihre eigenen Täuschungen und nicht das Wort Gottes verbreiten.

Zwei Arten von falschen Propheten

Die erste Gruppe von falschen Propheten umfasst die, deren Voraussagen falsch sind; sie geben vor, über besondere Einsichten zu verfügen und kündigen Ereignisse an, die aber nicht eintreffen. Diese Propheten beschreibt Moses in 5. Mose 18,21-22 folgendermaßen:

> *»Und wenn du in deinem Herzen sagst: Wie sollen wir das Wort erkennen, das nicht der HERR geredet hat? Wenn der Prophet im Namen des HERRN redet und das Wort geschieht nicht und trifft nicht ein, so ist das das Wort, das nicht der HERR geredet hat. In Vermessenheit hat der Prophet es geredet. Du brauchst dich nicht vor ihm zu fürchten.«*

Weil Gott unfehlbar die Zukunft kennt, können wir uns darauf verlassen, dass diejenigen, die seine Botschaften empfangen, in ihren Prognosen auch immer richtig liegen. Eine falsche Vorhersage ist das sichere Zeichen eines falschen Propheten.

Dieses Prinzip, das uns im Alten Testament klar gelehrt wird, gilt auch für die Propheten des Neuen Testaments, und schließt auch solche wie den Propheten Agabus (Apg 21,10-11) ein. Unterm Strich ist es so, dass Propheten jedes Zeitalters in ihren Prophezeiungen in hundert Prozent aller Fälle Recht haben werden, wenn sie von Gott geleitet sind.

Es ist unfassbar, dass einige Menschen so leichtgläubig sind, dass sie einem Propheten sogar dann noch nachfolgen, wenn seine Vorhersagen nicht eintreten! Einige der sogenannten *Word of Faith-*

Prediger (»Wort des Glaubens«) haben wiederholt behauptet, dass ihnen Wunder und Erweckungen offenbart wurden, die in Kürze passieren sollten; zudem haben sie falsche Visionen weitergegeben. Diese alle sind jedoch nicht eingetroffen. Ihre Anhänger haben sich davon nicht abschrecken lassen; sie besuchen nach wie vor die Versammlungen und schicken ihr Geld. Dabei ist doch ganz klar, dass der Prophet, der die Zukunft falsch vorhersagt, nicht jemand ist, der sie von Gott gehört hat.

Die zweite Gruppe von Propheten zeichnet sich zunächst dadurch aus, dass hier die Zukunft durchaus richtig prophezeit wird und auch Wunder geschehen. Dennoch sind diese Propheten Irrlehrer, weil sie sich auf die falsche Lehre stützen.

»Wenn in deiner Mitte ein Prophet aufsteht oder einer der Träume hat, und er gibt dir ein Zeichen oder ein Wunder, und das Zeichen oder das Wunder trifft ein von dem, der zu dir geredet hat, in dem er sagte: ›Lass uns anderen Göttern – die du nicht gekannt hast – nachlaufen und ihnen dienen!‹, dann sollst du nicht auf die Worte dieses Propheten hören oder auf den, der die Träume hat. Denn der HERR, euer Gott, prüft euch, ob ihr den HERRN, euren Gott, mit eurem ganzen Herzen und mit eurer ganzen Seele liebt« (5Mo 13,2-4).

Anders ausgedrückt: *Selbst wenn das prophetische Wort eintrifft, ist das an sich noch kein Beweis dafür, dass der Prophet von Gott gesandt ist.* Wir müssen mehr über seine Theologie wissen, bevor wir seine Offenbarungen gutheißen können.

Findet sich in der Bibel ein Beispiel für diese zweite Gruppe von falschen Propheten? Bileam (4Mo 22–24) war ein Okkultist, den der König von Moab bat, die Israeliten zu verfluchen. Zu der damaligen Zeit hatten solche Wahrsager großen Einfluss. Man glaubte, dass diejenigen, die von ihnen verflucht wurden, tatsächlich verflucht waren. In gleicher Weise war man sich sicher, dass diejenigen, die von ihnen gesegnet wurden, auch wirklich Segen empfangen würden. So bat also ein heidnischer König einen heidnischen Propheten, Israel zu verfluchen. Als die Boten des Königs mit Geld in ihren Händen zu Bileam kam, gehorchte dieser gerne.

Wie sehr er es jedoch auch versuchte – Bileam schaffte es nicht, Israel zu verfluchen. Er öffnete den Mund, um den Fluch auszusprechen, aber heraus kamen nur Segnungen! Der König war unzufrieden und erinnerte Bileam daran, dass er seine Botschaft wohl besser korrigierte, da ihm sonst die zugesagte Bestechung nicht zufallen würde. Bei falschen Propheten schlägt das Herz beim Geld schneller, besonders bei sehr viel Geld (22,17).

Bileam versuchte also erneut, Israel zu verfluchen, doch auch ein drittes und viertes Mal führten nicht zum erwünschten Resultat. Nichts als Segnungen kamen ihm über die Lippen. Er machte diese erstaunliche Prophezeiung: »*Ich sehe ihn, aber nicht jetzt, ich schaue ihn, aber nicht nahe. Es tritt hervor ein Stern aus Jakob, und ein Zepter erhebt sich aus Israel und zerschlägt die Schläfen Moabs und zerschmettert alle Söhne Sets*« (24,17). Sie können sich vorstellen, wie ärgerlich, ja verzweifelt der König von Moab wurde! Sein liebster Prophet segnete den Feind! Und in seinen Segnungen sprach Bileam einige der schönsten Verheißungen für Israel aus, die man sich nur denken kann.

War Bileam ein falscher Prophet? Seine Vorhersagen trafen ein. Da vermutet man zunächst, dass er wohl ein Mann Gottes gewesen sein muss. Es gibt aber keinerlei Hinweise darauf, dass er seine Verhaltensweisen änderte und zum Nachfolger des wahren Gottes wurde. Dies erklärt, warum er im Neuen Testament scharf als jemand verdammt wird, der zum Prototyp aller falschen Propheten wurde. Hören Sie nur einmal selbst:

> »*Sie haben Augen voller Begier nach einer Ehebrecherin und lassen von der Sünde nicht ab, indem sie ungefestigte Seelen anlocken: Sie haben ein in der Habsucht geübtes Herz, Kinder des Fluchs; sie sind abgeirrt, da sie den geraden Weg verlassen haben, und sind nachgefolgt den Weg Bileams, des Sohnes Beor, der den Lohn der Ungerechtigkeit liebte, aber eine Zurechtweisung der eigenen Gesetzlosigkeit empfing: Ein stummes Lasttier redete mit Menschenstimme und wehrte der Torheit des Propheten*« (2Petr 2,14-16).

Bileam hatte zwei Eigenschaften, die oft einen falschen Propheten kennzeichnen. Als Erstes war er gierig; man konnte ihn für den richtigen Preis kaufen. Als Zweites, und dies ist der wichtigere Punkt, schwor er nicht von seiner Zauberei ab, obwohl er ganz offensichtlich wahre Offenbarungen von Gott erhielt. »*Und als Bileam sah, dass es gut war, in den Augen des HERRN Israel zu segnen, ging er nicht wie die anderen Male auf Wahrsagerei aus, sondern richtete sein Gesicht zur Wüste hin*« (4Mo 24,1). Er konnte Israel nicht verfluchen. Gleichwohl schmiedete er einen Plan, um den König zufrieden-zustellen und sein Geld zu erhalten: Er war es, der später Israel dazu brachte, sich in sexueller Unmoral mit den Frauen von Moab ein-zulassen und den heidnischen Gott Baal anzubeten (31,6; siehe auch 25,1-3). Es ist kein Zufall, dass der König den Bileam zum Berg von Peor mitnahm (23,27-28); und dies war derselbe Berg, von dem wir lesen: »*Und Israel hängte sich an den Baal-Peor*« (25,3).

Wir können hier etwas lernen: Es reicht nicht aus, danach zu fragen, ob die Vorhersagen eingetroffen sind; es ist nicht einmal genug herauszufinden, ob der Prophet manchmal Gottes Worte mitgeteilt hat. Wir müssen uns seine Lebensweise anschauen, und insbesondere seine Lehre. Kein Wunder, dass Jesus sagte, dass falsche Christusse so viele Wunder vollbringen werden, dass sie – wenn es möglich wäre – auch die Auserwählten verführen würden (Mk 13,22)!

Meine Frau und ich trafen einmal einen jungen Mann namens Phil. Er berichtete uns davon, dass er eine Versammlung mit zwei bis dreitausend Leuten besucht hatte. Dort verkündigte ein Prediger: »Unter uns ist ein junger Mann, der mit Leukämie kämpft.« Phil kämpfte zu dem Zeitpunkt gerade mit Leukämie, dachte aber, dass in einer so großen Menschenmenge sicherlich etliche junge Männer mit diesem Problem zu tun hatten. Der Prediger fuhr fort: »Dieser junge Mann durchlebt gerade seine Scheidung.« Phil dachte: »Nun, das sind schon zwei Dinge, die auf mich zutreffen. Aber bestimmt gibt es noch mindestens einen weiteren Mann, der diese Erfahrungen gerade macht.« Als Nächstes sagte der Prediger voraus, dass dieser junge Mann Chemotherapie und Bestrahlung erhalten und im kommenden September wiederkommen und bezeugen werde, dass seine Gebete erhört wurden. Und genau das passierte: Phil bekam Chemotherapie, erlebte eine Knochenmarksverpflanzung und kam nächsten September wieder, um seine vollständige Heilung zu bezeugen.

War dieser Prediger ein wahrer Prophet Gottes? Ich denke nicht. Auch wenn eine falsche Vorhersage einen Propheten sogleich disqualifiziert, so beweist eine korrekte Prophezeiung nicht automatisch, dass man diesem Mann oder dieser Frau folgen sollte. Ich stellte Phil eine Frage, deren Antwort mich veranlasste anzunehmen, dass dieser Prediger ein falscher Prophet war, obwohl seine Voraussagen eintraten. Ich werde etwas später in diesem Kapitel auf die Frage zurückkommen, die ich Phil stellte.

Es gibt zwei verschiedene Arten falscher Propheten und vier unterschiedliche Arten von falschen Prophezeiungen. *»Die Propheten weissagen Lüge in meinem Namen. Ich habe sie nicht gesandt und sie nicht beauftragt – auch nicht zu ihnen geredet. Sie weissagen auch* **Lügengesicht, Wahrsagerei, Nichtiges** *und den* **Trug ihres Herzens«** (Jer 14,4, Hervorhebung durch den Autor).

- *Lügengesichte (falsche Visionen)* können aus dem Herzen des falschen Propheten oder von Satan selbst kommen. Diese Visionen werden wirklich vom Propheten »gesehen«, aber sie sind falsch und teuflisch. Mir kommt hierbei eine Frau in den Sinn, eine selbsternannte Prophetin, die eine Vision von einem Mann hatte, den eins ihrer Kinder heiraten würde. Sie glaubte, dass es sich hierbei um eine Offenbarung Gottes handelte; die Vision war aber irreführend und bewahrheitete sich auch nicht.
- *Wahrsagerei (Hellsehen)* kann sich auf Handlesen und Ähnliches beziehen.
- *Nichtiges (Götzendienste)* verrichten solche Propheten, die Menschen dazu bringen, andere Götter anzubeten oder sich vor diesen zu beugen. Vielleicht wird ein Mensch auch zur Anbetung eines Gottes ermutigt, der ein Auswuchs seiner Fantasie ist.
- *Betrug des Herzens (Täuschungen)*, der nicht unbedingt teuflischen Ursprungs sein muss, wird von dem Propheten selbst erdacht und von ihm selbst auch geglaubt.

Diese Propheten, die angeblich in Gottes Namen tätig waren, hatten eine große Schar von Anhängern. Gott aber sagte, er *»habe sie nicht gesandt«* (14,15).

Was sagten diese Propheten voraus? Genau das, was die Menschen hören wollten! Sie wollten die Leute glauben machen, dass es weder Krieg noch Hungersnot im Lande geben und sich vielmehr Wohlstand (14,13) einstellen würde. Sie wiesen die Leute darauf hin, dass die Israeliten doch Gottes Volk seien und daher ihr Erbe in Anspruch nehmen sollten. Wir können sie geradezu rufen hören: »Erlaubt dem Teufel nicht, dass er uns dessen beraubt, was uns zusteht. Wir gehören zu Jehova, dem Gott des Universums; lasst uns auch danach leben!«

Gott dagegen sagte, dass sie selbst durch Hungersnot oder das Schwert fallen würden (14,15-16). An anderer Stelle in Jeremia heißt es, dass Gott sagt: *»Ich habe gehört, was die Propheten sagen, die in meinem Namen Lüge weissagen und sprechen: Mir träumte, mir träumte! Wie lange noch? Haben die Propheten etwa im Sinn – sie, die Lüge weissagen und Propheten des Truges ihres Herzens sind – ... Meinen Namen in Vergessenheit zu bringen?«* (23,25-26). Da überrascht es nicht, dass der Herr verkündet: *»Hört nicht auf die Worte des Propheten, die euch weissagen. Sie täuschen euch«* (Vers 16).

Hören wir uns nun an, worauf es letztendlich hinausläuft: *»Denn das Haus Israel und das Haus Juda haben sehr treulos an mir gehandelt, spricht der HERR. Sie haben den HERRN verleugnet und gesagt: Er ist nicht da. Kein Unglück wird über uns kommen, Schwert und Hunger werden wir nicht sehen. Und die Propheten werden zu Wind werden, und das Wort des HERRN ist nicht in ihnen; – aber so wird es ihnen selbst ergehen«* (5,11-13).

Die Propheten sind also bloßer Wind! Sie sprechen Täuschungen aus, die sie sich selbst ausgedacht haben! Sie erfüllen die Leute mit falschen Hoffnungen! So beschreibt Gott selbst, was *falsche* Propheten tun (siehe Vers 14). Sie geben Wissen vor, das dem Rest von uns unzugänglich ist. Sie behaupten, Botschaften direkt und ungefiltert von Gott zu erhalten. Heute schieben sie sogar in ganz extremen Fällen die Bibel zugunsten neuester Offenbarungen beiseite. Sie behaupten, dass sie über Macht verfügen und die Fähigkeit besitzen, »Zeichen und Wunder« zu tun. Und die Leute glauben ihnen.

Das Erkennen falscher Propheten

Die Ähnlichkeiten zwischen den falschen Propheten in der Bibel und denen von heute sind äußerst auffällig. In die Gemeinde des ersten Jahrhunderts hatten sich falsche Lehrer unterschiedlichster Ausprägung eingeschlichen. Das waren Männer, die so taten, als ob sie besondere Offenbarungen von Gott bekämen. Paulus beschreibt sie als die »übergroßen Apostel«, die sich ihm gegenüber erhoben (2Kor 11,5). Das waren Apostel, die durch Empfehlungsschreiben Akzeptanz erreichen wollten und behaupteten, die Korinther in eine reichere Beziehung zu Gott zu führen. Sie stellten die Notwendigkeit des Glaubens an Christus nicht in Frage; ganz im Gegenteil, sie meinten, dass diejenigen, die Juden würden, all das empfingen, was Gott für sie bereithielt.

Diese Apostel gaben sich klüger als Paulus, denn sie sprachen die gefühlten Bedürfnisse der Leute in einer Weise an, wie es Paulus nicht tat. Sie besaßen den Schlüssel zu einer tieferen Spiritualität, indem sie eine vollere, reichhaltigere Botschaft präsentierten. Paulus, so erklärten sie, habe nur einen Teil der Wahrheit, während sie über die ganze verfügten. Diese Apostel waren auch Redner, die ihre Gedanken stilvoll und im Brustton der Überzeugung vortrugen. Sie hatten Geheimwissen, besondere Einblicke und neue Offenbarungen. Das von Paulus verkündigte Evangelium war im Vergleich dazu schwach; sein Auftreten war für sie sogar fast eine Peinlichkeit. Sie sagten über ihn: *»Denn die Briefe, sagt man, sind gewichtig und stark, aber die leibliche Gegenwart ist schwach und die Rede zu verachten«* (2Kor 10,10).

Heute treten zahlreiche Propheten und Lehrer im Fernsehen auf. Wir sind dafür verantwortlich, die falschen von den wahrhaftigen zu unterscheiden, oder zumindest, die falschen von den halbwahren. Wir sind nicht unfehlbar. In einigen Fällen wird es so sein, dass wir einfach eingestehen müssen, nur unzureichende Informationen zu besitzen. Dann können wir uns kein Urteil erlauben. Dennoch: Jesus hat uns vor der zunehmenden Zahl falscher Lehrer gewarnt. Aus diesem Grunde und auch, weil einige so schamlos von der biblischen Lehre abweichen, müssen wir uns fragen: Mithilfe welcher Kriterien sind die Propheten zu beurteilen?

Nehmen wir einmal an, Sie sehen im Fernsehen einen Evangelisten oder Wundertäter. Wie können Sie nun feststellen, ob dieser Mann oder diese Frau authentisch ist, ob es sich bei dieser Person um einen geistlichen Führer handelt, dem man folgen und den man unterstützen soll? Ich möchte Sie dazu ermuntern, Ihre Bibel zur Hand zu nehmen und einmal 2. Korinther 11 aufzuschlagen. Verfolgen Sie mit, was Paulus über die falschen Lehrer seiner Zeit sagt. Seine Beschreibung ist ein Leitfaden zur Unterscheidung von wahrhaftigen und falschen Lehrern, oder wie wir auch sagen können, zur Trennung der Wahrheit von den Halbwahrheiten, wie wir sie alle schon gehört haben. Es handelt sich um die folgenden Merkmale.

Sie haben ihren eigenen Jesus

Paulus schreibt: *»Denn wenn der, welcher kommt, einen anderen Jesus predigt, den wir nicht gepredigt haben, oder ihr einen anderen Geist empfangt, den ihr nicht empfangen habt ...«* (Vers 4). Um welchen Jesus handelte es sich bei dem, den die *»übergroßen Apostel«* verkündeten? Sie glaubten zwar, dass Jesus am Kreuz gestorben war, verkündeten aber, dass sein Werk nicht ausreichte; man musste zudem noch Jude werden und die Werke des Gesetzes hinzufügen. Wenn man dann Jude geworden war, und nur dann, konnte man in die tieferen Dimensionen Gottes eindringen.

Es wurde nicht geleugnet, was Paulus lehrte; man wollte einfach noch etwas zu seiner Botschaft hinzufügen. Nach Scott Hafeman, der den 2. Korintherbrief im Detail untersucht hat, behaupteten die falschen Lehrer, dass wir nicht mehr leiden müssten, weil Jesus dies bereits getan hatte.[1] Anstatt Jesus als Vorbild zu begreifen, wie man durch das Leiden geht, glaubten sie, dass Jesus an unser Statt gelitten habe und wir damit von allem Leid befreit würden. Erlösung bedeutete ihrer Ansicht nach, die Fülle der irdischen Segnungen zu erlangen, die Jesus für uns am Kreuz erkauft hätte. Die falschen Lehrer sagten, dass die himmlischen Segnungen bereits heute uns gehörten.

Wenn wir das Leben genießen und es uns gut gehen lassen wollten, bräuchten wir dazu zweierlei: Zum einen benötigten wir unsere Gesundheit, denn wir könnten ein volles Leben unmöglich mit körperlichen Leiden ausschöpfen. Zum anderen wäre Wohlstand erforderlich, damit unsere Bedürfnisse (und Wünsche) ununterbrochen befriedigt würden. Der Jesus der falschen Propheten hat nicht so sehr gelitten, um uns von unseren Sünden zu erlösen, sondern um uns die Segnungen des Himmels bereits *jetzt* zu erwerben. Wenn jemand nur einen Schritt weitergehe – so die Irrlehrer – und Jude werde, erfahre diese Person die vollen Segnungen des Geistes.

Paulus sagt im Gegensatz dazu, dass jede Lehre, die dem Kreuz etwas hinzufügt, die Verkündigung eines »anderen Jesus« ist.

Es war auf dem O'Hare Flughafen von Chicago, als ich eine Frau traf, die gerade *»Das Gebet des Jabez«* las. Ich fragte sie nach ihren religiösen Überzeugungen. Sie antwortete, sie sei Mormonin und lese das Buch, weil sie gerade dabei sei, ein neues Geschäft abzuschließen, für das sie Gottes Segen wolle. Als ich ihr sagte, dass sie Christus vertrauen muss, meinte sie: »Jesus ... wir alle dienen Jesus, und es gibt ja auch nur einen Jesus, nicht wahr?«

Ich verneinte und gab ihr zu verstehen, dass sich in der Welt viele als Jesus ausgeben. Die sogenannte New-Age-Bewegung glaubt an einen kosmischen Jesus, der in jedem Menschen wohnt. Dann gibt es den »Weihnachtsmann-Jesus« einiger Prediger, der alle Menschen ohne irgendwelche Unterschiede segnet, ganz egal welche Religion oder Lebensweise diese Menschen verfolgen. Der große Menschenfreund Albert Schweitzer verfasste ein Buch, in dem er behauptete, Jesus sei nur eine Täuschung. Das war gewiss ein weiterer »anderer Jesus«.

Der falsche Jesus zur Zeit des Apostels Paulus war nicht irgendwo in einer Ecke versteckt oder gar das Fantasieprodukt einer merkwürdigen Sekte. Dies war ein Jesus, der verkündigt wurde; ein Jesus, der zweifellos innerhalb der Gemeinde gepredigt wurde. *Dieser Jesus war dem wahren Jesus ähnlich genug, so dass Paulus befürchtete, dass die Leute den einen nicht vom anderen unterscheiden konnten.*

Viele verkünden einen Jesus, der uns Geschenke und Segnungen gibt. Das ist der Jesus des Wohlstands; der Jesus, der heilt und jeden gleichermaßen liebt und niemals irgendjemanden in die Hölle schicken würde. Den Jesus, der am Kreuz starb, um uns mit Gott zu versöhnen, lassen sie im Hintergrund. Das gilt auch für den Jesus, der zurückkehren wird, um Gericht zu halten über all die, die dem Evangelium nicht gefolgt sind.

Diese falschen Propheten sprechen unaufhörlich von Jesus. Sie werden sogar in seinem Namen beten und Wunder vollbringen. Sie predigen einen Jesus, der uns ohne Buße Nutzen verschafft und uns nicht zum Leiden beruft. Dieser Jesus ist »für uns da«, jederzeit bereit, Segen auszuteilen, und jedes Leiden, das uns begegnet, zunichte zu machen. Ein solcher Jesus gibt uns Geld, nimmt die Probleme von uns fort und wirkt praktisch jedes von uns erbetene Wunder. Er ist ein sinnlich erfahrbarer Jesus, ein Unterhaltungs-Jesus.

Das heimtückische an dieser Art von Lehre ist nach Paulus »der andere Geist«. Das heißt, solche Verkündiger stehen tatsächlich unter der Macht eines fremden Geistes. Manchmal lauert ein Dämon hinter ihren Lehren, denn sie benutzen ihre Ausstrahlungskraft dazu, Jesus scheinbar zu erhöhen, obwohl ihre Lehren fehlgeleitet sind. Wir müssen uns vergegenwärtigen, dass der Jesus, den wir *wollen*, nicht unbedingt der Jesus ist, den wir *brauchen.*

K. Neil Foster erzählt die Geschichte von einer Frau, die Hilfe suchte. Ein Geist, der sich als Jesus ausgab, kam über sie. Dieser »Jesus« warf sie zu Boden und brüstete sich damit, Kontrolle über eine bestimmte Gemeinde in einer bestimmten Stadt zu haben. Dieser Geist hasste den Herrn Jesus Christus, wurde aber durch genau diesen Namen ausgetrieben – den Herrn Jesus Christus. Offensichtlich gibt es Geister, die den Namen Jesus annehmen, um dadurch Verwirrung zu stiften und die Menschen zu täuschen.[2]

Wie können wir diesen »anderen Jesus« aufspüren? Wenn Sie einem Pastor, Verkündiger, Evangelisten oder Propheten zuhören, fragen Sie sich bitte: Ist die Verkündigung des Kreuzes zentraler

Bestandteil der Lehre? Betont der Sprecher die Notwendigkeit zur Umkehr, Heiligkeit und Unterordnung vor Gott? Wird ein Jesus verkündigt, der uns zum Leiden beruft und uns versichert, dass er uns in unserem Leid begleitet? Oder wird ein Jesus präsentiert, dessen Hauptaufgabe darin besteht, uns die himmlischen Segnungen jetzt direkt zukommen zu lassen?

Manchmal wird es schwierig sein, auf diese Fragen eine einfache Antwort zu erhalten. Es gibt Lehrer, die tatsächlich von Zeit zu Zeit auf das Evangelium zu sprechen kommen. Oder es gibt Fälle, wo sowohl die Botschaft des Kreuzes als auch die von irdischem Wohlstand weitergegeben werden, so, als ob beide miteinander vereinbar wären. In einigen Fällen gilt es, das Wahre vom Halbwahren zu unterscheiden und unser persönliches Urteil zurückzustellen. In anderen Fällen wiederum wird es leicht sein, die Verkündiger des »anderen Jesus« zu erkennen.

Sie haben ihr eigenes Evangelium

Wenn man seinen eigenen Jesus hat, folgt daraus, dass man auch sein eigenes Evangelium besitzt. *»Denn wenn der, welcher kommt, einen anderen Jesus predigt, den wir nicht gepredigt haben, ... oder ein anderes Evangelium, das ihr nicht angenommen habt ...«* (2Kor 11,4). Wir haben bereits festgestellt, dass das Evangelium dieser übergroßen Apostel das Evangelium des Wohlstands war. Und um zu zeigen, dass sie »ihr Geld dahin tun, wo ihr Mund ist«, predigten sie nicht ohne Berechnung einer Gebühr. Sie wollten die Leute so glauben machen, dass Paulus schon deshalb kein großartiger Mann sein konnte, weil er nichts dafür verlangte. So musste Paulus sich dafür rechtfertigen, dass er einfach nur zu den Leuten kam und das Evangelium ohne Honorar predigte.

Paulus schrieb zur Verteidigung seiner »kostenfreien« Abgabe des Evangeliums: *»Oder habe ich eine Sünde begangen, als ich mich selbst erniedrigte, damit ihr erhöht würdet, indem ich euch das Evangelium Gottes umsonst verkündigt habe? Andere Gemeinden habe ich beraubt, indem ich Lohn nahm zum Dienst an euch«* (Verse 7-8). Paulus betonte, dass er der Gemeinde keine Last sein wollte.

Deshalb benutzte er Geld, das er von anderen Gemeinden erhalten hatte, für den eigenen Unterhalt. Und natürlich arbeitete er auch mit den eigenen Händen. Vielleicht wurde das von den Menschen geschätzt. Die falschen Lehrer gebrauchten dieses aber gerade gegen Paulus und wiesen darauf hin, dass er nichts für seine Tätigkeit berechnete, weil er nicht so ein großartiger Prediger wie sie war.

Heute fordern die übergroßen Apostel dazu auf, ihnen Geld zu schicken, damit der Einsender persönlich davon profitiere. Je großzügiger man sich erweise, desto weiter werde Gott die himmlischen Fenster öffnen, um so viele Segnungen auszuschütten, dass man gar nicht genug »Platz zum Einfahren« all dessen habe. Sie verstecken ihre Gier unter einem Mäntelchen, das so gestrickt ist, dass die falschen Lehrer ihren Anhängern geradezu die Gelegenheit verkaufen, von Gott gesegnet zu werden. Im Grunde genommen, lautet ihre Botschaft: »Sie sehen gar nicht, wie glücklich Sie sich schätzen können, mir Ihr Geld zuzusenden zu dürfen!«

Warum hat das Wohlstandsevangelium in die Herzen so vieler Millionen Amerikaner Eingang gefunden? Ein Grund liegt darin, dass die heutigen Prediger, wie schon die damaligen Propheten Israels, den Leuten das sagen, was sie hören wollen. Wieso sollte man über die harten Seiten des christlichen Lebens sprechen? Wozu sollte man sein Kreuz auf sich nehmen oder auch Leid ertragen? Warum sollte man sich von der Sünde abwenden oder sich für ein Leben entscheiden, bei dem man auf Bequemlichkeiten verzichtet?

Natürlich zitieren diese Apostel die Bibel und behaupten, dem Buch von Anfang bis Ende zu glauben. Aber sie lassen die Passagen weg, die nicht zu ihrem Denkschema passen. Ich hörte einmal, wie ein falscher Prophet allen Ernstes sagte: »Diese Sache mit Jesus, der für uns starb ... Ich interessiere mich nicht dafür, was Jesus vor zweitausend Jahren tat; mir ist wichtig, welche Segnungen er mir heute gibt.« Im Denken dieses Mannes ist unser Problem nicht die Sünde, sondern die Unwissenheit; wir wissen einfach nicht, wie wir Zugang zu Gott bekommen, um uns das Erbe zu holen.

Ein weiterer Grund für diese breite Zustimmung zum Wohlstandsevangelium liegt darin, dass es unsere Gier anspricht. Petrus beschreibt die Prediger seiner Tage so: »*Und aus Habsucht werden sie euch mit **betrügerischen Worten** kaufen; denen das Gericht seit langem schon nicht zögert und ihr Verderben schlummert nicht*« (2Petr 2,3, Hervorhebung durch den Autor). Ein Fernsehprediger sagte, dass einige der Leute, die ihm Geld geschickt hatten, Briefe der Bank erhielten, in denen stand, dass ihre Hypotheken voll abgezahlt worden waren! *Betrügerische Worte, Geschichten also, die sie sich einfach ausgedacht haben!*

Die frühe Gemeinde stellte heraus, dass sie einen falschen Propheten daran erkennen konnte, dass er zu ihr kam und um Geld bat. Wie wir gesehen haben, sagte Paulus, dass er das Recht hatte, um Geld zu bitten (2Kor 9). Dennoch verzichtete er darauf, um der Gemeinde nicht zum Ärgernis zu werden. Er sprach hier ein wenig ironisch; ja, er gab zu, er war ein Räuber; er »beraubte« die eine Gemeinde, um eine andere zu verschonen. Im völligen Gegensatz dazu stellten die übergroßen Apostel ihren Wohlstand zur Schau, um Gottes Segnungen an ihnen zu beweisen.

Mir wurde erzählt, dass einer der bekanntesten »Propheten« oder Verkündiger die Behauptung aufstellt, dass in seinen Evangelisationen bald die Toten auferstehen würden. Was ist von Verkündigern zu halten, die nicht »*Jesus Christus und ihn als gekreuzigt*« predigen (1Kor 2,2), das Kreuz nicht in den Mittelpunkt ihrer Lehre stellen und stattdessen Versprechungen machen, die Gott nie zusagte? Ich stimme hier mit Jim Cymbala überein. Er sagt, dass er einer solchen Person nicht folgen würde, *auch wenn diese in der Lage wäre, die Toten auferstehen zu lassen!*

Ohne ein Verständnis für das Kreuz und die Lehre, dass wir nur durch das von Christus erbrachte Opfer gerettet werden können, ist es irrelevant, ob die Vorhersagen des Predigers eintreffen. Am Ende der Tage wissen wir, ob ein Prediger von Gott ist oder nicht – nicht wegen der Zukunftsprognosen oder der Wunder, sondern nur weil er »*Christus und ihn als gekreuzigt*« verkündet. Jede Abweichung hiervon ist »*ein anderes Evangelium*«.

Welche Frage stellte ich nun Phil (von dem ich etwas weiter oben erzählte), die mich zu dem Schluss führte, dass der Prediger nicht von

Gott war, auch wenn er eine genaue Vorhersage gemacht hatte? Ich
fragte Phil: »Wie würde der Mann die folgende Frage beantworten:
Was muss ein Mensch tun, um in den Himmel zu kommen?« Phil
antwortete darauf: »Der Mann würde sagen, dass man Gott folgen und
ein guter Mensch sein solle.« Das ist selbstverständlich *»ein anderes
Evangelium«* und Beweis dafür, dass Propheten auch mit richtigen
Voraussagen nicht notwendigerweise Gesandte Gottes sein müssen.

Sie haben ihre eigene Quelle der Kraft

Fahren wir im Text fort: *»Denn solche sind falsche Apostel, betrügerische Arbeiter, die die Gestalt von Aposteln Christi annehmen. Und
kein Wunder, denn der Satan selbst nimmt die Gestalt eines Engels des
Lichts an; es ist daher nichts Großes, wenn auch seine Diener die
Gestalt von Dienern der Gerechtigkeit annehmen; und ihr Ende wird
ihren Werken entsprechen«* (2Kor 11,13-15). Denken Sie daran, dass
es Satans beliebteste Täuschung ist, sich als Heiliger Geist auszu-
geben. Ihm ist daran gelegen, Wissen preiszugeben, das weder aus der
Schrift noch durch Vernunft abgeleitet werden kann. Von diesen
Offenbarungen mag einiges durchaus wahr sein, anderes hingegen ist
falsch. Wenn es zur Täuschung erforderlich ist, Irrtum mit Wahrheit
zu vermischen, wird er keinen Moment zögern, dies zu tun.

Seine größte Blendung besteht darin, denjenigen etwas zu offenbaren, die bereit sind, dies zu empfangen. Darum sagte Paulus: *»Ich
fürchte aber, dass, wie die Schlange Eva durch ihre List verführte, so
vielleicht euer Sinn von der Einfalt und Lauterkeit Christus gegenüber
abgewandt und verdorben wird«* (Vers 3). Die Schlange täuschte Eva,
indem sie ihr etwas offenbarte, was über das Wort Gottes hinauszugehen schien. Gott hatte gesprochen, aber ihr wurde nun weiterer
Einblick gewährt, den ihr Gott verwehrt hatte. Daher haben wir heute
die »Gott sagte mir«-Prediger, die immer wieder zusätzliches Licht
und tieferes Wissen für sich beanspruchen. Einige dieser »Offenbarungen« sind mit dem Wort Gottes verträglich; andere sind unglaubliche
Märchen und bizarr. Der Teufel will um jeden Preis eine alternative
Quelle der Erleuchtung und Deutung sein.

Wenn Satan vor zweitausend Jahren im Fernsehen interviewt worden wäre, hätten wir ihn vielleicht sagen hören: »Ich habe gerade eine Offenbarung Gottes empfangen! Der Herr hat mir soeben mitgeteilt, dass wir aufgrund von Psalm 91,11-12 von der Höhe des Tempels springen können, ohne uns dabei zu verletzen! Gelobt sei der Herr!« Falsche Propheten finden oft einen Vers, häufig aus dem Zusammenhang gerissen, um so »neue« Deutungen aufzutischen, die darauf abzielen, die Zuhörerschaft zu beeindrucken. Da diese Propheten der Prinzipien der Auslegung unkundig und gleichermaßen unwissend über die Weisheiten vergangener Gemeindenlehrer sind, können sie Gott ungezügelt all das in den Mund legen, was immer sie sich wünschen.

Hören Sie sich nur die Lehren derjenigen an, die zur sogenannten »Word of Faith«-Bewegung (»Wort des Glaubens«) gehören. Sie werden auf Okkultismus stoßen, der mit aus dem Zusammenhang genommenen Schriftstellen vermischt ist. Man wird Ihnen sagen, dass die Macht, die gewünschte Wirklichkeit entstehen zu lassen, in Ihnen selbst liegt. Dazu ist laut dieser Bewegung nur der Glaube notwendig, dass Ihr Wort von magischen Kräften durchdrungen ist. Kreative Visualisierung ist das Mittel, mit dem Sie Glauben an Ihren eigenen Glauben gewinnen. Solche Lehren sind die okkulter Gruppen wie die der »Science of Mind« (»Vollkommenheitslehre«) und der New-Age-Bewegung.[3]

Den Menschen wird erzählt, dass sie zu ihren Brieftaschen sprechen können: »Brieftasche, durch meinen Glauben wirst du mit Geld gefüllt werden.« Oder sie können zu ihren Körpern reden: »Körper, du bist wunderbar, gesund und gut.« Diese Art von magischem Sprechen wird Millionen beigebracht, die dieses schlucken, als ob es aus der Bibel käme. Satans Propheten treten in der Maske des Propheten auf, welche die Täuschung geschickt verbirgt; die Zuhörenden gewinnen im Gegenteil den Eindruck, es handele sich hier um Propheten der Gerechtigkeit!

Außerdem ist die dämonische Macht in Wundern zu sehen. Dabei handelt es sich um Wunder, die über die in der Schrift beschriebenen hinausgehen. Ein Evangelist prahlte, dass er Wunder tun werde, die

»größer als die in der Apostelgeschichte« seien. Wenn Sie der Teufel wären, wie könnten Sie die Menschen besser täuschen, als durch ein Wunder, bei dem ein Mensch körperlich gesundet oder einen materiellen Nutzen davonträgt, das jedoch von dem Werk Jesu am Kreuz ablenkt? Die Täuschung ist oftmals ausgefeilt und subtil.

Ted Brooks war Pfarrer einer Gemeinde, in der Wunder, Zungenreden und prophetisches Reden betont wurden. Er hat in der Zwischenzeit die Fehler seiner Lehre eingesehen und darüber geschrieben:

> »Nur weil Worte christlicher Leiter geistlich klingen, sollte man ihnen deshalb noch keine Beachtung schenken. Die Geister der Antichristen innerhalb der Gemeinde werden viele geistliche Dinge zugestehen. Sie werden sogar viel aus der Bibel zitieren. Sie werden Zeichen und Wunder vollbringen, die die Seele fesseln. Sie werden als Apostel, Propheten und Pfarrer auftreten, aber sie werden es vermeiden, uns dahin zu weisen, dass Jesus Christus die vollständige Offenbarung von Gottes Willen und Wesen war und er in ihm Mensch wurde.«[4]

Ted Brooks führt weiter dazu aus, dass man beim Wunsch, die Wunder genauer unter die Lupe zu nehmen, schnell in den Ruf eines Wunderhassers oder Mannes des Unglaubens komme. Aber wir lassen uns davon nicht einschüchtern. Ein wahres Wunder wird eingehender Überprüfung standhalten. Falsche Wundertäter glauben, dass sie ihre Sendung durch Gott dadurch beweisen, dass sie etwas vollbringen, was nicht einmal Jesus oder die Apostel taten. Daher fallen Leute »im Geist« zu Boden und es kommt zu unkontrollierbarem Lachen, das die ganze Gemeinde ergreift. Je bizarrer die Erscheinungen, desto einfacher ist es, diese Gott zuzuschreiben. Um Brooks zu zitieren: »Das ›So-etwas-ist-noch-nie-dagewesen‹ ist Zeichen eines wahren, von Gott kommenden Wunders.«[5]

Einige fordern ihre Gemeinden auf, ihre Bibeln wegzulegen und sich ganz auf das einzulassen, was Gott in dem jeweiligen Moment tut.

»Die neue Sache«, die Gott vollbringen will, tritt an die Stelle profunder Auslegung der Bibel. Wenn ein Mann auf Händen und

Füßen kriecht und dabei wie ein Löwe brüllt, wird man sagen, dass dies schriftgemäß ist, weil die Bibel an zahlreichen Stellen Löwen erwähnt. Sollte jemand dummes, unverständliches Zeug reden, so wird jede angebotene Deutung akzeptiert, selbst wenn derartiges Sprechen nicht in Form einer menschlichen Sprache erfolgt, anders, als es uns vom Zungenreden in der Apostelgeschichte berichtet wird. Man nimmt bei allem an, dass es sich um Manifestationen Gottes handelt.

»Im Heiligen Geist zu Boden zu fallen« ist ein modernes Phänomen, das in der Schrift keinerlei Entsprechung findet und auch im Gegensatz zu den Taten steht, die Jesus und die Apostel vollbracht haben. Wir zitieren noch einmal Peter Fenwick, einen Charismatiker, der ansonsten den Gaben des Heiligen Geistes sehr verständnisvoll gegenübersteht. Er kennt persönlich viele Menschen, die »im Geist« zu Boden fielen. Darunter befinden sich solche, die er bereits vor einer solchen Erfahrung kannte, als auch solche, die er erst später kennenlernte. ·

Fenwick schreibt: »Viele ... berichten von angenehmen Erfahrungen während ›der Zeit auf dem Teppich‹. Ich habe aber keine grundlegenden Veränderungen bemerkt, die gewöhnlich mit diesem Erlebnis verbunden sein sollen. Angesichts der generellen Abwesenheit des Wortes Gottes beim Toronto-Segen überrascht mich das allerdings überhaupt nicht.«[6] Dies passt zum Geist unserer Zeit: Genauso wie die Leute von Gott nur ohne das anstrengende Betrachten seines Wortes hören möchten, wollen sie auch geistliche Reife erlangen unter Verzicht auf die schwere Arbeit des Betens, Bibellesens, Ablegens von persönlichem Zeugnis und ähnlicher Aufgaben.

Gibt es aber nicht doch Belege dafür, dass Menschen während früherer Erweckungen »im Geist« zu Boden fielen? Berichte aus der Zeit von Jonathan Edwards und John Wesley werden hier oft herangezogen, um Erscheinungen zu rechtfertigen, die heute so oft im Fernsehen zu sehen sind. Ja, es gibt Berichte über »Manifestationen« unterschiedlichster Art. Behalten Sie dabei aber bitte im Blick, dass (1) viele, die »fielen«, dies unter der tiefen Buße über ihre Sünden taten und (2) die Erweckungen diese Praktik nicht nur zu unterbinden versuchten, sondern auch der Auffassung waren, dass solche Vorfälle häufig von der Evangeliumsbotschaft selbst ablenkten. (3) Derartige Manifestationen ereigneten sich nicht, weil Leute von einem Verkündiger berührt wurden, der ihnen einen Stoß geistlicher Kraft verpasste. (4) Diese Erscheinungen wurden nie öffentlich vorgeführt, um andere zur gleichen Erfahrung zu animieren.

Ältere Prediger lehrten uns, dass wir täglichen Zerbruch, die Unterordnung unter Gott und in der Regel auch Leid erfahren müssten. Die heutigen übergroßen Apostel geben vor, dass sich das alles in wenigen Minuten erreichen lasse. Es erfordere nicht mehr als eine Berührung von ihnen, um Kraft zu bekommen.

Ja, sie haben ihre eigene Kraft.

Sie haben ihre eigenen Mittel zur Kontrolle

Paulus schimpft mit den Gläubigen in Korinth: »*Denn ihr ertragt es, wenn jemand euch knechtet, wenn jemand euch aufzehrt, wenn jemand euch einfängt, wenn jemand sich überhebt, wenn jemand euch **ins Gesicht schlägt***« (2Kor 11,20, Hervorhebung durch den Autor). Stellen Sie sich das einmal vor! Die Gläubigen waren bereit, von diesen übergroßen Aposteln ganz ohne irgendwelche Einwände misshandelt zu werden! Diese falschen Lehrer waren manipulativ, herrisch und sie erniedrigten die Gläubigen. Und die leichtgläubige Menge folgte ihnen.

Die menschliche Natur hat sich nicht geändert! Ich komme nicht aus dem Staunen heraus, wenn ich manche Geschichten höre. Da gibt es Leute, die Gemeinden besuchen, wo der Pastor seine Autorität dazu benutzt, die Gläubigen durch arrogantes Herrschen, demütigende Bemerkungen und Anklagen auszubeuten. Mir sind sogar Fälle bekannt, wo der Pastor die Gemeindeglieder bedroht, sie mitunter gar verflucht, falls sie die Gemeinde verlassen sollten. Er verlangt persönlichen Gehorsam, absolute Hingabe und völlige Verpflichtung zur Treue. Die Leute gehen weiter hin, obwohl er ihnen »*ins Gesicht schlägt*«, wie Paulus es ausdrückt. Schließlich bezieht sich der Pastor ja darauf, Gottes besonderer Diener zu sein.

Wie gelingt es falschen Propheten, eine solche Kontrolle auszuüben? Zunächst durch Isolation. Oftmals werden die Anhänger von ihren Familien getrennt, indem man darauf besteht, dass nur dem falschen Lehrer Treue zu leisten ist. Sie achten darauf, dass die Mitglieder nur mit ihnen verkehren; schließlich wird ihnen der Prophet ja alles mitteilen, was sie wissen müssen. Das ist natürlich häufig das Kennzeichen einer Sekte.

Zum Zweiten geschieht die Kontrolle durch Einschüchterung. Sobald die falschen Propheten Sie persönlich kennenlernen, werden sie etliche Schwachpunkte in Ihrem Leben aufdecken und diese dazu benutzen, um Sie zu unterdrücken. Ein falscher Lehrer befragte die Leute in kleineren Gruppen nach ihren sexuellen Fantasien. Später verwendete er diese Informationen gegen sie. Vor ungefähr zwanzig Jahren gab es hier im Umkreis von Chicago einen falschen Propheten. Er sagte mir, dass er mich bereits »fallen« sehe, wenn ich mich ihm nicht unterordnete. Das kann ganz schön einschüchternd sein, wenn man denkt, dass der Prophet im Auftrag Gottes spricht.

Das dritte Mittel zur Ausübung von Kontrolle heißt Ausbeutung. Auch hier finden die falschen Lehrer Wege, um Verbindungen zu ihrer Anhängerschaft aufzubauen. Wenn es sich bei dem Lehrer um eine Medienpersönlichkeit handelt, verspricht er Ihnen einfach einen besonderen Segen, wenn Sie ihm schreiben. Er verspricht Ihnen Gebetserhörung. Er verspricht Wohlstand; er verspricht Ihnen auch, dass Gott Sie mit Geld belohnen wird. Einen solchen Lehrer gelüstet es nach religiöser Abhängigkeit und dem Vertrauen vieler Menschen. Dann kann er sich ihrer Treue und Loyalität gewiss sein und die nächsten Jahre auf Unterstützung zählen.

Indessen wird sich der falsche Prophet selbst nicht unter Autoritäten stellen. Er wird die Autorität der Ältesten herausfordern oder solche Leute auswählen, von denen er genau weiß, dass sie ihn nicht zur Verantwortung ziehen werden. Da ein solcher Prophet der festen Ansicht ist, er erhalte seine Aufträge direkt von Gott, wird er beim leisesten Hinterfragen schlagfertig antworten: »Wer sind Sie, dass Sie den Gesalbten des Herrn in Zweifel ziehen?«

Ereignet sich während seiner »Amtszeit« ein Wunder, so präsentiert er dieses stolz vor den Massen. Selbstverständlich schreibt er sich selbst den Erfolg zu und tritt so als »Wundertäter« auf. Wird jemand nicht geheilt, so ist es die Schuld dieser Person selbst, die nicht genug Glauben besaß oder zu wenig Geld gab usw. Nie wird jemand auf die Bühne gerufen, der Zeugnis von seiner Nicht-Heilung ablegt.

Ist Ihnen aufgefallen, dass diejenigen, die den Wundertätern massenhaft zuströmen und sie bewundern, sehr häufig die Armen sind? Weil diese Menschen sich der folgenden Vorstellung hingeben: *Wenn ich nur so viel Glauben wie mein geistlicher Führer hätte, würde mich Gott so segnen wie Gott ihn kontinuierlich segnet.* Wenn sich bei diesen Leuten die Hypotheken nicht von allein abzahlen, wenn sie keine Heilungen erleben, dann ist es immer ihr eigenes Versagen. Kein Wunder, dass mir enttäuschte Nachfolger dieser Propheten gesagt haben, dass sie glauben, Gott habe sie verlassen.

Sie haben ihre eigenen Mittel zur Selbsterhöhung

Ein falscher Prophet lenkt gewöhnlich die Aufmerksamkeit auf sich. So wie Diotrephes beanspruchen sie den allerersten Platz (3Jo 9). Petrus kleidet seine Beobachtungen in diese lebendige Beschreibung: *»Denn sie führen geschwollene nichtige Reden und locken mit fleischlichen Begierden durch Ausschweifungen diejenigen an, die kaum denen entflohen sind, die im Irrtum wandeln«* (2Petr 2,18). Einige besitzen die Frechheit, mit ihren leeren Prahlereien Gott Befehle zu erteilen, was er zu tun habe. Im Fernsehen sah ich einen Evangelisten, der zu einer Frau, die keine Kinder bekommen konnte, sagte: »Was wollen Sie, einen Jungen oder ein Mädchen?«

»Einen Jungen.«

»Es wird ein Junge werden. Welche Augenfarbe?«

»Blau.«

»Er wird blaue Augen kriegen. Wann möchten Sie, dass er geboren wird?«

»Nächstes Jahr.«

»Er wird nächstes Jahr geboren werden!«

Anschließend brüstete er sich damit, dass sie auch Zwillinge bekommen hätte, wenn sie welche gewählt hätte! Können Sie sich das vorstellen?

Was wird jedoch passieren, wenn diese Frau nächstes Jahr keinen blauäugigen Jungen bekommt? Wie sieht die Sache aus, wenn die Frau nächstes Jahr ein Mädchen mit braunen Augen zur Welt bringt? Oder was ist, wenn sie auch weiterhin überhaupt keine Kinder hat? Werden diese Menschen sagen: »Wir sind von einem falschen Propheten angeschmiert worden?« Nein. Viel wahrscheinlicher ist, dass sie erklären: »Wenn wir doch nur mehr Glauben gehabt hätten, hätte Gott sein Wort an uns erfüllt.« Im Denken hingegebener Nachfolger gewinnt der sogenannte Prophet immer; nur die einfachen Leute sind die Verlierer.

Einige Propheten werden Aufmerksamkeit durch ihr Äußeres erregen. In den frühen Tagen der Gemeinde verfasste Apolonius ein Dokument über falsche Propheten. Darin legte er dar, dass diese an ihrer Kleidung und ihrem Verhalten erkannt werden konnten. »Sag mir bitte, färbt der Prophet sein Haar? Legt er auf seine Augen Stibium (eine helle, silbrige, kristalline Substanz)? Hat er eine Schwäche für Kleidung?«[7] Falschen Propheten, so schrieb er, gefällt es, im Mittelpunkt zu stehen. Wir müssen uns alle die Unmöglichkeit vergegenwärtigen, gleichzeitig uns selbst und Christus zu erhöhen. Billy Graham ist Beweis dafür, dass Ruhm nicht verderben muss und aufrichtige Demut auch bei einem Menschen vorhanden sein kann, den Millionen bewundern. Er tritt leidenschaftlich dafür ein, dass das Evangelium an zentraler Stelle steht und kann uns so ein Vorbild sein.

Das Versagen von Paulus, den Erwartungen zu entsprechen

Wie sah Paulus im Vergleich zu den übergroßen Aposteln aus? Die Antwort ist: schwach und bemitleidenswert. *»Zur Schande sage ich, dass wir damit verglichen schwach gewesen sind«* (2Kor 11,21). Er war zu »schwach«, um die Techniken der falschen Propheten einzusetzen. Sie ließen ihn schwach erscheinen, weil er unattraktiv war und nicht so predigen konnte, wie sie es taten; hinzu kam, dass seine äußere Erscheinung unbeeindruckend war. In einem frühen Bericht heißt es, dass Paulus klein, glatzköpfig und O-beinig war. Können Sie sich vorstellen, welche Einschaltquoten er im Fernsehen hätte?

Können Sie es nicht auch schon hören? »Paulus hat einfach nicht das, was diese anderen geistlichen Führer haben ... Wir wollen Lehrer, die über ausreichend Glauben verfügen, dass Gott unsere Hypotheken begleicht. Wir wollen solche Lehrer, die nicht leiden müssen. Wir wollen jemanden, der die Macht hat, einen Dorn für das Fleisch zu bekämpfen, anstatt damit siegreich zu leben!« Diese Lehrer boten einen leichteren, alternativen Weg an, während Paulus bereit war, weiter um des Kreuzes willen zu leiden.

Interessanterweise geht Paulus im weiteren Verlauf von 2. Korinther 11 so weit, dass er seine Fähigkeit, Wunder zu wirken, nicht als Beweis seiner Vollmacht anführt. Nein, er bezieht sie auf das Leiden, das er ertrug (Verse 21-33)! Im Grunde ist seine Aussage: »Ihr wisst, dass ich ein wahrhaftiger Apostel bin, weil Gott mir die Gnade gab, das Leid so gut zu ertragen.« Er wurde fünfmal ausgepeitscht, dreimal mit Ruten geschlagen, außerdem gesteinigt. Er erlitt Schiffbruch. All dieses und vieles andere mehr verlieh seinem geistlichen Amt Glaubwürdigkeit.

Die Leute von Korinth mussten sich entscheiden: Wollten sie wie Paulus sein, der kein Geld besaß und litt? Oder wollten sie wie die falschen Propheten in ihren tollen Kleidern sein? Heute würden wir die Alternative so beschreiben: »Wollen wir Nachfolger von falschen Propheten sein, die Goldketten tragen, Uhren der Nobelmarke Rolex zur Schau stellen und schnittige Wagen fahren? Oder sind wir gewillt, einem Christus nachzufolgen, der uns gelehrt hat, das Leid zu ertragen?« Genau wie die Gläubigen in Korinth müssen auch wir uns entscheiden.

Die Botschaft und Vollmacht, die Paulus hatte, kam von Gott; das, was seine falschen Pendants besaßen, hatten sie von Satan. Paulus wies darauf hin, dass die Zeichen eines wahrhaftigen Propheten das Leiden und die Not waren, nicht aber Gesundheit und Wohlstand. Selbst Jesus veränderte die Welt nicht durch Wunder, sondern durch sein Leiden.

Und so ist es schon immer gewesen.

Anmerkungen

1. Scott Hafeman. Telefonischer Kommentar in einem Gespräch mit dem Autor, Oktober 2001.
2. K. Neil Foster, *Sorting Out the Supernatural* (Camp Hill, Pa.: Christian Publications, 2001), S. 245.
3. Hank Hanegraaff, *Christianity in Crisis* (Eugene, Oreg.: Harvest, 1993), S. 82-83.
4. Ted Brooks, *I Was a Flaky Preacher.* (Belleville, Ontario: Guardian, 1999), S. 38.
5. Ebd., S. 43.
6. Peter Fenwick, in: Clifford Hill, Peter Fenwick, David Forbes & David Noakes: *Blessing the Church?* (Guildford, Surrey [U.K.]: Eagle, 1995), S. 60.
7. Foster, *Sorting Out the Supernatural,* S. 22.

KAPITEL 5

Wenn man Wunder beurteilt ...

Stammen sie von Gott oder vom Teufel?

Unserere Kultur ist mit Wundern überhäuft.

Als Oprah Winfreys Kinostreifen *Beloved* herauskam, berichtete sie, dass sie zu einigen der historischen Vorbildern der im Film auftretenden Figuren »Verbindung aufgenommen« hätte. In einem Interview sagte sie, dass »alte Geister« »mit ihr in Kontakt kommen« wollten. Sie gab ferner an, dass sie die Stimmen von Sklaven hörte – die sogar Namen hätten – und dass sie »jeden Einzelnen auch persönlich kennengelernt hatte und sie auf Wunsch rief«, damit sie ihre Arbeit besser erledigen konnte. Vor dem Drehen der verschiedenen Szenen verbrachte Oprah Winfrey die Zeit damit, bei Kerzenlicht mit den Geistern der Vergangenheit Verbindung aufzunehmen. »Für ihre filmische Darstellung stellte sie buchstäblich Kontakt her zu dem Geist von Margaret Garner, dem Vorbild im Drehbuch zu der Figur der Sethe (der Sklavin).« So äußerte sich Jonathan Demme, der mit Oprah drehte.[1]

Ja, das Mystisch-Rätselhafte, gepaart mit Spiritualität, ist anziehend. Millionen von Menschen versuchen, mit der metaphysischen Welt in Berührung zu kommen, dem geistlichen Bereich des Universums also. Das ist eine Welt, in der wir alles finden: Selbstverwirklichung, Geistführer und natürlich auch Wunder.

In den örtlichen Büchereien biegen sich die Regale vor Büchern über Wunder und Wundergeschichten:

- Ein Phantomhund taucht aus dem Nebel auf, um eine Familie vor Gefahr zu bewahren.
- Ein stiller Anhalter, den ein Arzt mitnimmt, führt diesen zu einem verunglückten Schulbus.
- Ein Schutzengel bringt ein krankes Kind ins Krankenhaus.
- Ein Lastwagenfahrer wird zum Lebensretter, nachdem er über seinen CB-Sender einen Notruf hörte – und dies, obwohl ein solcher Ruf nie ausgestrahlt wurde.

Helen Schuchman hat ein Buch namens *A Course in Miracles* (Ein Lehrgang zum Thema Wunder) geschrieben. Teile daraus habe ich gelesen. Woher hat sie ihre Informationen, wie man Wunder vollbringt? Sie machte Bekanntschaft mit einer Stimme, die ihr alles mitteilte, was sie wissen musste. »Die Stimme gab keinen Laut von sich, gab mir jedoch eine Art schnelles, inneres Diktat, das ich auf einem Stenoblock notierte. ... Es bereitete mir Unbehagen, aber es kam mir nie ernsthaft in den Sinn, mit der Mitschrift aufzuhören. Es handelte sich um einen besonderen Auftrag, und ich hatte irgendwie meine Zustimmung gegeben, ihn zu Ende zu bringen.«[2]

Schuchmans Buch enthält jede Menge Bezüge zu Gott, dem Heiligen Geist und gelegentlich auch Christus. Die dem Buch zugrundeliegenden Annahmen haben viel mit östlichem Mystizismus gemein: Wir teilen unser Leben mit Gott, die menschliche Natur ist ihrem Wesen nach gut, und Wunder warten nur darauf, vollbracht zu werden, wenn wir uns bewusst sind, dass wir die Macht dazu haben. Der Tod ist nur ein Traum, es gibt kein Gericht. Erlösung bedeutet, in die Freiheit einzutreten, die alle erwarten, die den Glauben an sich selbst besitzen. In so einer Welt sind Wunder ganz natürlich.

Vor Kurzem strahlte das Fernsehen die Geschichte eines Mädchens aus, das im Koma lag. Man betrachtete sie als Heilige. Der Beweis dafür lag darin, dass eine Marienstatue Tränen vergoss, als das Mädchen vom Krankenhaus nach Hause kam. Auch andere religiöse

Objekte begannen zu weinen. Öl tauchte an den Orten auf, wo man Vasen hinterlassen hatte und nun ein kleiner Altar errichtet wurde. Viele Menschen sind mittlerweile gekommen, um das kranke Kind zu sehen, und sie möchten, dass das Mädchen für sie betet. Falls möglich, nehmen die Besucher einen Tropfen des heiligen Öls mit, wenn sie gehen. Einige sagen, dass sie geheilt wurden.

Einige Warnungen vorab

Jesus hat viel über Wunder zu sagen gehabt:

> *»Nicht jeder, der zu mir sagt: Herr, Herr! wird in das Reich der Himmel hineinkommen, sondern wer den Willen meines Vaters tut, der in den Himmeln ist. Viele werden an jenem Tage zu mir sagen: Herr, Herr! Haben wir nicht durch deinen Namen geweissagt und durch deinen Namen Dämonen ausgetrieben und durch deinen Namen viele Wunderwerke getan? Und dann werde ich ihnen bekennen: Ich habe euch niemals gekannt. Weicht von mir, ihr Übeltäter!«* (Mt 7,21-23)

Jesus gab uns drei Warnungen. Erstens: Ein Wunder ist nicht unbedingt von Gott, nur weil es von jemandem vollbracht wird, der Jesus als »Herrn« bezeichnet. Es gibt Wundertäter, die mit großem Respekt von Jesus sprechen; sie geben sogar zu, dass er der Herr ist. Dennoch sind diese Wundertäter nicht von Gott gesandt. Ein von Gott gewirktes Wunder muss auf zuverlässiger Lehre gegründet sein. Aber selbst solide Lehre ist kein absoluter Beweis dafür, dass ein Wunder von Gott stammt.

Zweitens: Ein Wunder ist nicht einfach deshalb von Gott, weil Menschen geholfen wird. In der eben angeführten Bibelstelle versichert uns Jesus, dass Dämonen ganz offensichtlich ausgetrieben wurden und andere segensreiche Wunder passierten. Die Wunder hatten jedoch nicht ihren Ursprung in der Kraft Gottes.

Drittens: Wir haben oft gefragt, ob sich die falschen Propheten und Wundertäter ihrer Täuschung bewusst sind. Bei einigen ist das wohl so, denn sie beuten die Leute ganz gezielt aus. Aber andere sind aufrichtig und glauben, dass ihre wunderbaren Gaben von Gott stammen. Aus diesem Grunde gibt uns Jesus eine dritte Warnung: Auch wenn die Wundertäter im Auftrag von oben zu handeln scheinen, muss dieses faktisch nicht unbedingt richtig sein.

Ich mache Sie darauf aufmerksam, dass diese Menschen, von denen Jesus sprach, erwarteten, durch die Perlentore in den Himmel einzuziehen! Sie konnten ihre Überraschung und den Schrecken nicht verbergen, als sie »fortgeschickt« wurden. Sie hatten Christus gepredigt, ihn Herrn genannt, waren aber dennoch nicht bekehrt! Ganz gewiss waren diese Wundertäter Menschen, welche die ganze Zeit vom Himmel, dem ewigen Leben und Ähnlichem sprachen. Vielleicht sind dies gar die Leute, die uns immer gesagt haben, dass wir auf den Himmel nicht zu warten brauchen, sondern ihn schon jetzt empfangen können.

Gibt es aber auch falsche Propheten, die echte Christen sind? Nicht jeder wird mir hier zustimmen, aber ich denke, die Antwort lautet: Ja. Meines Erachtens gibt es Christen, die errettet sind, aber der Täuschung unterliegen, sie hätten die Fähigkeit, Botschaften vom Herrn zu empfangen. Andere haben durch Ausprobieren den Eindruck gewonnen, sie hätten wundersame, von Gott gegebene Kräfte. Wenn ihnen beigebracht wurde, dass jede Heilung von Gott stammt, ist es ein Leichtes zu verstehen, warum auch echte Christen oftmals in falsche Lehren und falsche Wunder hineingezogen werden. Das erklärt auch, warum derselbe Mund, der unsinnige Offenbarungen ausspricht, zu einer anderen Gelegenheit die authentische biblische Lehre weitergibt. Genauso wird nun deutlich, warum derselbe Mann, der in einem Moment andere Menschen »im Geiste« zu Boden fallen lässt, sich kurz danach herumdreht und Leuten erklärt, sie müssten an Christus glauben, um gerettet zu werden.

Wir kommen zu der Frage, warum Gott es erlaubt, dass eine solche Mischung aus falscher und wahrer Lehre nebeneinander existiert – sogar innerhalb einer Person. Die Antwort liegt darin, dass Gott uns prüft. Das ist, wenn Sie sich erinnern, auch die Antwort, die Gott den Israeliten auf die Frage gab, warum er auch einem falschen Propheten erlaubt, eine richtige Voraussage zu machen: *»Denn der HERR, euer Gott, **prüft** euch, ob ihr den HERRN, euren Gott, mit eurem ganzen Herzen und mit eurer ganzen Seele liebt«* (5Mo 13,3, Hervorhebung durch den Autor).

Ein kurzer Abriss zur Geschichte der Wunder

Das Neue Testament berichtet auf jeder Seite von Wundern. »Als unser Herr zur Erde kam, brachte er den Himmel mit sich«, vermerkt B.B. Warfield in seinem Klassiker *Counterfeit Miracles*[3] (Falsche Wunder). Der Autor zeigt in seinem Buch, dass die zahllosen Wunder, die Christus vollbrachte – sie mögen in die Hunderte gehen –, niemals darauf angelegt waren, in der Kirchengeschichte ihre Fortsetzung zu finden. Selbstverständlich wirkten die Apostel auch wundersame Zeichen. Nach ihrer Zeit jedoch verschwanden die Wunder aus dem Christentum. Sie verschwanden so lange, bis sie einige Jahrhunderte später als Entlehnungen des Aberglaubens »wieder auftauchten«. Heidnische Folklore, die voll von Wundergeschichten war, wurde in der christlichen Gemeinde nacherzählt.

Als das Christentum nach Rom gelangte, traf es auf eine Kultur, in der bereits eine Art »Spiritualitätskult« grassierte. An römische Gottheiten zu glauben, bedeutete Glauben an wundersame Mächte und Kräfte. So wie die Heiden es sahen, lag der Hauptzweck der Gottheiten sowieso darin, den Menschen einen Vorteil oder Nutzen zu verschaffen. Warfield sagt, dass »die Menschen in einer Welt von Wundern wie die Fische im Wasser schwammen«.[4] Je wundersamer eine Geschichte war, desto heftiger wurde sie geglaubt. Die gesamte Bevölkerung des römischen Weltreichs war in einem »gigantischen Netz des Aberglaubens« gefangen.

Interessanterweise wird von Toten unter den Heiden berichtet, die wiederauferstanden. In einem Zeitalter, wo das medizinische Wissen begrenzt und der Aberglaube weitverbreitet war, gab es Menschen, die man für tot hielt und dann wiederbelebte. Wie hätte die heidnische Welt reagiert, wenn Christen versucht hätten, ihre Botschaft durch Wunder zu untermauern? Sie wäre davon unbeeindruckt geblieben;

bei ihnen sprach man auch von Wundern, ja man hatte sogar fantastische Geschichten von Totenerweckungen.

Leider ließ sich die christliche Gemeinde bereitwillig auf die heidnischen Wundergeschichten ein und machte sie zu einem Bestandteil der christlichen Folklore. Das einzig Neue daran war, dass man diese Wunder christlich aufbereitete und deutete: Der Name der heidnischen Gottheit wurde durch den Namen Jesus ersetzt. Nun sprangen also im Namen Jesu die Riegel von verschlossenen Türen auf, Götzen wurden umgekippt und Gifte unschädlich gemacht. Ebenso wurden Kranke geheilt und Tote auferweckt.[5] In einem abergläubischen Zeitalter wurden diese Geschichten als Teil der Wunder angesehen, die das Christentum auszeichneten. Die heidnischen Berichte der Wunder hingen vom Hörensagen, von bruchstückhaften Beschreibungen und von der allgemein anerkannten Überlieferung ab. Es ist traurig, dass Christen diese Geschichten glaubten und sie innerhalb des christlichen Kontextes nacherzählten.

Die Sache ist eigentlich ganz einfach: Der Hauptzweck der christlichen und apostolischen Wunder war es, die Botschaft von Christus und den Aposteln als echt und authentisch auszuweisen. Christus verband seine Aussagen immer wieder mit seinen Taten. Er bewies damit, dass seine Absicht nicht darin lag, so viele Leute wie möglich zu heilen. Vielmehr wollte er durch die Vielzahl der Wunder sowohl seinen Jüngern als auch den geistlich-gesinnten Anwesenden zeigen, dass er tatsächlich der Christus war. Die Apostel taten ebenfalls Wunder: So erhielten Menschen durch sie das Geschenk des Heiligen Geistes; in manchen Fällen ermächtigten die Apostel andere, indem sie ihnen die Hände auflegten. Als dann aber jene Generation ausstarb, starb zugleich auch ein Großteil der Wunder aus.

Kann gezeigt werden, dass die Bibel selbst lehrt, dass das apostolische Zeitalter das der Wunder war, die nicht unbedingt durch die ganze Kirchengeschichte weitergehen sollten? Ich bejahe dies. Paulus sprach von den Zeichen eines Apostels: *»Die Zeichen des Apostels sind ja unter euch vollbracht worden in allem Ausharren in Zeichen und Wundern und Machttaten«* (2Kor 12,12). Ja, die Apostel waren bevollmächtigt, Wunder zu tun. Es gibt aber keinen zwingenden

Beweis dafür, dass sich auch nach ihrer Zeit weiterhin Wunder ereignen würden.

Der Verfasser des Hebräerbriefes lässt in gleicher Weise anklingen, dass zwischen den jüngsten Offenbarungen Gottes und den wundersamen Zeichen eine Verbindung bestand. *»Wie werden wir entfliehen, wenn wir eine so große Rettung missachten? Sie ist ja, nachdem sie ihren Anfang damit genommen hatte, dass sie durch den Herrn verkündet wurde, uns gegenüber von denen bestätigt worden, die es gehört haben, wobei Gott zugleich Zeugnis gab durch Zeichen und Wunder und mancherlei Machttaten und Austeilungen des Heiligen Geistes nach seinem Willen«* (Hebr 2,3-4). Die Wunder bestätigten die Botschaft; die Wunder waren Ausdruck davon, dass eine neue Offenbarung von Gott gekommen war. Es gibt Grund zu der Annahme, dass Warfield Recht hatte, als er sagte: »Der Überfluss an Wundern in der apostolischen Gemeindezeit ist das Zeichen des Reichtums an Offenbarung während dieser Zeit; als die Zeit der Offenbarungen abgeschlossen war, endete auch die Zeit für die Wunder.«[6] Gott gab uns seine Offenbarung zu einer bestimmten Zeit als organisches Ganzes. Als dieses erfolgt war, ging damit zum größten Teil auch das Zeitalter der Wunder seinem Ende zu. Wie Johannes Calvin formulierte: »Es ist unvernünftig, um Wunder zu bitten – oder sie zu suchen –, wenn es kein neues Evangelium gibt.«

Zweifellos sind nicht alle Zeichen und Wunder der heutigen Tage entweder falsch, vom Teufel oder in sonstiger Weise unbiblisch. Gewiss gibt es heute eine Reihe von Berichten über Heilungen, wundersame »Zufälle« und andere vergleichbare Ereignisse, zumeist infolge von Gebeten des Volkes Gottes. Leider gibt es allerdings auch falsche Wunder, die in die Irre führen und täuschen. Meine Bitte richtet sich darauf, dass wir auch hier Wunder geistlich beurteilen. In der Konsequenz bedeutet dies, dass wir anerkennen, dass nicht alle Wunder von Gott stammen, und wir nicht das Recht besitzen, eine Wiederholung der vielen Wunder zu erwarten, die auf den Seiten des Neuen Testaments festgehalten sind.

Jesus sprach die Warnung aus: *»Denn es werden falsche Christusse und falsche Propheten aufstehen und werden große Zeichen und*

Wunder tun, um, wenn möglich, auch die Auserwählten zu verführen«
(Mt 24,24). Anders ausgedrückt: Wir können nicht vorsichtig genug
sein, wenn wir Wunder beurteilen. Wir könnten in zweierlei Weise
einer Täuschung unterliegen: Entweder schreiben wir das vom Teufel
herbeigeführte Wunder Gott zu, oder wir setzen uns der Gefahr aus,
Gottes Werke dem Teufel zuzuschreiben. Der Punkt, auf den Christus
uns hinweist, ist der, dass das Falsche dem Wahren so ähnlich sieht,
dass es fast unmöglich ist, sie beide voneinander zu unterscheiden.

Das Falsche vom Wahren unterscheiden

Das Christentum ist eine übernatürliche Religion. Ich sehe es wie der
Missionar Hudson Taylor, der äußerte: »Wir sind übernatürliche
Menschen, die durch eine übernatürliche Geburt wiedergeboren sind,
die von einem übernatürlichen Lehrer aus einem übernatürlichen Buch
unterrichtet werden. Wir werden von einem übernatürlichen Kapitän
auf den richtigen Wegen und zu sicheren Siegen geführt.«[7] Das Wesen
dieser Übernatürlichkeit muss indessen von der Bibel selbst beurteilt
werden. Da es viele Wunder gibt, die von »der anderen Seite« der
übernatürlichen Welt vollbracht werden, müssen wir die Warnungen
der Schrift ernst nehmen und das Wahre vom Falschen unterscheiden.

Ich möchte nun einige der Prinzipien benennen, die hoffentlich
sachdienlich sind.

Das Evangelium und Wunder

Die Macht des Christentums wird am besten im Evangelium sichtbar,
nicht aber in physisch erfahrbaren Wundern. Paulus schrieb: *»Und
weil die Juden Zeichen fordern und die Griechen Weisheit suchen,
predigen wir Christus als gekreuzigt; den Juden ein Ärgernis und den
Nationen eine Torheit, den Berufenen selbst aber, Juden wie Griechen, Christus, Gottes Kraft und Gottes Weisheit«* (1Kor 1,22-24).

Einige Leute lehren, dass wir effektiver evangelisieren könnten,
wenn wir Zeichen und Wunder täten, mit denen wir der Botschaft des
Evangeliums Authentizität verliehen. So lehrt es zumindest die

Vineyard Bewegung, die in den 70er Jahren ihren Ausgangspunkt fand. Sie fordert, dass sich unsere Gemeinden durch Heilungen, verbunden mit »Worten der Erkenntnis« und Zungenreden, auszeichnen. Im vergangenen Kapitel haben wir von denen gesprochen, die »im Geist« zu Boden fallen, indem sie in Anwesenheit der Fernsehprediger und angeblich unter der Kraft des Heiligen Geistes niederfallen. Es gibt auch Berichte über Engelerscheinungen, Vorhersagen über kommende Erweckungen und persönliche Erfahrungen, in denen praktisch alle erdenklichen Wunder vorkommen.

Viele dieser Zeichen und Wunder folgen allerdings mehr der Linie der Hyper-Spiritualität einer Massenkultur als den Lehren der Bibel. Peter Wagner nennt beispielsweise fünf Stufen, denen es zu folgen gilt, wenn man das Heilungswunder erlangen möchte. Auf der vierten Stufe, so sagt er, passiert Folgendes: »Manchmal flattern einem die Augenlider oder es bildet sich eine Art Aura, die die Person umgibt. Zuweilen treten andere Manifestationen auf.«[8] Ein anderer Autor meint, dass bei der Übertragung der Gabe ein Farbwechsel auf den Händen des Evangelisten zu beobachten sei. Der Farbwechsel habe laut Autor bestätigende Funktion: »Sie haben eine Fürbitte, die jetzt gerade nach oben gegangen ist und zu der der Vater ja gesagt hat ... Denn, wenn meine Hände sich purpurn färben, bedeutet das, dass Sie zum König durchstoßen; sie gelangen bis zur Spitze.«[9]

In den letzten Jahren seines Lebens ging John Wimber, der Gründer der Vineyard Bewegung, davon aus, dass Ungläubige am stärksten durch zwei Wunder beeindruckt werden könnten: »in der Macht des Geistes zu Boden zu fallen und vom Geist vergoldete Zahnplomben.«[10] Es gibt Vineyard-Propheten, die tatsächlich behaupten, sie »riechen Gott«, wenn die Heilungssuchenden zu ihnen kommen und sich die Mauern ihrer Büros in Visionen auflösten und sie Bilder von der Vergangenheit der betreffenden Personen erhielten. Auch erschienen angeblich Wolken mit Dollarzeichen über den Köpfen einer Zuhörerschaft, die finanzielle Nöte leidet. John Armstrong hat schon ganz Recht, wenn er schreibt: »Heilungskurse für Fortgeschrittene werden angeboten, als ob es sich dabei um eine Schulung in magischen Künsten handelt.«[11]

Ein solcher Ansatz überlappt hervorragend mit Aberglauben, Magie und spirituellen Dimensionen der New Age Bewegung. Kein Wunder, dass Wimber schließlich auch die Praktik verteidigte, bei Heilungen mittelalterliche Reliquien einzusetzen. »In der katholischen Kirche wurden Menschen über eine Zeitspanne von über 1200 Jahren geheilt. Diese Heilungen waren das Ergebnis davon, dass man die Reliquien von Heiligen berührte. Wir Protestanten haben damit unsere Schwierigkeiten ... aber für uns Heiler muss das nicht so sein, weil es theologisch gesehen nichts gibt, was hier abweichend ist.«[12]

Rufen wir uns erneut in Erinnerung, dass das Christentum nicht wegen seiner Wunder einzigartig ist. Alan Cole, der Christus in vielen verschiedenen Kulturen gedient hat, schreibt in Zusammenhang mit der Vineyard Bewegung:

»Keins dieser Zeichen ist für mich neu (Heilungen, Zungenreden, Teufelsaustreibungen). Aber das Problem ist, dass ich *jedes Einzelne* davon (ja, auch Zungenreden) in nicht-christlichen Religionen angetroffen habe. Von außen gesehen, gab es keinen Unterschied in den Zeichen, mit der Ausnahme, dass das eine im Namen Jesu getan wurde, das andere nicht. Natürlich gab es auch reale und andauernde Lebensveränderung, wenn die Person sich auf das Evangelium einließ. Aus diesem Grunde begeistern mich Heilungen an sich nicht. Ich kann so auch mit Ehrfurcht begreifen, warum Jesus so sparsam damit umging und sich zurückzog, wenn der Menschenauflauf zu groß wurde.«[13]

Bitte behalten Sie im Kopf, dass »die durch Zeugen belegten Heilungen in jeder Ausgabe des *Christian Science Sentinel* erscheinen. Pakistanische Moslems geben an, dass einer der von ihnen verehrten Heiligen, Baba Farid, Leute mit unheilbaren Krankheiten geheilt habe. Tausende von Hindus behaupten, an dem Tempel geheilt worden zu sein, der Venkateswara in Tirupathi gewidmet ist.«[14]

Brauchen wir Wunder, um das Evangelium echt und authentisch zu machen?

Nachdem Luther seine fünfundneunzig Thesen bekannt machte und die reformatorische Bewegung auf dem Weg war, argumentierte die katholische Kirche, dass sie Statuen habe, die weinen konnten und Reliquien, die sich selbst vermehrten (das ist die Erklärung für die Hunderte von Holzstückchen, die angeblich vom Kreuze Christi stammen). Weiterhin erklärte Rom, über Aufzeichnungen von Erscheinungen zu verfügen, die sowohl Maria als auch Christus betrafen. Wundersame Heilungen fanden statt, als Anbetende die Reliquien der Heiligen berührten. »Wo sind Ihre Wunder?«, verhöhnte die Kirche die Reformatoren.

Letztere bestanden darauf, dass das Evangelium seine eigene Kraft hatte. Paulus schrieb: *»Denn ich schäme mich des Evangeliums nicht,* ***ist es doch Gottes Kraft zum Heil jedem Glaubenden,*** *sowohl dem Juden zuerst als auch den Griechen«* (Röm 1,16, Hervorhebung durch den Autor). Wie oben zitiert, ermahnte Paulus die Leute deshalb, als er nach Korinth kam, weil sie Zeichen suchten. Er selbst unterstrich: *»Den Berufenen selbst aber ..., Christus, Gottes Kraft und Gottes Weisheit«* (1 Kor 1,24).

Es ist interessant festzustellen, dass keine Gemeinde im Neuen Testament dafür gerichtet wird, dass sie nicht eine größere Zahl von Zeichen und Wundern vollbrachte. Paulus scholt die Gemeinden dagegen wegen ihres unklaren Evangeliums (Galater), einer Überbetonung der Gaben plus eines weltlichen Geistes (Korinther) sowie der Gefahr, eine gnostische Sicht von Christus anzunehmen (Kolosser). Die Tadel, die Christus den sieben Gemeinden erteilt, waren entweder bezogen auf die Lehre, die Moral oder beides. Kein einziges Mal spielte er darauf an, dass sie mehr Zeichen und Wunder brauchten.

Es gilt darauf hinzuweisen, dass Gott Wunder vollbringen kann und dieses durchaus auch tut. Es ist jedoch unklug, sich auf sie anstelle der Botschaft des Evangeliums zu konzentrieren. Wunder dürfen uns nie davon ablenken, dass wir dafür Verantwortung tragen, die Botschaft des Kreuzes bekannt zu machen.

Wunder als erlösende Akte Gottes

»Aber« – wir können die Frage schon hören – »gab es nicht jede Menge Zeichen und Wunder in der Bibel? Warum sollten wir annehmen, dass sich Gott in unserem Zeitalter selbst begrenzt hat?« Oder wie es mir jemand mal sagte: »Wenn Gott derselbe von Ewigkeit zu Ewigkeit ist, warum sollten seine Werke dann nicht in unserer Zeit ihre Fortsetzung finden?«

Das sind berechtigte Fragen. Ich möchte daher zunächst dazu sagen, dass es heute durchaus Zeichen und Wunder geben mag, denn wir haben in der Tat kein Recht, Gott hier zu begrenzen. Unsere erste Pflicht besteht aber darin, dass wir den biblischen Zweck für diese Phänomene untersuchen. Mit diesem Maßstab beurteilen wir dann aus unserer Zeit stammende Berichte über Wunder. In der Bibel sind Zeichen und Wunder erlösende Taten Gottes: *»Zeichen und Wunder sandte er in deine Mitte, Ägypten, gegen den Pharao und gegen seine Knechte«* (Ps 135,9). Wir brauchen also nicht erstaunt zu sein, dass das Neue Testament diese Formulierung auf den Dienst von Christus anwendet (Apg 2,22; siehe auch 2,19; 4,30; 5,12). Johannes nennt die von Christus gewirkten Wunder *Zeichen*, die die Leute zum Glauben daran führen sollen, dass Jesus der Christus war (Joh 20,30-31).

Es ist allerdings so, und das ist wichtig, dass nicht alle Zeichen und Wunder der Bibel den gnädigen Taten Gottes zugeschrieben wurden. »Die ägyptischen Zauberer konnten mit Mose ein Wunder nach dem anderen gleichziehen«, indem sie den Nil in Blut verwandelten, Frösche auftreten ließen und Ähnliches.[15] Erst als es ihnen nicht gelang, Stechfliegen hervorzubringen, waren sie gezwungen, sich geschlagen zu geben (2Mo 8,18). Interessanterweise wurden diese »falschen Wunder« für uns in der Bibel nicht gedeutet. Uns wird nicht gesagt, ob diese Zauberer ihre Wunder durch Fingerfertigkeit oder die Macht des Teufels erreichten. Alles, was wir wissen, ist, dass diese Wahrsager »die gleichen« Wunder »taten« wie Mose.

Selbst die in der Bibel beschriebenen Zeichen und Wunder waren unzureichend, um die Unbekehrten davon zu überzeugen, an Christus zu glauben. Je mehr Wunder Jesus vollbrachte, desto mehr Widerstand erwuchs gegen ihn. Petrus bezeichnete Christus am Tage der Ausgießung des Heiligen Geistes in seiner Predigt vor den Juden als *»einen Mann, der von Gott euch gegenüber erwiesen worden ist durch Machttaten und Wunder und Zeichen«* (Apg 2,22). Dennoch wurden die meisten aus der Menschenschar nicht zum Glauben geführt, bis sie das Evangelium aus Petrus' Mund selbst vernahmen.

Wir können es wohl so zusammenfassen: Wunder bewiesen die Gottheit Christi denen, die der Wahrheit gegenüber offen waren; selbst solche, die leise Zweifel daran hegten (so wie Thomas), konnten diese ein für alle Mal beiseite legen, als sie die Wunder miterlebten. Die unbelehrbaren Skeptiker aber verneinten die Wunder entweder oder schrieben sie dem Teufel zu. Das erklärt am deutlichsten, warum Jesus einerseits Wunder tat, um manche dadurch zum Glauben zu führen, warum er es aber andererseits auch ablehnte, Wunder für die echten Skeptiker zu vollbringen. Selbst heute gibt es keinen zwingenden Hinweis darauf, dass Unbekehrte eher geneigt sind, dem Evangelium zu glauben, wenn sie Wunder sehen.

Ich möchte noch einmal betonen, dass ich durchaus der Ansicht bin, dass wahrhaftige Zeichen und Wunder auch heute noch auftreten *können* und tatsächlich auch *auftreten*. Die Bibel gibt uns keinen eindeutigen Hinweis darauf, dass die Gabe von Wundern fortgenommen wurde. Was wir allerdings wissen, ist, dass solcherlei Wunder von geringerer Wichtigkeit sind als das klare Bekenntnis des Evangeliums oder das Streben nach Heiligkeit. Ja, auch heute können wir Gott Wunder zutrauen, sie aber nicht einfordern; wir sollten auch nicht dazu verleitet sein, sie in regelmäßiger Abfolge zu erwarten. Und wir können uns ganz sicher nicht die moderne Vorstellung zu eigen machen, dass Wunder zur richtigen Glaubensverkündigung notwendig sind. Dies gilt umso eindringlicher, da wir in einer Kultur leben, die mit unechten Wundern jeder denkbaren Form gesättigt ist.

Wir können nichts Besseres tun, als die Worte Jesu zu zitieren:

»Ein böses und ehebrecherisches Geschlecht begehrt ein Zeichen und kein Zeichen wird ihm gegeben als nur das Zeichen Jonas, des Propheten, denn wie Jona drei Tage und drei Nächte in dem Bauch

des großen Fisches war, so wird der Sohn des Menschen drei Tage und drei Nächte im Herzen der Erde sein« (Mt 12,39-40).

Heute lechzen zahlreiche Menschen nach Wundern. Den klaren Aussagen und Belegen zum Tode und zur Auferstehung Christi schenken sie jedoch keinen Glauben.

Kein Versprechen sofortiger Heilung

Eine Verheißung, dass man allein durch seinen Glauben Wunder wie beispielsweise Heilungen herbeiführen kann, gibt es nicht. Manche Leute leiten aus der Tatsache, dass Jesus so viele Leute geheilt hat, ab, dass göttliche Heilungen das Vorrecht jedes Christen sind. Manche Glaubensheiler lehren sogar, dass es Gottes Wille ist, dass jeder Christ zu jeder Zeit geheilt wird.

Die Theologie mancher Glaubensheiler und Gesundbeter geht davon aus, dass alle Krankheiten vom Teufel stammen. Christus kam, um den Satan zu besiegen. Daher können wir geheilt werden, wenn wir die Bedingungen dazu erfüllen. In diesen Annahmen ist die grausame Vorstellung enthalten, dass es unsere Schuld ist, wenn wir nicht geheilt werden: ein Mangel an Glaube, ein Mangel, diese Verheißung in Anspruch zu nehmen, und in einigen Fällen ein mangelhaftes Streben nach dem Zungenreden.

Wir können den Schaden, der durch diese falsche Lehre entstanden ist, kaum bemessen. Zehntausende aufrichtiger Gläubiger haben Heilung erbeten, aber nicht erhalten. »Gott hat mich verlassen!«, sagte mir eine Frau weinend. Sie hatte geglaubt, dass sie Heilung erfahren würde. Wegen ihres Mangels an Glauben aber habe Gott sie verworfen. Diese Frau ist ein Beispiel für die zahllosen Seelen, die dieser Theologie aufgesessen sind, ohne zu wissen, dass es sich hierbei um eine falsche Lehre handelt.

Paulus wurde nicht von seinem *»Dorn für das Fleisch«* geheilt. Er durfte verstehen, dass dieses Leiden (möglicherweise Malaria) Gottes Wille für ihn war (siehe 2Kor 12,7-10).

Natürlich gibt es Situationen in den Evangelien, wo Jesus sagt, dass

Wunder deshalb nicht stattfinden, weil die Menschen sich weigern zu glauben und sie somit auch Verantwortung für ihren Unglauben tragen (Mt 13,58). Niemals hat Jesus jedoch in einer persönlichen Begegnung jemanden abgewiesen, weil er nicht genug Glauben hatte. Es gibt eine Reihe von Beispielen, wo Jesus souverän handelte und Leute heilte, auch ohne ihnen irgendeinen Glauben abzufordern. Es gibt also kein klares Muster für die Art und Weise, wie Jesus seinen Heilungsdienst ausführte.

Das bekannteste Beispiel für göttliches Heilen findet sich in Jesaja 53. Dort wird uns gesagt: *»Und durch seine Striemen ist uns Heilung geworden«* (Vers 5). Jesus heilte Menschen, damit diese Worte in Erfüllung gingen: *»Er selbst nahm unsere Schwachheiten und trug unsere Krankheiten«* (Mt 8,17). Petrus schrieb: *»Der unsere Sünden an seinem Leib selbst an das Holz hinaufgetragen hat, damit wir, den Sünden abgestorben, der Gerechtigkeit leben, durch dessen Striemen ihr geheilt worden seid«* (1Petr 2,24).

Manche Theologen stehen göttlichem Heilen skeptisch gegenüber. In mühevoller Kleinarbeit wollen sie nachweisen, dass die Heilung, von der in diesen Bibelstellen gesprochen wird, geistlich, nicht aber körperlich gemeint ist. Der Zusammenhang der Textstellen in Matthäus und die Folgerung im Zitat aus dem Petrusbrief weisen jedoch darauf hin, dass Christus tatsächlich auch für unsere Leiber gestorben ist. Es ist auch in Übereinstimmung mit der Schrift zu bejahen, dass Christus zur Erlösung des ganzen Menschen kam – seines Leibes, seiner Seele und seines Geistes.

Bedeutet das nun, wir erfahren körperliche Heilung, wann immer wir im Gebet die Bedingungen dazu erfüllen? Die Antwort ist ein klares Nein. Christus ist für unseren Leib und unsere Seele gestorben. Gleichwohl werden wir diesen Teil unserer Erlösung erst dann sehen, wenn wir in die Herrlichkeit eingehen. Christus kam, um uns von der Sünde zu befreien. Dennoch haben wir weiterhin eine sündige Natur. Er kam, um den Tod zu überwinden. Und dennoch sterben wir. Er kam, um unsere Leiber zu erlösen. Trotzdem sind wir Unfällen, Vergiftungen und der Vergänglichkeit des Fleisches unterworfen. Unser wiederauferstandener Leib wurde von Christus erkauft, aber heute ist der Leib, den wir so sorgfältig hegen und pflegen, Krankheiten unterworfen. Selbstverständlich wird eines Tages der Feind, den wir Tod nennen, von uns genommen werden, doch noch nicht jetzt.

Wir müssen also in Demut einräumen, dass es keine Verheißungen gibt, nach denen wir jederzeit geheilt werden können, wenn wir nur Glauben aufbringen. Wenn es anders wäre, bräuchten wir nicht zu sterben, bevor der Herr wiederkommt. Wir könnten dann einfach ständig Heilungen herbeiführen. Und es wird Sie wohl kaum überraschen, dass es heutzutage wirklich Leute gibt, die aufgrund eines göttlichen Versprechens ein unendliches irdisches Leben für möglich halten. Mir ist ein Mann bekannt – er ist inzwischen verstorben –, der glaubte, dass er bis zur Rückkehr des Herrn am Leben bleibe. Und selbst der von ihm bewunderte Glaubensheiler ist heute tot.

Viele, die die Lehre verkünden, dass göttliche Heilungen sofort verfügbar sind, tragen Brillen, leiden an Arthritis und haben implantierte Hörhilfen. Alle diese Gebrechen und Unzulänglichkeiten sind ein eindrückliches Zeugnis davon, dass wir in diesem Leben nur den Anfang der Erlösung zu sehen bekommen. Ja, mitunter heilt Gott (was besonders an Christi Wirken sichtbar wird), aber selbst dann ist die Heilung nur ein Hinausschieben zukünftiger Krankheiten und des Todes. Auch die Heilungen, die Christus auf Erden vollbrachte, waren nicht für immer. Die von ihm geheilten Leute starben.

Dieses Missverständnis der Verheißungen der Bibel ist zur Quelle großer Betrübnis in der christlichen Gemeinde geworden. Leute, die Heilung beanspruchen, beharren darauf, dass Gott verpflichtet sei, seine Versprechen einzulösen. Oft endet es damit, dass sie sich betrogen fühlen. Wenn die Heilung nicht eintritt, verweisen sie auf die einschlägigen Bibelstellen und erklären, dass man Gott nicht trauen könne. Oder sie suchen nach einer anderen Begründung – sei es Unglauben oder nicht bekannte Sünde –, warum sie nicht geheilt wurden. Da sie der festen Überzeugung sind, Gott richtig verstanden zu haben, nehmen sie die Schuld auf sich, damit Gottes Ruf gewahrt bleibt.

Ein charismatischer Autor gab zu, dass die unbiblische Theologie zum Thema Heilung viel Leid und Verwirrung hervorbringt. Er schrieb:

»Schlechte Theologie zeichnet sich dadurch aus, dass man es ihr nie recht machen kann ... Hirten müssen Wunden verbinden, nachdem durchreisende Lehrer und Verkündiger sich aus dem Staub gemacht und verheerende Wirkungen bei den Schafen hinterlassen haben. Wir können daher nicht auf eine angemessene biblische Heilungslehre verzichten. Wir brauchen eine Theologie, die sich ehrlich mit den Fakten auseinandersetzt. Ich sage meinen Studenten oft: ›Wenn eure Theologie nicht zu den Fakten passt, dann ändert eure Theologie.‹ Jesus ist nämlich kein sogenannter christlicher Wissenschaftler.«[16]

Es stimmt, schlechte Theologie ist ein grausamer Zuchtmeister.

Dem Gedanken, Gebet als Mittel einzusetzen, um körperlichem und geistlichem Leid zu entgehen, kam Jesus im Garten Gethsemane am nächsten. Dort betete er: *»Abba, Vater, alles ist dir möglich. Nimm diesen Kelch von mir weg! Doch nicht, was ich will, sondern was du willst!«* (Mk 14,36).

Christus war berechtigt, seinen Vater um alles zu bitten. Warum bestand er nicht darauf, vor den bevorstehenden Qualen am Kreuz verschont zu werden? Die Antwort hierzu lautet: Es war *Gottes Wille, dass Christus litt.* Das Gebet von Gethsemane war das Mittel, um die Gnade und Kraft zu erlangen, um den Willen Gottes auszuführen. Durch das Gebet gewann Christus Stärke, die ihn durch seinen Auftrag führte; es war nicht das Mittel, um ihn davon zu befreien.

Es gibt keinerlei Hinweis im Neuen Testament, dass manche Menschen einen Heilungsdienst begannen und denen Heilung zugute kommen ließen, die sie aufsuchten. Wenn sich die Gelegenheit dazu ergab, heilten Petrus und Paulus die Kranken. Vor dem Hintergrund ihrer Tätigkeit als Verkündiger und Jünger waren dies aber eher Randerscheinungen. Die Apostel waren nicht in erster Linie als Heiler bekannt. Vielmehr wirkten sie zuallererst als Evangelisten, die Menschen in das Gespräch über den Messias zogen.

Lassen Sie uns nicht vergessen, dass Gott *manchmal* den Körper heilt, aber *immer* die Seele derer, die sich ihm im Glauben und in

Demut zuwenden. *»Er heilt, die zerbrochenen Herzens sind, er verbindet ihre Wunden«* (Ps 147,3). Unsere Prioritäten nach der Bibel auszurichten, das ist immer unsere wichtigste Aufgabe.

Wir können dankbar sein, dass die charismatische Bewegung uns allen vor Augen geführt hat, dass wir von Gott größere Dinge erwarten können. Aber wir dürfen nicht den Fehler begehen, die sogenannten übernatürlichen Gaben über das Streben nach Heiligkeit, Evangelisation und aufrichtiger Nachfolge zu stellen.

Ich habe mir schon oft gewünscht, dass Glaubensheiler und Gesundbeter in die Fernsehkameras schauen und ihrem Publikum sagen, *es ist besser, heilig als geheilt zu sein.*

Wunder helfen dem Volk Gottes

Gott ist gütig, indem er Regen und Sonnenschein den Gerechten und Ungerechten gleichermaßen zukommen lässt. In diesem Sinne segnet er die ganze Welt. Es gibt aber auch besondere Vorsehungen, jene besonderen Momente also, wenn Gott zugunsten der Gläubigen eingreift.

Menschen werden eingeladen, Heilung oder ein anderes Wunder zu empfangen, ohne dass man eine Ahnung davon hat, was sie über Christus wissen oder wie ihre Lebensweise aussieht. Das lässt sich mit der Lehre der Bibel nicht vereinbaren. Ich besuchte einmal einen Heilungsgottesdienst, den ein Glaubensheiler leitete, der angeblich von Gott dazu gebraucht wurde, Wunder zu vollbringen. Ich sage *angeblich,* da ich nahe genug an der Bühne war, um mit denjenigen zu sprechen, die eine Heilung erlebt hatten. Ich befragte sie zu ihrer Erfahrung und fand in anschließenden Diskussionen darüber heraus, dass viele von ihnen gar kein Wunder erlebt hatten, obwohl dies der Heiler behauptete.

Was mich allerdings interessierte, war vor allem ein Mann, der angeblich von seiner Taubheit geheilt worden war. Er kam auf die Bühne, um sich sein Hörvermögen »abzuholen«, und der Evangelist »testete« die Hörfähigkeit des Mannes. Tausende klatschen Beifall und freuten sich über das Wunder. Als dann aber der Mann die Bühne wieder verließ, fragte ihn der Evangelist: »Sind Sie eigentlich Christ?« Der Mann antwortete: »Nein, ich bin Moslem.« Er wurde dann gebeten für ein spezielles Gebet zur Bühne zurückzukehren.

Ganz offensichtlich kann Gott, wenn er möchte, jemanden heilen, ungeachtet der Religionszugehörigkeit. Ich finde solche Beispiele aber nicht im Neuen Testament. Wunder wurden nicht nach Belieben irgendwelchen Leuten zuteil, ohne Ansehen ihres Glaubens oder der Gottheit, die sie verehrten. Damit will ich nicht sagen, dass alle von Jesus geheilten Menschen an ihn als den Sohn Gottes glaubten; so weit ich es aber überblicke, sind diese Menschen nach dem Wunder schon zum Glauben an ihn gekommen.

Aus diesem Grunde meine ich, dass die Gaben der Heilung im Neuen Testament innerhalb der örtlichen Gemeinde Anwendung fanden. Diejenigen, die Heilung brauchten, waren der Gemeindeleitung bekannt. Und diese wiederum konnte die geistliche Hingabe und Lebensführung der Personen einschätzen, für die man betete. Die Apostel wirkten im Umkreis von Jerusalem Wunder, weil es etliche Leute gab, die im Glauben Jesus als ihren Messias angenommen hatten. Aber nirgends in den Lehrbriefen werden Zusammenkünfte und Begegnungen erwähnt, bei denen Leute unabhängig von ihrer Religion oder Lebensweise zur Heilung eingeladen wurden. Das war dem Neuen Testament einfach fremd.

Wir finden heute oft typischerweise den Ausdruck »Gabe der Heilung«. Allerdings gebraucht der Apostel Paulus dreimal die Mehrzahlform *»Gnadengaben der Heilungen«*, wenn er über die besondere Ausstattung mit wundersamen Kräften spricht (1Kor 12,9.28.30). Die Verwendung des Plurals legt eindeutig nahe, dass es sich hier um unterschiedliche Gaben der Heilung handelte. D. A. Carson meint dazu, dass vielleicht nicht alle Leute von nur einer Person geheilt wurden oder dass manche Heiler nur bestimmte Krankheiten oder auch mehrere Krankheiten, aber nur zu ganz bestimmten Zeiten heilen konnten. Was bedeutet das? Selbst wenn jemand durch die »Gabe der Heilung« eine andere Person geheilt hatte, konnte er daraus nicht ableiten, dass er von nun an Heilungen bewirken konnte oder ein Vollzeitamt der Heilung anstreben sollte.[17]

Paulus, der die Gabe der Heilung ausübte, hinterließ Trophimus krank in Milet (2Tim 4,20). Ganz klar geht hieraus hervor, dass selbst seine Gabe nicht in jeder Situation gebraucht werden konnte.

Im Gegensatz zu manch anderem Ausleger werde ich nicht in der Weise argumentieren, dass diese Gaben mit dem Tod der Apostel verschwanden. Gleichwohl haben wir ja bereits gezeigt, dass ab dem zweiten Jahrhundert die Wunder stark nachließen. Wir stimmen mit denen überein, die der Meinung sind, dass Christus als Herr der Gemeinde auch heute und gemäß seinem Willen solche Gaben verteilen kann.

Es ist völlig eindeutig, dass die Gaben Gottes von Gläubigen zugunsten der anderen Gläubigen ausgeübt wurden. Sie wurden dagegen nicht denen zuteil, die glaubten, was sie wollten.

Fernsehsendungen wie *Touched by an Angel* spiegeln die in unserer Kultur vorherrschende Vorstellung wider, dass Gott Wunder wirkt und dabei nicht darauf achtet, was jemand glaubt oder wie er lebt. Wie wir noch sehen werden, vermitteln die Wunder an Wallfahrtsorten den gleichen Gedanken immer und immer wieder. Dieses Thema ist so zentral, dass wir es in einem späteren Kapitel detaillierter beleuchten werden.

Gebet und Gottes Wille

Gott wirkt heute Wunder als Antwort auf Gebet und in Übereinstimmung mit seinem Willen.

»Leidet jemand unter euch? Er bete. Ist jemand guten Mutes? Er singe Psalmen. Ist jemand krank unter euch? Er rufe die Ältesten der Gemeinde zu sich, und sie mögen über ihm beten und ihn mit Öl salben im Namen des Herrn. Und das Gebet des Glaubens wird den Kranken retten, und der Herr wird ihn aufrichten, und wenn er Sünden begangen hat, wird ihm vergeben werden. Bekennt nun einander die Sünden und betet füreinander, damit ihr geheilt werdet!« (Jak 5,13-16)

Wer Jakobus so auslegt, dass ein Gläubiger immer aufgerichtet werden wird, irrt sich; logischerweise könnten wir sonst dem Tod entkommen. Die Antwort auf dieses Gebet hängt vom *»Gebet des Glaubens«* ab. Damit ist gemeint, dass Gott in besonderen Fällen den Ältesten vereinten Glauben schenken mag, der sie dazu führt, an die Wiederherstellung des Betreffenden zu glauben. In anderen Fällen haben sie vielleicht nicht diesen Glauben. Das »Aufrichten« findet nur dann statt, wenn Gott die Gabe des Glaubens für diese besondere Situation wirkt. Es ist uns unmöglich, solch einen Glauben durch eigene Anstrengung herbeizuführen.

Beachten Sie bitte auch die Verbindung zwischen der körperlichen Heilung einerseits und dem Sündenbekenntnis andererseits. Wir haben damit erneut ein starkes Argument gegen die These, dass Heilung allen uneingeschränkt zur Verfügung steht. Ich habe erfahren dürfen, dass Gott manchmal Menschen als Antwort auf Gebet aufrichtet, manchmal aber auch nicht. Es läuft ganz einfach darauf hinaus, dass wir es in seinen Händen belassen müssen. Wie Jesus selbst betete: *»So geschehe dein Wille«* (Mt 26,42).

Natürlich finden Wunder im Namen Jesu und zur Verherrlichung Gottes heute noch statt. Wenn wir jedoch alle Dinge prüfen, wie Paulus es uns aufgibt (1Thes 5,21), dann müssen wir bereit sein nachzuforschen, ob die Erfahrung des Wunders biblischen Kriterien standhält. Gewiss ist in unserer verworrenen Zeit geistliches Unterscheidungsvermögen wichtiger denn je. *Wir können ziemlich sicher sein, dass im Namen Jesu vollbrachte Wunder denjenigen vorbehalten sind, die ihn als ihren persönlichen Erlöser angenommen haben und gehorsam nach seinem Willen leben.*

Gott hilft uns dabei, die göttliche Balance zu halten: *»Den Geist löscht nicht aus! Weissagungen verachtet nicht. Prüft aber alles, das Gute haltet fest! Von aller Art des Bösen haltet euch fern«* (1Thes 5,19-22).

Anmerkungen

Teile dieses Kapitels sind erstmalig erschienen in: Erwin W. Lutzer: *Wunder – kein Problem!?* (CV Dillenburg, 2001).

1. Chicago Sun-Times, 12. Oktober 1998, S. 11.
2. Helen Schuchman, *A Course in Miracles* (Glen Ellyn, Illinois: Foundation for Inner Peace), Kap. VIII.
3. B.B. Warfield, *Counterfeit Miracles* (London: Banner of Truth, 1918), S. 3.
4. Ebd.
5. Ebd., S. 20.
6. Ebd., S. 26.
7. Hudson Taylor, zitiert nach K. Neil Foster, *Sorting Out the Supernatural* (Camp Hill, Pa.: Christian Publications, 2001), S. 8.
8. Peter Wagner, *How to Have a Healing Ministry Without Making Your Church Sick!* (Ventura, Kalifornien: Regal, 1989), 228; zitiert nach John H. Armstrong, »In Search of Spiritual Power«, in: Michael Scott Horton (Hrsg.), *Power Religion: The Selling Out of the Evangelical Church?*« (Chicago: Moody, 1992), S. 74.
9. Bob Jones, »Visions and Revelations«, Audiokassette, 1989, zitiert nach John H. Armstrong, »In Search of Spiritual Power«, *Power Religion*, S. 76.
10. John Wimber, zitiert nach C. Peter Wagner, *The Third Wave of the Holy Spirit* (Ann Arbor, Mich.: Servant, 1999), S. 96; in John Armstrong, »In Search of Spiritual Power«, *Power Religion*, S. 76.
11. John Armstrong, »In Search of Spiritual Power«, *Power Religion*, S. 76.
12. John Wimber, Church Planting Seminar (3 Audiokassetten, 1981); zitiert nach John Goodwin in *Media Spotlight* (1990), 24, in: John Armstrong, »In Search of Spiritual Power«, *Power Religion*, S. 76-77.
13. Alan Cole, *The Southern Cross* (April 1987), 13 (seine Hervorhebung); zitiert nach D.A. Carson in »The Purpose of Signs and Wonders in the New Testament«, *Power Religion*.

14. Don Carson, »The Purpose of Signs and Wonders in the New Testament«, *Power Religion*, S. 95.

15. Ebd., S. 94.

16. Charles Farah, »A Critical Analysis: The ›Roots and Fruits‹ of Faith-Formula Theology«, in: *Showing the Spirit: A Theological Exposition of 1 Corinthians 12-14* (Grand Rapids: Baker, 1987), S. 177.

17. D. A. Carson, *Showing the Spirit*, S. 39-40.

KAPITEL 6

Wenn man Unter-haltung beurteilt ...

Wie viel Hollywood dürfen wir zuhause hineinlassen?

Wie würden Sie reagieren, wenn jemand in Ihr Zuhause einbrechen und Ihre Kinder entführen würde? Sie winken ab und sagen: »Nun, ich bin dankbar, dass mir so etwas nicht passieren wird; unsere Türen sind abgeschlossen, die Alarmanlage eingeschaltet und die Polizei direkt zur Stelle, um den Verbrecher zu schnappen.« Sie würden alles geben, um Ihre Kinder zu schützen.

Was aber, wenn ich Ihnen sage, dass Kinder – ja, selbst Kinder in christlichen Elternhäusern – gestohlen werden, direkt aus ihren trauten Heimen? Der Feind bahnt sich seinen Weg durch abgesperrte Türen und verriegelte Fenster. Damit kein Missverständnis entsteht: Die Körper der Kinder bleiben in den Wohnungen zurück, aber ihre Herzen sind dazu verleitet worden, anderen Herren zu dienen. Die Treueverpflichtung der Kinder ist auf jemanden übergegangen, den der Apostel Paulus »*den Gott dieser Welt*« nennt (2Kor 4,4).

Noch erstaunlicher ist die Tatsache, dass viele Eltern mit diesen Dieben unter einer Decke stecken. Sie arbeiten mit ihnen dadurch zusammen, dass sie den Schlachtplan des Feindes unterstützen und daran teilhaben. Wenn Kinder mit Anfang zwanzig gestohlen würden, könnten wir argumentieren, dass sie alt genug sind, um sich selbst zu verteidigen. Aber jüngere Kinder, etwa zwölf, dreizehn Jahre alt, werden fortgelockt, während ihre Eltern sich um sonstige Dinge des Lebens und ihre eigenen Bedürfnisse kümmern.

In diesem Kapitel dringen wir in den Bereich vor, den der Gott dieser Welt beherrscht. Viele Leute werden wohl den Aussagen des Kapitels zustimmen. Wie viele davon werden aber als Ergebnis dieser Lektüre ihr Leben ändern? Die Menschen, die sich schon der Unterhaltungsbranche verschrieben haben, können sich nur schwer von den Dingen trennen, die an ihrer Seele nagen. Um es ganz offen zu sagen: Wir alle sind der Gefahr ausgesetzt, uns an den Gott dieser Welt zu verkaufen.

Wer sind diese Räuber, die gekommen sind, um die Herzen unserer Kinder einzunehmen, und die sich schon der Herzen vieler Erwachsener bemächtigt haben? Kurz gesagt, es sind die zahlreichen Medien. Es ist die Unterhaltungsindustrie, die auf die Kontrolle unserer Kinder zielt. Ja, darin eingeschlossen sind Filme, das Internet und die Musikbranche.

Gehen wir in einen Film, meinen wir, dass wir bloß unterhalten werden: Tatsache ist aber, dass wir gleichzeitig erzogen werden. Unsere Werte und Einstellungen werden entweder erhöht oder erniedrigt und zerstört: entweder ist die Erziehung zu unserem Wohl oder zu unserem Schaden. Wenn Hollywood einen indizierten Film gedreht hat, der Sex und Gewalt enthält, wissen die Produzenten, dass Teenager ihn sehen werden. Es ist sogar so, dass achtzig Prozent der unter Siebzehnjährigen zugeben, dass sie indizierte Filme sehen.[1] Diese Kinostreifen, unabhängig von ihrer Einstufung und dem Inhalt, werden die Meinung ihrer Zuschauer darüber maßgeblich beeinflussen, was normales sexuelles Verhalten ausmacht. Diese Filme werden Einstellungen zu Integrität, Gewalt und Werten mitbestimmen. Deshalb werden auch inmitten dieser unechten und nur von Produzenten erschaffenen Welt mächtige Emotionen freigesetzt.

Während sich die Teenager also ihre Zeit im Kino vertreiben, werden sie darin erzogen, wie sie das andere Geschlecht zu behandeln haben, was sie anzuziehen haben, was das Leben wert ist und was in der Welt zählt. Die Altersangaben zu Filmen sind ohne Bedeutung. Das liegt daran, dass die Produzenten das empfohlene Alter nach unten drücken, um dadurch die Grenzen der Anständigkeit immer weiter aufzuweichen. Es liegt ferner daran, dass auch sogenannte harmlose, nicht altersbeschränkte Filme Rebellion, Okkultismus und fragwürdige Moral thematisieren. Tatsächlich hat das System der Alterseinstufungen sogar zu unserer moralischen Schlitterfahrt beigetragen. Es ist lediglich erforderlich, dass ein Produzent für seine Sendung die Altersempfehlung »ab zwölf« bekommt. Dann kann er so ziemlich alles drehen und senden, was er will. Larry Poland von Mastermedia sagt zum System der Altersempfehlungen: »Es ist mit der Situation eines Fuchses vergleichbar, der die Hühner bewacht.«

»Wir möchten, dass die Leute über Ehebruch, Homosexualität und Inzest lachen«, erläutert ein Drehbuchautor. »Denn Lachen reißt die Widerstände zu solchen Themen nieder.« Nun denken Sie bitte einmal über Folgendes nach: Weit mehr als die Hälfte der Kinder unter achtzehn haben Filme gesehen, die nur für Erwachsene geeignet sind. Und fünfundzwanzig Prozent haben in den nächsten Tagen das nachzuahmen versucht, was sie gesehen haben.[2] Kein Wunder, dass zwölfjährige Kinder versuchen, andere Kinder zu belästigen. In einer Fernsehsendung ging es eine ganze Stunde um ein einziges Thema: Wer als Teenager noch keinen Sex hatte, muss wahrscheinlich homosexuell sein. Denken Sie an die zerstörerischen Botschaften, die an unsere Kinder gerichtet werden!

Zusätzlich zu der Unmoral und Gewalt werben etliche Fernsehprogramme heute auch für das Okkulte. Da werden Hexen gezeigt, ihre Zaubersprüche und Magie jeder Art. Da der Okkultismus gegenwärtig so an Einfluss in unseren Medien und der Kultur gewinnt, widme ich mich diesem Thema ausführlich in einem späteren Kapitel dieses Buches.

Als Nächstes möchte ich auf die sogenannte Rap-Musik, also auf Sprechgesang eingehen, wo schmutzige Texte, obszöne Sprache und gewalttätige sexuelle Bilder auftauchen. Diese Wörter und Gefühle nisten sich in die Denkweisen der Kinder ein; Wörter und Bilder, gepaart mit unmoralischen Werten, finden ihren Platz in den Herzen der Kinder. Die Älteren unter uns haben überhaupt keine Vorstellung davon, welche Obszönitäten und Vorstellungen durch dieses mächtige

Medium vermittelt werden. Zählen wir alle mit Rap-Musik aufgenommenen CDs zusammen, so ergeben sich hier Millionenzahlen. Viele davon enthalten die vulgärsten, niedrigsten und erniedrigendsten sowie ausbeuterischsten und gewalttätigsten Bilder und Vorstellungen, die man sich nur denken kann.

Bedenken Sie bitte, was es heißt, wenn diese herabwürdigenden Einflüsse in die Kinderzimmer unserer Nation einsickern. Uns überrascht es, wenn Teenager Verbrechen begehen. Aber sollte es das wirklich? Im achtzehnten Jahrhundert machte Andrew Fletcher, ein schottischer Patriot und sogenannter Anti-Unionist, diesen berühmten Ausspruch: »Wer die Lieder schreibt, die in aller Munde sind, bestimmt die Werte und Gesetze eines Landes.«[3]

Der Fernsehsender MTV propagiert Sex – in jeder Form, egal mit wem und zu welcher Zeit. Millionen von Teenagern verfolgen seine Programme. Sie identifizieren sich mit den ausgestrahlten Bildern und derben sexuellen Ausdrücken. Das, was ein Junge früher einmal im Alter von siebzehn Jahren sexuell fühlte, spürt er nun bereits als Zwölfjähriger. Zahlreiche Männer, die der Pornografie verfallen und danach süchtig sind, sagen, dass sie diesen Bereich mit zwölf, dreizehn Jahren kennenlernten. Und als sie erst einmal den Weg sexueller Fantasien eingeschlagen hatten, fanden sie sich in der Situation, dass sie diesen Weg sowohl liebten als auch hassten. Wie sehr sie sich auch von der einen oder anderen Art dieser Sucht zu befreien versuchten, sie schafften es nicht.

Die Vorsicht und die Einschränkungen der vorhergehenden Generation sind verschwunden. Es ist jungen Frauen peinlich zuzugeben, dass sie noch Jungfrauen sind. Junge Männer beuten Mädchen aus und machen sich über die lustig, die anständig bleiben möchten. Die sexuellen Irrwege sind so sehr Teil unserer Gesellschaft geworden, dass Eltern den Lehrern ihrer Kinder nicht mehr trauen können, und Kinder nicht anderen Kindern. Es überrascht nicht, dass die Gesundheitsämter von vierzigtausend neuen Fällen sexuell übertragener Krankheiten pro Tag berichten.

Das Internet mit all seinen Möglichkeiten, zum Guten genutzt zu werden, hat auch die Tür zu Pornografie und regelrechtem Müll geöffnet. Erst diese Woche erzählte mir eine christliche Mutter, dass ihr Sohn damit angefangen hatte, sich Zugang zu Kinderpornografie zu verschaffen. Jetzt saß er im Gefängnis, weil er die von ihm gesehenen Bilder in die Tat umgesetzt hatte. In einer 28-köpfigen Männergruppe eines Bibelkreises legte ein Mann Zeugnis davon ab, wie Gott ihn von der Internetpornografie befreit hatte. Zweiundzwanzig Anwesende gaben zu, Pornografie aus dem Internet heruntergeladen zu haben und mit den gleichen Schwierigkeiten der Sucht zu kämpfen.

Natürlich, Hollywood und die Hersteller von pornografischem Material wollen uns glauben machen, dass es sich hierbei nur um Unterhaltung handelt, die das Verhalten nicht beeinflusst. Angesichts der Milliarden Dollar, die jedes Jahr in Fernsehspots fließen, ist diese Aussage Unsinn. Wenn Werbung unser Verhalten nicht beeinflusst, warum sollte man dann eine riesige Menge Geld dafür ausgeben? Und wenn Werbung unser Verhalten beeinflusst, warum sollte Pornografie das nicht tun? Jedes erdenkliche Sexualverbrechen ist durch Pornografie beeinflusst worden. Es ist eine Tatsache, dass wir alle die Wirkung von dem kennen, was wir sehen. Und die Dinge werden schlimmer werden, nicht besser.

Wir können nun nicht einfach die ganze Schuld Hollywood und den Produzenten von Pornografie geben. Ihnen geht es hervorragend, weil es einen Markt für ihre Produkte gibt. Sie sprechen unsere niederen Instinkte an, wohl wissend, dass der Mensch in der Regel den Weg des geringsten Widerstands geht. Sie machen sich einfach die Gefallenheit unserer Natur zunutze und beuten unseren Hang zur Bedürfnisbefriedigung aus. Es ist für sie ein lukratives Geschäft, die Sittlichkeit auf jeder Ebene auszulöschen. Mir kommen die Worte von G.K. Chesterton in den Sinn, der einmal sagte, *dass Bedeutungslosigkeit nicht davon kommt, dass man des Schmerzes überdrüssig ist, sondern von dem Überdruss an Vergnügen.*

Wenn Sie darauf warten, dass diese Leute etwas mehr Verantwortung übernehmen, warten Sie vergeblich. Die Unterhaltungsbranche kümmert sich um keine anderen Werte als ihre eigenen. Sie ist von Profit getrieben. Und ihr Ziel ist es, Ihr Kind in eine Falle zu locken, so dass es süchtig nach Musik, Sex, Pornografie und der Gewalt in den Medien wird. Wenn sie das schafft, hat sie in Ihrem Kind einen neuen Kunden für den Rest seines Lebens gewonnen.

Der Filmkritiker Michael Medved erklärt, dass das Niveau von Feindlichkeit und Wut gegenüber der Religion in der Unterhaltungsbranche sehr klar erkennbar ist. Die Produzenten verachten jeden, der an biblischen Werten festhält oder sich auch nur an solchen Werten orientiert, die man grob als »Familienwerte« bezeichnet. Wenn Christen in den Medien dargestellt werden, zeigt man sie oft als Heuchler, die weder Respekt noch ernsthafte Auseinandersetzung mit ihnen verdienen. Warum akzeptieren wir nicht einfach, dass diese Unterhaltungsproduzenten zum ganz überwiegenden Teil nicht unsere Freunde sind, sondern geldgierige Menschen, die im Wohlstand und Ruhm prächtig gedeihen?

Diese also sind die Monster, die in unsere Häuser einsteigen und die Herzen unserer Kinder rauben. Der Mantel der »Unterhaltung« bedeckt nur spärlich, was Kinder, Teenager und Erwachsene tatsächlich sehen, hören und fühlen, wenn sie dem mächtigen Einfluss entwürdigender Werte und Bilder ausgesetzt sind. Viele gute Kinder, sowohl aus christlichen als auch nicht-christlichen Elternhäusern, sind bedroht – sie sind dem täglichen Bombardement der Medien ausgesetzt, das absichtlich erfolgt und dessen zerstörerische Wirkung zum moralischen Abstieg beiträgt.

Unsere Lähmung

Wenn die Lage nur ansatzweise so schlimm ist, wie ich sie einschätze, stellt sich die Frage: Warum tun wir nichts dagegen? Ich rede nicht von Protestmärschen nach Hollywood oder Boykotts von Kinos, obwohl auch dieses begrenzten Wert haben kann. Tatsache ist, wir müssen etwas für uns selbst unternehmen, wenn uns unsere Kinder und Enkel wichtig sind.

Warum also handeln wir nicht?

Der erste Grund heißt Leugnung. Wir wissen, dass es ein Problem gibt, empfinden es aber als so übermächtig, dass wir meinen, durch

Weggucken werde es sich schon erledigen. Eltern sind eingeschüchtert. Sie fürchten sich vor dem, was passieren wird, wenn sie mehr Autorität auf ihre Kinder auszuüben versuchen. Wir hoffen, dass wir durch Gebet erreichen können, dass Gott unsere jungen Leute irgendwie beschützt. Insgeheim hoffen wir, dass unsere Kinder auf irgendeine unerklärliche Art und Weise doch nicht von dem beeinflusst werden, was sie sehen. Das ist eine Hoffnung, die keine Früchte tragen wird.

Am Ende dieses Kapitels werde ich spezielle Empfehlungen geben, was wir für unsere Kinder tun können – und auch für uns. Wir sind nicht hilflos, wenn wir unsere Kreativität und auch unseren Mut einsetzen. Wir dürfen uns dem Feind nicht einfach geschlagen geben und gleichzeitig darauf hoffen, dass wir die Schlacht gewinnen werden. Es steht zu viel auf dem Spiel, und was noch bedeutender ist, wir sind Abgesandte des allmächtigen Gottes. Er hat uns Kraft gegeben, um gegen die Angriffe der Welt zu bestehen.

Der zweite Grund heißt Schuld. Wir als Erwachsene sind schuldig. Wir wollen mit unseren Kindern nicht zu streng umgehen, damit wir nicht vor unserer eigenen Tür kehren müssen. Ein Mann bemerkte einmal, dass sein zwölfjähriger Sohn von bestimmten Fotos einer Zeitschrift ganz hingerissen war. Es handelte sich um Bilder einer Ausgabe von *Sports Illustrated,* auf denen Bademoden gezeigt wurden. Der Vater war sprachlos – war er doch der Abonnent der Zeitschrift, und genoss es selbst, Zeit mit dem Anschauen dieser Bilder zu verbringen! Wir ziehen es also vor zu glauben, dass es nichts gäbe, worüber man sich Sorgen machen müsse. Wir haben unsere moralische Autorität verloren, weil wir im Innersten wissen, dass wir genauso anfällig für die Lüste dieser Welt sind wie unsere Kinder.

Mir kommt jetzt ein Elternteil in den Sinn, der mir einmal sagte: »Mein Kind ist von dieser Heavy Metal Musik und den sexuell aufgeheizten Videos auf MTV schon in den frühesten Jahren total verdreht worden. Aber Sie können *mir* nicht die Schuld an seinen Problemen geben. Ich bin ja nie zu Hause.«[4] Anstatt also als Eltern Farbe zu bekennen und Verantwortung zu übernehmen, ziehen wir uns leise zurück, finden Ausreden und hoffen das Beste. Christliche Eltern

glauben allen Ernstes, sie könnten ganz beruhigt Pornografie und
Gewalt anschauen. Sie rechtfertigen dies auch noch, indem sie
behaupten: »Ich gucke das ja nur; ich würde das nie *tun.*«

Der dritte Grund heißt Unverständnis. Wir verstehen einfach nicht,
gegen wen wir kämpfen. Wir begreifen nicht, dass Hollywood, die
Produzenten von Pornografie oder auch Rap-Musiker nicht unsere
wahren Feinde sind. Wir könnten uns durchaus gegen diese Kräfte
erheben und Erfolg haben. Wenn wir jedoch das Reich des Teufels
betreten, befinden wir uns im Nahkampf. Er hat hier das Sagen. In
diesem Reich übt er seine Macht aus und beansprucht Herrschaft. Ich
bin mir sogar ganz sicher, dass der Teufel die Bibelstelle, die ihn als
»Gott dieser Welt« bezeichnet, auf seine Weise benutzt: So besteht er
schlicht und einfach darauf, dass Christen überhaupt nicht das Recht
haben, in sein Gebiet vorzudringen. Er wird uns auf den Tod bekämpfen, *unseren* Tod. Aber überwinden können wir ihn – und müssen es
auch.

Prüfen, was in unsere Wohnzimmer gelangt

Nun also zur Frage: Wie viel Hollywood dürfen wir in unsere
Wohnzimmer lassen? Wo ziehen wir die Grenze? Und wo helfen wir
unseren Kindern, eine gerade Furche in einer verbogenen, krummen
Welt zu ziehen? Ich möchte Ihnen drei Tests zur Prüfung vorstellen.
Sie werden uns helfen zu entscheiden, was angemessen ist und was
nicht. Das Material, das diese drei Tests erfolgreich besteht, kann in
gutem Vertrauen in Ihre und meine Wohnung hineingelassen werden.

Die Zeit für starke Medizin ist angebrochen. Aber die Medizin,
wenn wir es einmal so nennen wollen, hat ihren Ursprung in der Bibel.
Wir haben wirklich kein Recht, uns mit dem Geist dieses Zeitalters zu
arrangieren. Insbesondere dann nicht, wenn wir bei dem folgenden
Gebet für uns und unsere Familien Erhörung wünschen: *»Er selbst
aber, der Gott des Friedens, heilige euch völlig; und vollständig möge
euer Geist und Seele und Leib untadelig bewahrt werden bis zur
Ankunft unseres Herrn Jesus Christus! Treu ist, der euch beruft; er
wird es auch tun«* (1 Thes 5,23-24).

Es ist schon sehr heuchlerisch, wenn jemand über etwas lacht, was Gott wütend macht. Es ist heuchlerisch, wenn wir uns etwas ansehen und an etwas teilhaben, was unseren Herrn betrübt. Entweder werden wir Gottes Richtschnur annehmen, oder wir werden in die verführerische Macht der Welt hineingezogen.

Der Inhaltstest

Unser erster Test ist die Prüfung des Inhalts. Wir fragen uns, ob die Dinge, die ins Haus kommen, also der Film, die DVD, die Internetseiten, dem Herrn gefallen.

> *»Liebt nicht die Welt noch was in der Welt ist! Wenn jemand die Welt liebt, ist die Liebe des Vaters nicht in ihm; denn alles, was in der Welt ist, die Begierde des Fleisches und die Begierde der Augen und der Hochmut des Lebens, ist nicht vom Vater, sondern ist von der Welt. Und die Welt vergeht und ihre Begierde; wer aber den Willen Gottes tut, bleibt in Ewigkeit«* (1Jo 2,15-17).

Jakobus kommt zum selben Ergebnis: *»Ihr Ehebrecherinnen, wisst ihr nicht, dass die Freundschaft der Welt Feindschaft gegen Gott ist? Wer nun ein Freund der Welt sein will, erweist sich als Feind Gottes«* (Jak 4,4). Stellen Sie sich das bitte einmal vor: Wenn wir uns die Welt zum Freund erwählen, machen wir Gott zu unserem Feind. Jeden Tag sind wir gezwungen, uns zu einer der beiden Seiten zu bekennen.

Was ist das für eine Welt, vor der wir gewarnt werden, sie zu lieben?

Zunächst bezieht sich Johannes auf die Begierden des Fleisches, d.h. also die verbotenen sexuellen Wünsche, die eine ganze Reihe von Formen annehmen – Pornografie, Ehebruch, Homosexualität, Begierde und Ähnliches.

Danach spricht er von der Augenlust, die sich auch auf sexuelle Reize erstrecken kann. Im Kern ist damit allerdings das Begehren gemeint, der Wunsch, etwas zu haben, was uns nicht gehört. Die Werbebranche weiß, dass sie mit uns rechnen kann, wenn es darum geht, etwas besitzen zu wollen, was andere Leute haben. Daher ist Werbefachleuten daran gelegen, dass wir mit unserem Besitz unzufrieden werden. Das reicht von der Zahnpasta bis zum Auto. Das Ziel ist, unsere Unzufriedenheit so lange zu steigern, bis wir uns schließlich für die beworbene Marke entscheiden.

Im dritten Punkt unserer Bibelstelle spricht Johannes vom »*Hochmut des Lebens*«, dem Prahlen mit den Dingen, die man hat oder tut. Ich-Bezogenheit ist wohl ein moderner Ausdruck hierfür. Die Welt zu lieben, heißt im Grunde genommen, sich selbst anzubeten. Man hat sein eigenes Ich zum Gott erhoben. Worin drückt sich diese Anbetung konkret aus? Darin, dass wir dazu tendieren, berechtigte Wünsche in der falschen Weise zu befriedigen. Wenn die Sünde Macht über uns hat, sind der Selbstschutz und die Selbsterfüllung unsere Hauptbeschäftigungen.

Wie schätzt Gott diese drei Ausdrucksformen unserer gefallenen Natur ein? Johannes sagt über eine solche Person, die dem falschen Weg folgt: *»Die Liebe des Vaters ist nicht in ihm.«* Wie oben zitiert, formuliert es Jakobus noch drastischer. Er sagt, dass die Liebe zur Welt uns in Feindschaft zu Gott bringt.

Wir alle haben schon einmal ein gewagtes Fernsehprogramm gesehen. Wenn wir für den Heiligen Geist empfänglich sind, können wir regelrecht fühlen, wie unsere Liebe zu Gott von unserer Seele weicht. Wir haben dieses innere Gespür für die Unreinheit. Wir gelangen zu der Überzeugung, dass wir gerade Gottes größten Wunsch für uns, das Streben nach Reinheit, verletzt haben. Schlimmer noch, wir sind uns dessen bewusst, dass wir Ihn, den wir lieben, betrübt haben.

Warum ist die Liebe zur Welt so dramatisch? Wenn wir die Sünde lieben, lieben wir nicht nur das, was Gott hasst. Wir lieben das, was Jesus ans Kreuz gebracht hat. Angenommen, Ihr Sohn wäre ermordet worden. Würden Sie das Messer, mit dem er umgebracht wurde, in einem besonderen Kästchen aufbewahren, so dass sie es immer mal wieder bewundern könnten? Würden Sie Ihren Freunden vorschwärmen: »Seht euch nur einmal an, wie scharf die Klinge ist! Und ganz zu schweigen von der einzigartigen Symmetrie!«? Genauso ist es, wenn wir die Sünde lieben. Wir lieben, was Jesus tötete.

Erkennen Sie bitte, dass Satan hinter den Angriffen auf die biblischen Werte steckt. Der erste gewalttätige Vorfall in der Bibel war satanisch. Kain erschlug Abel. Das Neue Testament identifiziert den Mörder als den, »*der aus dem Bösen war*« (1Jo 3,12). Die Unmoral der Leute, die vor der Sintflut lebten, war ein satanischer Angriff. Die Geister stachelten die Menschen zu den verschiedensten Formen unmoralischen Verhaltens an. Sie waren offenkundig so verrufen, dass sie nun ihren Platz im Tartarus (»*in finsteren Höhlen des Abgrunds*«, 2Petr 2,4) einnehmen müssen. Wir stehen also heute inmitten eines satanischen Konflikts.

Satan hört nicht auf die süße Stimme der Vernunft. Er richtet sich nicht nach Regeln und wird daher auch nicht kampflos das Feld räumen. Er will die Welt beherrschen. Satan legt es darauf an, die Welt in Sinnlichkeit und Rebellion zu ertränken. Er ist entschlossen, uns Christen zu unfreiwilligen Partnern seines Vorhabens zu machen. Informationen werden uns nicht verändern. Wenn wir die Menschen, ja selbst Christen, bitten, die sündhafte Befriedigung ihrer Wünsche aufzugeben, kommt das einer Aufforderung zur Schlacht gleich. Vielleicht halten wir den biblischen Standard deshalb für so hoch, weil wir so tief gefallen sind.

Wie viel Hollywood sollen Sie in Ihr Wohnzimmer hineinlassen? Unterziehen Sie das Material dem Inhaltstest: Weckt das Material meine angeborenen Wünsche nach der Lust des Fleisches, nach der Augenlust oder dem Stolz auf mein eigenes Leben? Ist das die Art von Musik oder Film, die ich mir ansehen oder anhören würde, wenn Jesus bei mir zu Abend äße?

Am Ende dieses Kapitels gebe ich einige praktische Empfehlungen, verbunden mit geistlichen Richtlinien. Beides mag uns helfen, gegen den Angriff zu bestehen. Wir können den Krieg um die Herzen dieser Generation gewinnen. Wir müssen ihn nur an vielen Fronten kämpfen.

Der Kontrolltest

Richard Price sagte in der Zeitschrift *Movieline*: »Es gibt nur eine Sache, die stärker als Drogen ist: Filme.«[5] Wenn ein Film den

Inhaltstest besteht, ist er also für unser Wohnzimmer geeignet. Aber selbst dann hat der Streifen immer noch das Potential, unser Leben zu steuern und unsere Beziehung zu Gott zu behindern.

Paulus hat den folgenden Kontrolltest angesetzt: *»Alles ist mir erlaubt, aber nicht alles ist nützlich. Alles ist mir erlaubt, aber ich will mich von nichts beherrschen lassen«* (1Kor 6,12). Paulus hat hier offensichtlich auf einen beliebten Spruch geantwortet, mit dem die Leute gewisse unmoralische Handlungen zu rechtfertigen versuchten. Er differenziert dessen Aussage jedoch stärker und erklärt, dass, selbst wenn etwas erlaubt ist, es dadurch noch nicht in sich und aus sich heraus richtig wird. Was immer uns steuert, ist Sünde. Es gibt eine Form von Freiheit, die gleichzeitig Sklaverei ist.

Wir Männer haben Schwierigkeiten, die Fernbedienung des Fernsehers zu kontrollieren. Wir schalten von einem Sender zum nächsten und richten dabei häufig unsere Blicke auf sinnliche Szenen. Wir wollen uns dabei gerne einreden, dass wir alles im Griff haben; wir können angeblich jeden Fernsehkanal aufsuchen, den wir möchten! Ja, schauen wir uns nur einmal die Wirklichkeit an: Mit nur einem Knopfdruck gelangen wir von einer Nachrichtensendung wie *News Watch* zu einer freizügigen Fernsehserie wie *Baywatch*! Wir erzählen uns Lügen, die wir selbst glauben möchten.

Ich kenne einige Männer, die nicht auf Sport verzichten können. Sie sind von Fußball, Basketball oder Handball besessen, manchmal sogar von allen dreien. Obwohl Sport den Inhaltstest erfolgreich durchlaufen kann, bleibt es doch eine Tatsache, dass eine solche ausgeprägte Leidenschaft unsere Beziehung zu Gott beeinträchtigen kann. Richard Keyes hatte mit seiner Aussage Recht, als er schrieb: »Ein Götze ist etwas, was aus der Schöpfung selbst erwächst. Der Götze wird so aufgebläht, dass er zum Ersatz für Gott wird. Alle möglichen Dinge sind potentielle Götzen ... Ein Götze kann ein Gegenstand sein, ein Besitz, eine Person, eine Tätigkeit, eine Organisation, eine Hoffnung, ein Bild, eine Vorstellung, ein Vergnügen, ein Held.«[6]

Wir können Götzendienst einfach als etwas definieren, was uns mehr Erfüllung als Gott gibt. In dieser Hinsicht sind wir alle in der einen oder anderen Weise Götzendiener. Und es ist dieser Götzendienst, der Gott verhasst ist; er möchte, dass wir in unserem Leben nichts Größeres als ihn haben. Es ist ganz klar, dass wir weniger Zeit für die wirklich wichtigen Dinge haben, wenn wir diese Zeit mit Unterhaltung, selbst guter Unterhaltung, ausfüllen. Gott ist betrübt, wenn wir ihn als nicht erfüllend und befriedigend erachten.

Wenn Sie der Meinung sind, Sie haben Ihren Fernseher im Griff, dann beweisen Sie dieses, indem Sie ihn für eine Woche ausschalten. Sie können sich auf dem Laufenden halten, indem Sie die Tageszeitung lesen und Radio hören. Fakt ist, dass das Fernsehen solch ein bedeutender Teil unseres Lebens ist, dass es viele schwierig fänden, auch nur für eine kurze Zeit darauf zu verzichten. Wir können unsere Abhängigkeit nur richtig einschätzen, wenn wir den Versuch unternehmen, mit einer Gewohnheit zu brechen. Kein Wunder, dass ein Freund von mir sich schließlich entschied, das Fernsehkabel zu durchtrennen; er wusste, dass dies die einzige Hoffnung für ihn war, seiner Faszination für das »einäugige Monster« ein Ende zu bereiten.

Wir wollen die Frage freimütig beantworten. Haben wir Kontrolle über die Unterhaltung, der wir Zugang zu unserem Leben gestatten? Oder werden wir von dem Bedürfnis nach Filmen, Musik oder dem Internet getrieben – vielleicht sogar besessen? Selbst das Gute kann der Feind des Besten sein.

Der Uhrentest

Was ist der Uhrentest? *»Seht nun genau zu, wie ihr wandelt, nicht als Unweise, sondern als Weise! Kauft die rechte Zeit aus! Denn der Tag ist böse«* (Eph 5,15). Angenommen, ein Film besteht den Inhaltstest und den Kontrolltest. Dennoch kann es sein, dass wir den Film nicht ansehen sollten.

Wenn Paulus sagt, dass wir *»die rechte Zeit«* auskaufen sollen, bedeutet die griechische Konstruktion, dass wir *die Zeit einlösen* müssen. Wir sollen also die Zeit vom täglichen Handeln und Geschäftemachen herauskaufen. Es gibt heute so viele Anforderungen an und Zugriffe auf unsere Zeit, dass wir zeitliche Freiräume für die Dinge schaffen müssen, die Gott wichtig sind.

Vor vielen Jahren waren meine Frau und ich in Osteuropa. Dort mussten die Menschen nach Lebensmitteln anstehen – vielleicht eine Stunde für das Fleisch, eine weitere Stunde für einen Laib Brot und anderes. Man berichtete uns, dass die durchschnittliche Familie insgesamt etwa drei Stunden pro Tag anstehen musste, um auch nur die notwendigsten Dinge des Lebens zu kaufen. Einige Christen wiesen uns darauf hin, dass wir uns glücklich schätzen könnten: Da wir in Amerika lebten, könnten wir ja so viel mehr Zeit für das Gebet und den Dienst für Gott erübrigen.

So funktioniert es aber nicht, stimmt's? Ich habe die Erfahrung gemacht, dass die Technik uns nicht mehr Zeit gibt, um Gott zu dienen. Denn je mehr Zeit wir durch die Technik sparen, desto mehr »Dinge« stopfen wir in die so entstandenen Freiräume hinein. Leider wird die Weiterentwicklung unserer Beziehung zu Gott und den anderen Gläubigen dabei oft an den Rand gedrängt, egal wie viel Zeit unsere High-Tech Welt uns ermöglicht.

Stellen wir uns einige harte Fragen: Sind wir damit zufrieden, wie wir letztes Jahr unsere Zeit verbracht haben? Lassen Sie uns einmal kritisch bewerten, was wir aus all den Stunden vor dem Fernseher für einen Nutzen gezogen haben, die wir dort in den letzten zwölf Monaten gesessen haben. Hat uns die so eingesetzte Zeit zu besseren Menschen gemacht? Hat sie unseren Charakter verbessert? Malen Sie sich einmal aus, wie wir wären, wenn wir diese Zeit dafür eingesetzt hätten, beispielsweise die Bibel zu lesen und Anteil an den Bedürfnissen unseres Städtchens zu nehmen?

Mir bricht es besonders das Herz, wenn ich beobachte, wie Pensionäre und Rentner ihre letzten Jahre zubringen. Ich kenne viele, die Tag für Tag, Jahr für Jahr nur vor dem Fernseher sitzen. Einer von ihnen war des Fernsehens schließlich müde. Er entschloss sich, etwas für Jesus zu tun, bevor er starb. So besorgte er sich dann von seiner Gemeinde eine Liste der Missionare und schrieb persönliche Briefe an siebzig von ihnen. Er blieb mit allen in Verbindung, betete für sie und verbrachte seine letzten Jahre nützlich.

Sie und ich wissen, dass der Herr nicht sagen wird: »Gut gemacht, du guter und treuer Knecht, denn du hast 5312 Stunden lang ferngesehen!« Wir haben nur ein Leben. Sobald eine einzige Stunde herum ist, kann sie nie wieder zurückgeholt werden. Wir müssen uns deswegen fragen: Wie möchte ich die wenigen kurzen Jahre und Stunden auf diesem Planeten verbringen, wenn ich doch weiß, dass ich eines Tages unserem Herrn Rechenschaft darüber geben muss?

Wenn wir diese Fragen im Kopf behalten, können wir sehr viel einfacher entscheiden, wie viel Hollywood wir in unsere Stuben lassen wollen.

Unpopuläre Entscheidungen treffen

Uns ist bekannt, dass wir es mit einer Macht zu tun haben, die größer als wir selbst ist. Darum müssen wir betend einige Schritte unternehmen, um den enormen Einfluss der Unterhaltungsbranche auf unser Leben und das unserer Kinder einzugrenzen oder sogar zu unterbinden. Wir müssen unser Zuhause in Ehren halten, den Ort, wo persönliche Haltungen entstehen und Lebensweisen sich entwickeln.

Ich möchte ein paar allgemeine Bemerkungen vorausschicken, bevor ich zur Konkretisierung komme.

1. *Wir müssen zuerst unser eigenes Haus in Ordnung bringen, bevor wir anderen helfen können.* Jeder von uns muss eine Gewissensentscheidung treffen: Von welchem Bereich der Welt will der Herr mich befreien? Wie ich zu Anfang dieses Buches erwähnte, können wir andere nicht vor dem Ertrinken bewahren, wenn wir selbst untergehen. Unser größter Wunsch ist es, persönlich ein gerechtes Leben zu führen und sicherzustellen, dass unser eigenes Haus sauber und von Schmutz leer ist. Nur dann kann es mit dem Guten gefüllt werden, was Gott in die Leben der Gläubigen einpflanzt.

Ich frage mich häufig, warum sich Christen so sehr über die Inhalte des Fernsehens beschweren und trotzdem so viel Zeit vor dem Gerät verbringen. Fragen wir uns: Zu welchen Schritten sind wir bereit, um gegen das Monster vorzugehen? Sind wir gewillt, unser Kabelfernsehen-Abonnement zu kündigen? Sind wir bereit, uns klare Grenzen zu setzen und auch anderen Rechenschaft darüber abzulegen?

Können wir für eine Woche auf das Fernsehen verzichten? Auch für zwei Wochen?

Diejenigen, die keine Kinder zu Hause haben, müssen für die Familien stark sein, bei denen es der Fall ist. Wir müssen uns über unseren eigenen Tellerrand ausstrecken, indem wir anderen im Gespräch, in persönlicher Fürsorge sowie im Gebet beiseite stehen. Wir müssen uns gemeinsam der Herausforderung stellen, rein in dieser unreinen Kultur zu sein.

2. *Wir müssen einen klaren Maßstab in der Familie setzen.* »Eltern, die ihre Kinder mit einem klaren Maßstab von richtig und falsch ausrüsten, befähigen sie dadurch, die besten persönlichen und moralischen Entscheidungen in ihrem gesamten Leben zu treffen.«[7] Dieser Maßstab muss objektiv sein und darf nicht auf unserer persönlichen Vorliebe beruhen. Kinder werden mit dem Argument kommen, dass Madonna-Videos oder Horrorfilme nicht schlecht sind, nur, weil wir sie nicht mögen, während sie den Kindern gerade »gefallen«. Wir müssen Kindern zeigen, dass unsere Maßstäbe nicht bloß auf persönlichem Geschmack beruhen, sondern dass es sich hierbei um einen biblischen und absoluten Maßstab handelt.

Ken Myers sagt, dass der gegenwärtige kulturelle Angriff heimtückischer auf das Wohl der Christen zielt als die direkte Verfolgung. Er meint: »Feinde, die laut und sichtbar auftreten, lassen sich gewöhnlich leichter bekämpfen als solche, die nicht aufzuspüren sind. ... Die schleichende Zersetzung des Charakters, das Zerstören unschuldiger Vergnügen und die Entwertung des Lebens selbst, die alle so oft die moderne Massenkultur begleiten, sind so subtil, dass wir denken, nichts passiert.«[8]

3. *Wir müssen mit unseren Kindern über die Dinge sprechen, die sie sehen und hören.* Ob Sie ein Fernsehgerät zu Hause haben oder nicht, Sie können sicher sein, dass Ihre Kinder den »Dieben« ausgesetzt sind, die wir oben beschrieben haben. Wir müssen die Lieder anhören, die Bücher und Zeitschriften lesen und die Filme ansehen. Junge Leute rebellieren, wenn wir einfach ankündigen, dass ab heute die

Dinge anders werden. Wenn Ihnen nicht klar ist, wo Sie ansetzen sollen, müssen Sie sich selbst erst einmal schlau machen.

Müssen wir uns als Eltern diesen Unreinheiten aussetzen? Müssen wir uns diese perversen sexuellen Andeutungen anhören, diese Dialoge, diese Musik? Die Antwort heißt ja. Wenn Sie nicht in der Lage sind, mit diesen Dingen umzugehen, wie können Sie dann ernsthaft erwarten, dass Ihr Kind es schafft?

Verstehen Sie mich bitte jetzt nicht so, als ob ich damit den in diesem Kapitel vorgestellten »Tests« widerspreche. Zweifellos wäre es am besten, wenn wir Rap-Musik erst gar nicht hören oder erniedrigende Filme anschauen müssten. Wenn Ihr Kind jedoch daran Gefallen findet, dann sollten Sie sich als Eltern wohl besser mit den Dingen vertraut machen, die Ihr Kind hört und sieht. Wie Josh McDowell sagt: »Regeln ohne eine Beziehung führen zur Rebellion.«

Das Gespräch mit Heranwachsenden über alle möglichen Themen ist unverzichtbar, wenn wir darauf hoffen, dass wir sie durch diese Welt zur ehrlichen Liebe zu Gott hindurchmanövrieren wollen. Wir sollten mit ihnen über das Fernsehen und ihre Interessen reden. Wir müssen ihre Welt betreten, um Glaubwürdigkeit zu gewinnen. Wir müssen uns auf ihrem heimischen Boden auskennen. Es gilt auch zu lernen, uns an ihnen zu erfreuen und gemeinsam Spaß zu haben.

Wir müssen unsere Kinder als selbständige Personen wahrnehmen.[9] Nur wenn wir ihnen zuhören und uns ihr Vertrauen erworben haben, können wir einige der Einwände aufgreifen, die sie zu unserem Glauben haben. Erwarten Sie durchaus Aussagen wie diese: »Na gut, die Wörter sind unmoralisch, aber der Musiker hat das bestimmt nicht so gemeint.« Oder: »Versteh doch, das ist bloß ein Film und nicht die Wirklichkeit.« Oder auch: »Es ist doch klar, dass die Vorstellungen der Leute sich fortwährend verändern. Deswegen ist der Knackpunkt einfach der, dass du zu einer anderen Generation gehörst.« Wir müssen den Kindern helfen, »die Lüge in dem zu entdecken«, was sie sich anschauen und anhören.[10]

Warnungen allein funktionieren nicht. Sie können Kinder warnen, ihnen drohen, sie verurteilen, und sie werden doch ihren Wünschen nachgehen. Und je mehr sie ihr Verhalten verurteilen, desto mehr werden die Kinder in ihre eigene geheime Welt der Sinnlichkeit hineingetrieben. Sie müssen in Ihrem eigenen Leben unter Beweis stellen, dass ein Leben mit Christus befriedigend ist. Die Vernunft wird möglicherweise das Denken einer Person verändern, aber niemals ihr Herz.

Ihre Überzeugungen müssen gepaart sein mit Gesprächen, die nicht verurteilen, in denen das Kind sich frei genug fühlt, um seine tiefsten Bedürfnisse, Versuchungen und Ängste anzusprechen. Wenn es im Vorfeld schon weiß, dass es verurteilt wird, wird es sein Herz nicht öffnen, sondern sich dem gegenüber verschließen, was Sie zu sagen haben.

Desweiteren gilt es, Ihre Befürchtungen mit Beispielen aus Ihrem eigenen Leben anzureichern. Wann sind Sie Versuchungen erlegen? Und welche Lehren (oftmals bittere) haben Sie daraus gezogen? Ich wundere mich oft, wenn ich Eltern sehe, die von ihren Kindern das Erreichen von Standards erwarten, denen sie selbst nicht genügen. Einige Eltern versagen immer wieder in genau dem Bereich, den ihre Kinder erfolgreich meistern sollen. Je realistischer wir im Hinblick auf unsere eigenen Kämpfe und Sünden sind, desto glaubwürdiger werden wir in den Augen unserer Kinder sein. Sie werden uns respektieren und nicht als Eltern abstempeln, die »einfach nicht verstehen«.

Natürlich werden Kinder Doppelmoral bemerken und für sich selbst in Anspruch nehmen wollen. Die Eltern, die ihrem Kind das Anschauen indizierter Filme verbieten, aber selbst zu Hause sitzen und »Müll« ansehen oder solche Videos ausleihen – diese Eltern untergraben ihre moralische Autorität. Ich stelle mir oft die Frage, welche Lektion Gott den Eltern erteilen will, deren Kinder sich vom Glauben abwenden und eine Bruchlandung in der Welt erfahren. Vielleicht liegt es an ihrer Doppelmoral. Vielleicht passieren solche Dinge auch, weil die Eltern dachten, dass Meckern, Herumnörgeln und das Aussprechen von Warnungen das Kind tatsächlich verändern könnten. Lassen Sie uns immer bedenken, dass wir andere nicht ändern können: Wir können Kinder auf den richtigen Weg führen. Wenn sie jedoch älter werden, müssen sie selbst die Überzeugungen ihrer Eltern zu ihren eigenen machen.

4. *Praktisches Handeln ist gefragt.* Laut Robert DeMoss haben sechzig Prozent aller Heranwachsenden einen Fernseher in ihrem Zimmer. Dort können sie sehen, was sie möchten, ohne Aufsicht, uneingeschränkt und ohne jemandem dafür Rechenschaft abgeben zu müssen. Er empfiehlt, und ich stimme ihm zu, dass kein Kind einen Fernseher in seinem Zimmer stehen haben sollte. Es ist wichtig, dass das Gerät in einem offenen Raum im Haus oder in der Wohnung steht, wo Kontrolle möglich ist. So kann Ihr Kind nicht fernsehen, ohne dass Sie mitbekommen, was es sieht und tut.

5. *Wer kleine Kinder hat, sollte früh Regeln aufstellen.* Machen Sie den Fernsehkanal MTV unzugänglich. Schaffen Sie sich gute Videos und DVDs an, und geben Sie Ihrem Kind eine ausgewogene Diät von dem, was gut ist. Bereiten Sie Ihre Kinder auf die Tatsache vor, dass Sie nie in der Lage sein werden, sie vollständig vor Einflüssen wie Rap-Musik und Pornografie zu bewahren.

Ein Beispiel hierzu: Zwei Jungen entdeckten beim Herumstöbern auf einer Müllkippe einen Packen Pornos. Sie gingen dann regelmäßig an diesen Ort, bis ihr Verhalten auffällig wurde. Als ihre Eltern sie darauf ansprachen und die Jungen befragten, kam die Wahrheit heraus. Falsch wäre es nun gewesen, wenn man ihnen schändliches Verhalten vorgeworfen oder das Gefühl vermittelt hätte, dass sie unverzeihlich gesündigt haben. Wir müssen uns vergegenwärtigen, dass Scham das Denken und das Herz nur auf die Sünde selbst lenkt.

Die Jungs waren bereits beschämt und fühlten sich schuldig. Ihre kluge Mutter half ihnen dabei, ihre Schuld zu verarbeiten. Sie half ihnen zu verstehen, dass sie sich von Natur aus zu solchem Material hingezogen fühlten und dass damit auch Gefahren verbunden waren. Was aber noch entscheidender war: Sie half ihren Kindern dabei, die Vergebung und Reinigung durch Christus zu begreifen. Sie wusste, wie es jede Mutter in der heutigen Welt wissen sollte, dass dieser Vorfall wahrscheinlich nicht der letzte ist, wo die Kinder solche Bilder zu Gesicht bekommen, sei es per Zufall oder durch eigenes Entscheiden.

Erklären Sie Ihren Kindern, wie sie versucht werden; sie werden

Materialien ausgesetzt sein, die sowohl ihre Neugier als auch ihre sexuellen Wünsche wecken. Helfen Sie ihnen dabei auch zu verstehen, dass die Befriedigung dieser Wünsche, die uns sehr wohl von Gott gegeben wurden, nicht durch Pornografie erfolgen kann, denn dieses wird zu einer Verzerrung dessen führen, was Gott als Bestes für sie vorgesehen hat.

Heute will jeder »befähigt« sein. Da ist es dann schon richtig, Ihre Kinder zu befähigen, das Haus eines Freundes zu verlassen, wenn dort schlechte Filme gezeigt werden oder man Alkohol konsumiert und Ähnliches. Unsere Kinder brauchen unsere Unterstützung und die Fähigkeit, sich von den Versuchungen und Anfechtungen der Welt abzuwenden.

6. *Üben Sie geistliche Disziplin.* Beten Sie, beten Sie, beten Sie! Schulen Sie sich im Wort Gottes; es wird Ihr Herz und Denken in Jesus Christus bewahren. Schließen Sie nicht Ihre Bibel, ehe Sie etwas daraus entnommen haben, was Ihre Seele für den Tag erfüllt. Ich schätze mich glücklich, Eltern gehabt zu haben, die regelmäßig für mich gebetet haben. Außerdem habe ich als Pastor immer Gebetspartner besessen, die für mich gebetet haben, denn sie wussten, dass ich ihre Unterstützung und Gebete brauchte. Innerhalb der Gemeinde müssen wir andere um Hilfe bitten, damit sie für uns beten und auch zu Vertrauten werden, denen gegenüber wir uns öffnen und mitteilen.

Im Jahre 1635 ritt ein arabischer Stammesführer namens »Farras, der Reiter« durch die Wüste. Er führte eine große Herde Pferde mit sich. Plötzlich erspähte er am Horizont einen Wasserlauf. Die Herde, die vor Durst fast umkam, brach in wilde Panik aus und rannte auf den Strom zu. Farras prüfte den Gehorsam der Tiere, indem er laut ins Horn blies und damit das Zeichen zur Schlacht gab. Nur fünf Pferde dieser großen Herde hielten abrupt inne, machten kehrt und kamen zurück, um dem Ruf zu folgen. Diese fünf Stuten, so erzählt die Geschichte weiter, wurden zum Grundstock der weltberühmten Araberpferde.

Unsere Nation eilt mit Volldampf und wie wahnsinnig auf eine Fata Morgana zu. Selbst in den Gemeinden sind wir von der Suche nach

Unterhaltung und Zerstreuung erfasst worden. Dieses Herumirren raubt uns unsere Zeit und schwächt unsere Liebe zu Gott. Der Allmächtige hat die Alarmglocke läuten lassen; er hält nach den wenigen Ausschau, die sich zu ihm kehren und für ihn unter großem persönlichem Einsatz und ungeachtet der Anfechtungen und Forderungen unserer Kultur einstehen.

Werden wir bei denen sein, die seinem Ruf folgen?

Anmerkungen

1. Robert G. DeMoss Jr., *Learn to Discern* (Grand Rapids: Zondervan, 1992), S. 9. (Viele Anregungen zur Frage, wie wir den Einfluss der Medien in unseren Heimen steuern, stammen aus diesem sehr nützlichen Buch.)
2. Death by Entertainment: *How the Media Manipulates the Masses* (Hemet, Kalifornien: Jeremiah Films, 2000) Videofilm.
3. Andrew Fletcher of Saltoun, »An Account of a Conversation Concerning a Right Regulation of Government of Mankind. In einem Brief an den Marquis de Montrose« (1704), in: *Political Works* (1732), 7. Ausgabe.
4. De Moss, *Learn to Discern*, S. 12.
5. *Death by Entertainment.*
6. Richard Keyes, zitiert nach Donald Dunn, *Surviving Friendly Fire* Nashville: Thomas Nelson, 2001), S. 76.
7. De Moss, *Learn to Discern*, S. 86.
8. Ebd., S. 89.
9. Ebd., S. 100.
10. Ebd., S. 103.
11. Ebd., S. 108.

KAPITEL 7

Wenn man das Äußere beurteilt ...

In welchem Verhältnis stehen Schönheit und Glück?

Wie attraktiv müssen Sie sein, bevor Sie das Recht beanspruchen dürfen, »mit sich selbst zufrieden zu sein«? Und was können Sie erwarten, falls Sie mit einem ziemlich durchschnittlichen Aussehen oder einer körperlichen Einschränkung oder Behinderung geboren sind? Gibt es eine Verbindung zwischen Schönheit und Glück?

Unsere Kultur beantwortet diese Fragen entschieden: Wenn Sie Akzeptanz und eine glückliche Ehe erwarten, sollten Sie besser gut aussehen! Sollten Sie Pech gehabt haben, weil Sie ohne das Geschenk der Schönheit auf den Planeten Erde gekommen sind, sollten Sie dem schleunigst ein wenig nachhelfen. Sonst könnte es Ihnen passieren, dass Sie auf dem Schrotthaufen der Menschheit landen. Es geht nicht darum, wer Sie *sind*, sondern wie Sie *aussehen*.

»Niemand hat meine guten Noten und meine ganzen Leistungen bemerkt, bis ich Brustimplantate bekam«, äußerte eine Frau. »Jetzt falle ich Männern auf. Ich wusste, dass ich ohne Schönheit nicht glücklich werden konnte.«

»Für mich war Schönheitschirurgie wie die Bekehrung zu einer neuen Religion. Sie verlangte die gleiche Verpflichtung und entsprechende Opfer«, stellt eine etwa dreißigjährige Frau rückblickend fest. »Aber das war es wirklich wert«, sagt sie, nun da sie ihren durch unzählige Eingriffe erschaffenen Wunschkörper besitzt. »Es ist mein Körper. Deshalb kann ich damit tun, was immer ich möchte ... Wenn ich eine bestimmte Vorstellung von meinem Traumkörper habe, habe ich das Recht, diese auch zu verwirklichen.«

Nun hört man bereits von einem Mittel, das kosmetischen Zwecken dienen soll und per Injektion verabreicht wird. Man sagt, dass dieses Mittel wahre Wunder auf den Gesichtern Amerikas vollbringen wird. Dieses Mittel verspricht, dass Falten bald wie abgebrochene oder verfärbte Zähne der Vergangenheit angehören. Es ist bei Schauspielern sehr beliebt, wirkt aber auf das mimische Ausdrucksvermögen geradezu verwüstend. Etliche sagen, dass es unmöglich sei, einen Schauspieler zu finden, der noch wirklich Wut mimisch darstellen kann! Ein Mittel für all die, die sich weigern zu altern.

Diätprogramme umschmeicheln uns. Wir lassen uns darauf ein, allerdings weniger aus gesundheitlichen Motiven. Vielmehr treibt uns das Bedürfnis, einen schönen Körper zu haben, so dass wir uns »mit uns selbst zufrieden fühlen«. Sicherlich hat die Begeisterung für körperliche Ertüchtigung auch große Vorteile. Viele schließen sich derartigen Trends aber nur deshalb an, weil sie ihren Körper ranker, schlanker und anziehender trimmen möchten. Selbstverständlich ist es gut, richtig zu essen, Sport zu treiben und unser Äußeres zu pflegen. Was ich aber standhaft ablehne, ist die in unserer Kultur anzutreffende Überbetonung von körperlicher Schönheit zulasten einer Vernachlässigung der gewichtigeren, geistlichen Fragen.

Da stimmt doch etwas grundsätzlich nicht mit unseren Werten, wenn sich junge Frauen zu Tode hungern, weil sie dünn aussehen wollen. »Gerade richtig« auszusehen, wird zu einer solchen Besessenheit, dass viele den Boden der Tatsachen verlassen und unfähig werden, Informationen mit auch nur einem Minimum an Objektivität zu verarbeiten. Sie sind so auf ihren Körper fixiert, dass sie sich anders wahrnehmen, als andere es tun. Ich kenne eine Frau, die dünn war, ja am Rande des Verhungerns. Wenn sie jedoch in den Spiegel blickte, sah sie sich als hoffnungslos übergewichtig. In unserer image-besessenen Welt ist es so, dass einige junge Leute buchstäblich »sterben«, um »schlank und dünn zu sein«. Wir haben aus dem »Dünn-Sein« einen Kult, einen regelrechten Wahn gemacht.

Da darf der Begriff *Anorexie* nicht fehlen.

Jemand nannte Anorexie einmal das Verhungern in einem Land des Reichtums. In Amerika kämpfen sieben Millionen Mädchen und eine Million Jungen mit Esstörungen. Besonders die jungen Frauen entwickeln eine Besessenheit in punkto Gewicht und verabscheuen sich selbst für ihre Anorexie, also Magersucht. Wenn sich Anorexie einmal herausgebildet hat, ist sie von allen Esstörungen die am schwierigsten zu behandelnde. Sie zieht von allen psychiatrischen Krankheiten die meisten Todesfälle nach sich. Peter Rowan schreibt:

»Anorexie ist ein Problem in der westlichen Zivilisation, ein Problem des Wohlstands. Es handelt sich dabei um die Frage, wie man im Regen durstig sein kann. Anorexie ist sowohl das Ergebnis der kulturellen Regel als auch der Protest dagegen, dass junge Frauen schön sein müssen. Am Anfang strebt eine junge Frau danach, dünn und schön zu sein. Nach einer Weile entwickelt die Anorexie jedoch ein Eigenleben. Durch ihr Verhalten teilt ein solches Mädchen der Welt mit: »Schau her, wie dünn ich bin, sogar dünner als du mich je haben wolltest. Du wirst mich nicht dazu bringen, mehr zu essen. Ich habe die Kontrolle über mein Schicksal, selbst wenn das Schicksal im Verhungern liegt.«[1]

Frauen wissen, das Männer besser sehen als denken können. Deshalb schleppen sie in einer Kultur, die nur zu oberflächlichen Urteilen fähig ist, eine untragbare Last mit sich herum. »Wenn man körperliche Schönheit der Intelligenz gegenüberstellt, erhalten Frauen hier einen Bonus von 100 zu 1«, gibt der Psychologe Dr. Rex Beaber zu bedenken.[2]

Wer ist an dieser Besessenheit, was die körperliche Erscheinung angeht, Schuld? Gewiss tragen Fernsehen und Filme teilweise zu dem Problem bei, weil sie diesen falschen Standard verherrlichen. Die Fernsehserien zeigen die schönen Menschen dieser Welt, die ein oder zwei Prozent, die mit einer wunderbaren Zusammenstellung der Gene geboren wurden. Die übrigen von uns – die restlichen mehr als neunzig Prozent etwa – entsprechen nicht diesem Ideal.

In jüngster Zeit gibt es verschiedene sogenannte Reality-TV-Sendungen. Hier treffen sich junge Männer und Frauen zum ersten Mal und versuchen innerhalb weniger Stunden einzuschätzen, ob diese Begegnung eine Basis für eine spätere Romanze ist. Auch an diesen Programmen dürfen nur gutaussehende Leute teilnehmen. Damit stabilisiert sich der Mythos, dass der erste Eindruck unbedingt verlässlich ist und dass Attraktivität ein Auswahlkriterium ist. Derart künstliche Standards für eine Liebesbeziehung schädigen Heranwachsende.

Bob DeMoss spricht von dem Vorteil für die Werbeprofis, dass wir alle bei jedem Blick in den Spiegel die am Selbstbild nagende Botschaft empfangen: *Du siehst nicht gut genug aus!* Natürlich liegt die Antwort schon parat: Sie bedürfen irgendeiner Art von Aufbesserung. Die Kosmetikindustrie lässt sich schon etwas Neues einfallen, um Sie schön aussehen zu lassen. Wehe denen, die sich diese »Gelegenheiten« entgehen lassen. Die Werbespots reduzieren Frauen auf das, was Madonna »ein Spielzeug für Jungs« nannte.[3]

In einem Zeitalter, das vom Sex besessen ist, sollten wir uns nicht wundern, dass sich in unserer Kultur alles um den Körper dreht. Wir erleben den Schönheitskult. Wenn Sie im Badeanzug nicht gut aussehen, zählen Sie nicht; da können Sie sich wohl gleich damit abfinden, dass Sie nur zweitklassiges Niveau haben. Wenn ein heranwachsendes Mädchen nicht wie Jennifer Lopez aussieht, oder ein Junge keine starke Ähnlichkeit mit Brad Pitt oder vergleichbaren Männern hat, so sind diese jungen Leute mit tödlichen Makeln behaftet, die ihr weiteres Schicksal auf Zurückweisungen und Peinlichkeiten reduzieren. So leidet diese Nation denn auch an etwas, was James Dobson »eine Epidemie von Minderwertigkeit« nennt.

Chuck Swindoll schreibt über die Gefühle, mit denen sich ein heranwachsendes Mädchen abplagt, wenn sie sich mit diesem falschen Standard vergleicht:

»Der kleinste Fleck gibt ihr Gewissheit, dass sie kurz davor steht, von Lepra befallen zu werden. Und Kleider? Das ist der tägliche Nervenzusammenbruch pur. Und dann hat sie auch noch diesen Körper, der sich einfach nicht richtig entscheiden kann, wie er denn nun aussieht. ... Nicht zu vergessen die Mitschüler und die Werbebotschaften in der Straßenbahn und in den Zeitschriften im Ständer, die sich alle zu einer Art geheimen Verschwörung verbünden. Und wozu? Um das einst lebensfreudige kleine Mädel davon zu überzeugen, dass sie schrecklich übergewichtig und abgrundtief hässlich ist. Verdammt zu einem Leben voller peinlicher Situationen gibt es für dieses Mädchen keine Hoffnung.«[4]

Aber machen wir uns doch bitte selbst nicht vor, dass nur Heranwachsende dem Druck ausgesetzt sind, ein unerreichbares Schönheitsideal zu verwirklichen. Auch Erwachsene werden von dem Wirbel um Äußerlichkeiten mitgerissen. Die kosmetische Chirurgie ist eine milliardenschwere Industrie, bei der Leute aller Größen und Formen körperliche Korrekturen und Eingriffe über sich ergehen lassen. Sie hoffen, dass sie dadurch das Gefühl der Zurückweisung loswerden können, das alle die erleben, die einfach nicht den propagierten Idealen entsprechen. Wie Dobson sagt: »Wir behalten unser Lob und unsere Bewunderung den wenigen Auserwählten vor, die bei ihrer Geburt mit den Merkmalen gesegnet wurden, die wir am meisten schätzen.«[5] Bei einem niedlichen, hübschen Kind reagieren wir alle anders als bei einem durchschnittlichen, vielleicht etwas unattraktiven Kind. In jungen Jahren schon wissen Kinder, ob sie abgewertet werden. Das schöne Kind erlebt die Welt als liebevoll und annehmend, während das hässliche Entlein die Welt als grausam und abweisend wahrnimmt.

Warum nun diese Besessenheit, was das eigene Äußere angeht? Wir werden mit einem gottgegebenen Wunsch nach Bedeutung geboren. Da wir verzweifelt die Anerkennung der anderen Menschen suchen, werden wir uns bemühen, ihren Standards der Akzeptanz zu entsprechen. Und in einer Kultur, die Schönheit über Leistung und Charakter stellt, werden wir alles unternehmen, um diese Standards zu erfüllen.

Heutzutage ist Schönheit, wie Dobson formuliert, »die Goldwährung menschlichen Wertes.« Wenn mir Ihr Äußeres gefällt, steigt Ihr Wert; wenn an Ihnen nichts Besonderes ist, fallen die Aktien.

Den Charakter eines Menschen einzuschätzen, ist ungleich schwieriger als die Beurteilung seines Äußeren. Uns macht es ungeduldig, eine Person erst einmal kennenzulernen und von ihren Träumen, Werten und Vorstellungen zu erfahren. Wenn Sie von daher nicht gerade ein hübsches Gesicht und körperliche Symmetrie besitzen, wenn Ihre Kurven eher Winkeln gleichen und Ihre Nase zu lang im Verhältnis zum übrigen Teil des Gesichts ist, sind Sie nicht das, wonach Leute suchen. Ob Sie es nun mögen oder nicht, wir werden mithilfe dieses weltlichen Standards beurteilt.

Wie oberflächlich!

Der Schönheitswahn ist gegenüber einem nett aussehenden Kind unfair, denn es erhält unverdiente Aufmerksamkeit, ohne dass man sein Wesen kennt. Attraktive, junge Frauen werden ausgesucht und von jungen Männern missbraucht, die ihre sexuellen Begierden befriedigen. Es ist nicht übertrieben, wenn wir sagen, dass Schönheit ein Fluch sein kann. Ein Fahrschein geradezu für eine Lebensreise, auf der nur oberflächliche Werte und Sinnlichkeit zählen.

Dieser Standard ist auch gegenüber der großen Mehrheit von uns unfair, denn wir entsprechen einfach nicht den weltlichen Schönheitsidealen. Dobson schreibt hierzu: »Wie unfair ... ein Kind für etwas zu belohnen, was es selbst nicht geleistet hat, oder schlimmer noch, es wegen Umständen zu vernichten, die außerhalb des eigenen Einflussbereichs liegen.«[6] Wie jedes Kind weiß, hat die durchschnittlich aussehende Person keine Chance in den Miss America Wettbewerben; die etwas weniger hübschen Mädchen werden nicht sogenannte Cheerleaders bei Sportkämpfen; Mädchen, die nicht besonders aussehen, haben weniger Freunde und heiraten unter Umständen gar nicht.

Kein Angriff ist so mächtig wie der Angriff auf unser Ich. Das Selbstbild macht den Kern dessen aus, wer wir sind. Wenn Sie also davon überzeugt werden können, dass Sie zu den schmachvollen Exemplaren der Menschheit gehören; wenn Sie der Ansicht sind, dass

Sie so furchtbar aussehen, dass man Sie nicht liebt und Sie auch nichts Liebenswertes besitzen, dann werden Sie sich in das Schneckenhaus Ihres eigenen negativen Denkens zurückziehen. Sie werden sich dann niemals frei fühlen, um irgendetwas Bedeutsames für Gott zu tun. Das »ungesegnete« Kind kann sich nicht erklären, warum es so aussieht; ihm fehlt die Möglichkeit, sich zu verteidigen. Es sieht einfach so aus, wie es aussieht, und das ist alles.

Als Christen müssen wir uns einen anderen Standard zunutze machen. Wir müssen den oberflächlichen Werten unserer Kultur den Krieg erklären und nach einer anderen Pfeife tanzen. Wir müssen eine andere Richtschnur zur Beurteilung anlegen – sei es bei der Erziehung unserer Kinder oder der Begegnung mit Menschen. Dieses Kapitel versucht, Antwort darauf zu geben, wie wir ein ausgewogenes Verhältnis zwischen dem richtigen Umgang mit dem Körper einerseits und der Rolle des Charakters andererseits herstellen. Wir werden uns mit Fragen wie den folgenden beschäftigen:

- Welche Rolle soll den körperlichen Merkmalen bei der Definition unseres Ichs zukommen?
- Ist Schönheitschirurgie immer der falsche Weg?
- Wie sieht es mit dem sogenannten »body piercing« aus, oder mit Tätowierungen?
- Wie können wir unsere Körper zur Verherrlichung Gottes einsetzen?
- Was können wir tun, um uns der Betonung der oberflächlichen Werte unserer Kultur zu widersetzen?

Als Christen lehnen wir Platons Gedanken ab, dass das Fleisch in sich böse ist, und der Körper die Seele gefangen hält. Wegen der Gefallenheit des Menschen hat die Sünde Leib, Seele und Geist verschmutzt. In unserer endgültigen Erlösung aber werden wir vollständig wiederhergestellt – den Körper eingeschlossen. Paulus betete: *»Er selbst aber, der Gott des Friedens, heilige euch völlig; und vollständig möge euer Geist und Seele und Leib untadelig bewahrt werden bis zur Ankunft unseres Herrn Jesus Christus!«* (1 Thes 5,23).

Obwohl sich Leib und Seele beim Tod trennen, kann diese Spaltung nicht fortbestehen. Beim Tod zeigen wir Achtung vor dem menschlichen Körper und legen ihn mit Liebe in die Erde, wohlwissend, dass er eines Tages wieder zu neuem Leben erstarken wird. Zum Zeitpunkt der Auferstehung wird unser Leib mit der Seele und dem Geist verbunden, so dass wir vollständig und ganz sein dürfen. Die Bibel ist weit davon entfernt, den menschlichen Körper herabzusetzen, vielmehr weist sie ihm einen Ehrenplatz zu. Ja, bei der Fleischwerdung hat der Sohn Gottes selbst einen menschlichen Körper angenommen, den er nun im Himmel hat und für immer besitzen wird.

Eine schriftgemäße Sicht des Körpers

Der biblische Bericht hierzu ist sowohl einfach als auch grundlegend. *»Da bildete Gott, der Herr, den Menschen aus Staub vom Erdboden und hauchte in seine Nase Atem des Lebens; so wurde der Mensch eine lebende Seele«* (1Mo 2,7). Der Mensch wurde aus Erde erschaffen, so dass er sich mit diesem irdischen Dasein identifizieren konnte; er erhielt aber auch einen Geist, durch den er mit Gott Verbindung aufnehmen konnte. Dieser Schöpfungsakt ist der Ausgangspunkt für eine schriftgemäße Sicht des Körpers.

Gott erschuf den menschlichen Körper

Sich selbst zu akzeptieren, also so anzunehmen, wie Gott uns erschuf, ist die Grundlage für Wohlergehen und geistliche Entwicklung. Selbst die schönen Leute, von denen wir vorhin sprachen, haben Vorbehalte und Selbstzweifel, wenn sie sich im Spiegel betrachten. Wir haben uns wohl alle schon einmal gefragt, wo Gott war, als wir »zusammengebaut« wurden. Wir können in unserem Leben mit Gott keinerlei Fortschritte machen, solange wir nicht mit unserem Äußeren Frieden schließen, d.h. es in Dankbarkeit annehmen.

Die Basis einer solchen Selbstakzeptanz ist das sichere Wissen, dass wir von Gott erschaffen wurden, gemäß seinem Plan im Bauch unserer Mutter.

»Denn du bildetest meine Nieren.
Du wobst mich in meiner Mutter Leib.
Ich preise dich darüber, dass ich auf eine erstaunliche,
ausgezeichnete Weise gemacht bin.
Wunderbar sind deine Werke,
und meine Seele erkennt es sehr wohl.
Nicht verborgen war mein Gebein vor dir,
als ich gemacht wurde im Verborgenen,
gewoben in den Tiefen der Erde.
Meine Urform sahen deine Augen.
Und in dein Buch waren sie alle eingeschrieben,
die Tage, die gebildet wurden,
als noch keiner von ihnen da war.«
(Ps 139,13-16)

Es gibt überhaupt keinen Zweifel daran, dass Gott einen Fötus als Baby ansieht, denn er sprach vom Propheten Jesaja, bevor dieser geboren wurde: *»Der Herr hat mich berufen vom Mutterleib an, hat von meiner Mutter Schoß an meinen Namen genannt«* (Jes 49,1). Ja, der Prophet bestätigte, dass Gott ihn im Mutterleib formte (44,4). Die Auswirkungen von Gottes direktem Eingreifen bei unserer Erschaffung sind für unser Verständnis wichtig.

Danach werden wir mit »Unveränderlichkeiten«, wie Bill Gothard sie nennt, geboren. Dies sind Merkmale, über die wir keine Kontrolle haben.[7] Gewisse Basiselemente wurden von Gott für mich ausgewählt, und ich muss sie als Teil seiner klugen und liebenden Fürsorge akzeptieren. Wenn er irgendeinen von uns wie Cindy Crawford oder Robert Redford hätte aussehen lassen wollen, hätte er uns genau so schaffen können; allem Anschein nach war dies aber nicht seine Absicht, und darin müssen wir Frieden finden.

Was sind einige dieser »Unveränderlichkeiten«?

Erstens: Die Merkmale Ihres Körpers sind gottgegeben. Natürlich haben Kinder eine unheimliche Ähnlichkeit mit ihren Eltern, aber wir müssen uns in Erinnerung rufen, dass auch diese von Gott geschaffen wurden. Durch sie hat Gott Ihre Größe, die Farbe Ihrer Augen, Ihre

Füße, das Hörvermögen, Ihr Haar usw. festgelegt. Nun mag es sein, dass wir einige dieser Merkmale veredeln oder sie nach bester Kraft verändern möchten (der Wechsel der Haarfarbe ist wahrscheinlich am leichtesten herbeizuführen). Indessen bleibt das Rohmaterial, die Grunddaten, eine gegebene Größe. Wir müssen sagen:»Ich danke Dir, Vater. Ich akzeptiere meine körperlichen Merkmale aus deiner klugen und liebenden Hand.«

Drückt sich in unserer modernen Besessenheit nach Auf- und Nachbesserung unserer Merkmale nicht eine verborgene Rebellion gegen Gott aus? In einer Zeitung lesen wir folgende Anzeige:»Hier stellen wir Ihnen die Augen vor, mit denen Sie am liebsten schon geboren worden wären!« Was spricht gegen die Annahme, dass Gott uns eine andere Augenfarbe gegeben hätte, wenn es sein Plan gewesen wäre? Mein Punkt ist nicht der, dass kosmetische Chirurgie immer falsch ist. Auch sage ich nicht, dass es Sünde ist, einen schlanken Körper erreichen zu wollen. Vielmehr kommt es mir darauf an, die eitle Motivation, die oft hinter solchen »Verbesserungen« steht, sichtbar zu machen. Sie steht im Widerspruch zu Willen und Absicht des Schöpfers.

Zweitens: Unsere Aufgliederung in verschiedene Rassen, die Hautfarbe miteingeschlossen, wurde von Gott vorgenommen. Die Geschichte der Welt hat viele Kriege zwischen den Rassen gesehen; die eine Rasse glaubt, eine andere müsste ihr dienen. Dieser Konflikt zieht Gefühle der Überlegenheit oder Unterlegenheit nach sich. Die Bibel würde bejahen, dass niemand seinen eigenen rassischen Hintergrund verwerfen sollte, da das Merkmal der Rasse ein Geschenk Gottes an die menschliche Familie ist. Es mögen die gesegnet sein, die sich darüber freuen, wer sie sind. Das beinhaltet, dass sie nicht danach trachten, sich über andere zu erheben. Ebenso ist darin eingeschlossen, dass sie sich nicht wegen ihrer Rassenzugehörigkeit abgeurteilt fühlen.

Drittens: Gott hat unseren Beschränkungen, Fehlern und Missbildungen Grenzen gesetzt. Als Mose sich beschwerte, dass er nicht nach Ägypten zurückkehren wollte, weil er eine »unbeholfene Zunge« habe (möglicherweise ein Sprachfehler), erklärte Gott: *»Wer hat dem*

Menschen den Mund gemacht? Oder wer macht stumm oder taub,
sehend oder blind? Nicht ich, der HERR?« (2Mo 4,11).

Nun fragen Sie vielleicht: Warum erschuf mich Gott mit einer
Behinderung? Oder: Warum hat er mir begrenzte geistige Fähigkeiten
gegeben? Wir müssen auch das als Teil seines göttlichen Willens und
als seine weise Absicht annehmen. Es heißt natürlich nicht, dass wir
denen nicht beistehen sollen, die mit Missbildungen auf die Welt
gekommen sind. Denn natürlich ist uns klar, dass die Sünde Gottes
Schöpfung verdorben hat. Die Tatsache, dass Jesus viele geheilt hat,
ist Beweis dafür, dass wir alles Notwendige tun sollten, um unsere
körperlichen Bedingungen zu verbessern. Diejenigen aber, die sich
gegen Gott wenden, weil ihre Einschränkungen nur sie selbst
verletzen, verwerfen den souveränen Plan Gottes.

Die letzte »Unveränderlichkeit«, die ich besprechen möchte, betrifft
Gottes Vorauswahl unseres Geschlechts. Ja, er war es, der festlegte,
dass Sie und ich Mann oder Frau wurden. Es ist für mich völlig
unbestreitbar, dass Operationen zur Geschlechtsveränderung ein
Angriff auf das Bild Gottes sind, das er in jedem menschlichen Wesen
formte. Er ist es, der uns erschuf, als »männlich und weiblich«. Wer
also sein Geschlecht verändert, rebelliert damit gegen den Schöpfer.
In den Zeiten des Alten Testaments war es verboten, sich wie das
andere Geschlecht zu kleiden (5Mo 22,5).

Wir wagen es nicht, uns auch nur vorzustellen, dass der Allmächtige einen Fehler beging, als er Männer als Männer erschuf und
Frauen als Frauen. In verschiedenen Kulturen werden Frauen
verachtet und versklavt. Natürlich kann es gut sein, dass eine Frau sich
unter diesen Umständen wünscht, sie wäre als Mann geboren.
Dennoch: Gesegnet ist die, die das ihr von Gott gegebene Geschlecht
akzeptieren kann, auch wenn sie nicht die Ungerechtigkeit ihrer Kultur
stillschweigend erdulden kann (ebenso wenig wie wir).

Wenn wir Gottes Rolle in der Schöpfung akzeptieren, hilft es uns,
uns gegenseitig ohne Vorurteile oder Verlegenheit anzunehmen. Wenn
ich Sie wegen Ihrer Zugehörigkeit zu einer bestimmten Rasse ablehne,
rebelliere ich gegen den Gott, der Sie geschaffen und dieses Merkmal
für Sie ausgesucht hat. Ich erdreiste mich also zu sagen: »Gott wusste

nicht, was er tat, als er Sie schwarz und mich weiß machte.« Rassismus ist von der Wurzel her ein Überlegenheitsgehabe, das Gott beleidigt; und dabei ist Rassismus sogar noch mehr: Aufstand gegen Gott. Wir sollten alles tun, was in unserer Macht steht, um all die anzunehmen und ins Boot zu holen, die nicht den künstlichen Schönheitsidealen entsprechen, die die Welt mit so viel Enthusiasmus predigt. Wir sollten uns nicht an Leuten stören, nur weil sie anders sind als wir. Ganz im Gegenteil, wir sollten gerade dann unsere Hände nach den Menschen ausstrecken, die anderer Rasse, sozialer Klasse und Prägung sind. Jeder Einzelne ist nach dem Bilde Gottes geschaffen; jeder ist für Gott und auch für uns wertvoll.

Eltern, ich muss Sie fragen: Ist es Ihnen peinlich, dass ihr Kind nicht einem künstlich geschaffenen Ideal menschlicher Werte entspricht? Zweifeln Sie an Ihrem eigenen Wert, nur weil Ihr Kind nicht schön genug aussieht, nicht intelligent genug ist, oder eine Behinderung hat? Nur die Menschen, die sich sicher darin fühlen, wie Gott sie gemacht hat, haben die nötige Qualifikation, um andere so zu akzeptieren, wie Gott sie gemacht hat. Wie Dobson sagt, reicht es nicht aus, dass Sie Ihr Kind lieben. Sie müssen es auch respektieren.[8]

In seinem Buch *What Kids Need Most In A Dad* (Was Kinder vor allem von ihren Vätern brauchen) schildert Tim Hansel die Geschichte eines Teenagers, dessen Gesicht zu einem großen Teil mit einem auffälligen Muttermal gezeichnet war. Seine Selbstachtung schien positiv ausgeprägt; er kam gut mit Mitschülern zurecht und war beliebt. Er litt überhaupt nicht an Komplexen wegen seines Aussehens. Jemand fragte ihn, wie dies sein konnte.

Der Teenager lächelte und erklärte: »Als ich noch sehr klein war, begann mein Vater damit, mir zu erzählen, dass ich das Muttermal aus zwei Gründen trug. Der eine war der, dass mich genau dort ein Engel geküsst hatte. Der zweite Grund hatte mit der Absicht des Engels zu tun. Er hatte mich geküsst, damit mich mein Vater aus einer Menschenmasse immer leicht herausfischen konnte.« Der Junge fuhr fort: »Papa erzählte mir das so viele Male mit so viel Liebe, dass ich beim Heranwachsen tatsächlich Mitleid mit den Kindern empfand, die nicht in gleicher Weise von einem Engel geküsst worden waren.«[9]

In einem Buch zum geistlichen Unterscheidungsvermögen sollte ich wohl darauf hinweisen, dass die Theologie des Vaters nicht dem Buchstaben entsprechend korrekt war; sein Sohn wurde nicht von einem Engel geküsst. Aber seine Theologie war in einer anderen Hinsicht völlig richtig: Muttermale (oder wie auch immer wir unsere körperlichen Beeinträchtigungen nennen) sind nicht ein Urteil Gottes; sie sind kein Fluch, sie können zu einem Segen werden, wenn wir sie aus den Händen unseres liebenden himmlischen Vaters entgegennehmen. Was andere verachten, will Gott gerne ehren; diejenigen, die nicht mit Schönheit bedacht wurden, können dennoch mit einem Überfluss an göttlicher Gunst und Gnade gesegnet sein.

Gott möchte uns zu der Erkenntnis bringen, dass wir nicht mit ihm darüber streiten sollen, wie er uns gemacht hat. Er will, dass wir in der Lage sind, in den Spiegel zu schauen und dort das Geschöpf zu sehen, das er in seiner Weisheit und Liebe geformt hat. *»Weh dem, der mit seinem Bildner rechtet – ein Tongefäß unter irdenen Tongefäßen! Sagt etwa der Ton zu seinem Bildner: Was machst du? Und was sagt dein Werk von dir: Er hat keine Hände?«* (Jes 45,9).

Gott hat den Leib erlöst

»Oder wisst ihr nicht, dass euer Leib ein Tempel des Heiligen Geistes in euch ist, den ihr von Gott habt, und dass ihr nicht euch selbst gehört? Denn ihr seid um einen Preis erkauft worden. Verherrlicht nun Gott mit eurem Leib« (1Kor 6,19-20). Als wir der Sünde verfielen, traf Gott die Wahl, uns zu erlösen. Dabei kannte er unsere Lage genau und auch die Kosten, die wir ihm verursachten. Wir wurden, wie Paulus sagte, *»zu einem Preis erkauft.«* Starb Jesus für Körper, Geist und Seele? Ein klares Ja. Er erkaufte uns in unserer Gesamtheit. Unser vollständiges Erbe erwartet den Tag der Wiederauferstehung.

Wir waren früher Gottes Eigentum, weil er uns erschuf. Wir gehören nun ihm, weil er uns erlöste. Wir sind gewissermaßen »zweimal Gottes Besitz«, denn wir können nichts selbst beanspruchen. Die Auswirkungen dieser Aussagen sind eindeutig: Wir haben nicht

das Recht zu einer Behauptung wie: »Das ist mein Körper, ich kann
damit tun, was ich will.« Ich habe an meinem Körper genauso viel
Recht wie an dem Geld, das mir ein Freund geliehen hat. Auch dieser
erwartet Zinsen von seiner Investition. Das Geld gehört nicht mir. Ich
kann damit nicht tun, was mir gefällt. Ebenso wenig ist mein Körper
mein Eigentum, mit dem ich machen kann, was ich möchte.

Wenn wir geboren werden, befinden wir uns bereits auf der Reise
in den Tod. Dies muss als Teil des von Gott verfügten Plans hin-
genommen werden. Zeichen des Älterwerdens erinnern uns daran,
dass unsere Tage endlich und begrenzt sind, und wir unser Herz der
Weisheit zukehren sollten. *»Das graue Haar ist eine prächtige Krone,
auf dem Weg der Gerechtigkeit findet man sie«* (Spr 16,31). Die
heutige Vergötterung der ewigen Jugend und Schönheit ist der
Versuch des modernen Menschen, den Alterungsprozess zu leugnen.
Etliche übertreiben diese Leugnung ins Maßlose, wie eine Frau es uns
anschaulich vor Augen führt. »Ich habe eine Million Dollar ausge-
geben. Meinem Mann habe ich gesagt, er soll auf jeden Fall dafür
sorgen, dass ich eine Gesichtsstraffung im Sarg erhalte. Ich möchte
gut aussehen, bis ich von der Bildfläche verschwinde und man mich
nie wiedersieht.«

Kosmetische Chirurgie ist nicht per se sündhaft; wir erkennen die
Leistung der Mediziner, die missgebildeten Kindern operativ geholfen
haben an; wir können auch verstehen, dass manche Menschen ihr
Äußeres zum eigenen Wohlbefinden verändern müssen. Was wir aber
nicht gutheißen, sind die vielerlei Nach- und Aufbesserungen, die
vorgenommen werden, um an erotischer Ausstrahlungskraft zu
gewinnen. Als Christen können wir auch nicht die Veränderungen
billigen, die aus Eitelkeit erfolgen oder in dem Motiv gründen, dass
»dies mein Körper ist, mit dem ich tun kann, was mir gefällt«. Die
Kreatur gehört sich nicht selbst, sondern ihrem Schöpfer. Deshalb darf
sie auch nicht sein Besitzrecht beanspruchen.

Und wie verhält es sich mit dem sogenannten Piercing, mit
Tätowierungen und Ähnlichem? Einst waren Tätowierungen Symbole
für Rebellion. Sie wurden auf die Körper von Strafgefangenen und
Mitgliedern von Motorradbanden aufgetragen. Heute aber sind diese

Haut-Zeichnungen in die Massenkultur vorgedrungen. Die gegenwärtige Auffassung lautet, der menschliche Körper sei eine Leinwand, auf der man alles zeichnen könne, was man möchte. Wir leben in einer sadistischen, rebellischen Kultur, die zeigen will, dass sie den Körper entwerten und verderben kann. Die frühe Gemeinde hatte Recht, als sie Tätowierungen als Entheiligung des Körpers bezeichnete. Im Alten Testament lesen wir: *»Und einen Einschnitt wegen eines Toten sollt ihr an eurem Fleisch nicht machen; und geätzte Schrift sollt ihr an euch nicht machen«* (3Mo 19,28).

Kann ein Körper, der mit Tätowierungen übersät ist, Gott verherrlichen? Es gibt junge Leute, die diese Frage einmal bejahten, nun aber ihre Meinung ändern. Ich traf eine junge Frau, die mir sagte: »Ich würde alles dafür geben, diese Tätowierungen wegzubekommen. Leider lassen sie sich aber nicht mehr entfernen. Die Tätowierungen wurden angefertigt, bevor ich Jesus als meinen Erlöser annahm. Nun sind sie für mich eine Erinnerung an mein früheres Leben, das mir der Herr vergeben hat. Ich betrachte sie als meine ›Zeichen der Gnade‹.« Ja, sie können zu Zeichen der Gnade werden.

Seit den Frühzeiten schon tragen Frauen Ohrringe. Heute gibt es nicht nur Ohrringe für Männer, sondern auch Nasen-, Lippen- und Nabelringe. Da macht es auch überhaupt nichts, dass von Zungenringen bekannt ist, dass sie dem Blutstrom Gift zuleiten und zu Furchen an den Zähnen führen. Neulich hörte ich im Radio, dass ein Junge aus dem Bundesstaat Nebraska den Rekord beim Piercing hält: Insgesamt hatte er, so weit ich mich erinnere, einhundertfünfunddreißig.

Ich beabsichtige mit meinen Aussagen nicht, ein definitives Ja oder Nein zu diesen modernen Trends abzugeben. Heute wird das Äußere ganz besonders betont, und viele Menschen gehen extrem weit, um aufzufallen. Meiner festen Überzeugung nach weisen diese Phänomene ganz eindeutig darauf hin, dass unsere kulturellen Werte nicht mehr auf Sicherheit beruhen. Diese Sicherheit gewinnen wir dadurch, dass wir Gott kennen und uns ihm als unserem Eigentümer beugen.

Es ist unsere Bestimmung, Gott mit unserem Körper zu verherrlichen

Gott erschuf unsere Körper als Träger seiner Eigenschaften: Liebe, Freude und Frieden, um nur einige wenige zu nennen. Er beabsichtigt, unsere Körper als Mittel zur Erreichung eines höheren Zwecks einzusetzen, nämlich: zur Bildung eines christlichen Charakters und zur Verbreitung des Evangeliums bis an die Enden der Erde. Wir sind seine Hände, seine Füße, seine Augen, seine Ohren. Ein Körper, der der Tempel des Heiligen Geistes ist, ist ein Körper, der als Gefäß brauchbar wird, als heiliger Ort, in dem Gott Wohnung bezieht. Aus diesem Grunde lehrte Paulus, dass der Körper nicht gut aussehen muss, um den ihm innewohnenden Schatz leuchten zu lassen. *»Wir haben aber diesen Schatz in irdenen Gefäßen, damit das Übermaß der Kraft von Gott sei und nicht aus uns«* (2Kor 4,7).

Unsere Körper sollten bescheidene Kleidung tragen, so dass wir ein glaubwürdiger Zeuge für Christus sein können (siehe 1Tim 2,9-10). Es sollte nicht unser Ziel sein, alle Blicke auf uns zu ziehen oder unseren Selbstwert von besonderen Dingen oder teuren Kleidungsstücken abzuleiten. Unsere Körper wurden im Mutterleib gemacht, um Gottes Diener zu sein (Jes 49,5). Und Gott zu dienen, ist eine Vollzeitbeschäftigung.

Kann ein Bodybuilder seinen Körper zur »Verherrlichung Gottes« einsetzen? Kommt drauf an. Ein junger Bodybuilder kam zu der folgenden Erkenntnis: »Ich musste das Bodybuilding aufgeben, weil ich wusste, dass ich es nur deshalb tat, um die Aufmerksamkeit auf mich zu lenken, nicht aber zur Verherrlichung Gottes.« Je inniger unsere Beziehung zu Gott ist, umso wahrscheinlicher werden wir wegen unserer Eitelkeiten gerügt.

Herausfordernde Konsequenzen

Wir haben gesehen, dass wir lernen müssen, unseren Körper aus der Hand unseres klugen und liebenden Schöpfers anzunehmen. Wir müssen uns gegen eine Kultur erheben, die den Körper verherrlicht und Menschen nach den Maßstäben von Schönheit und erotischer

Ausstrahlung beurteilt. Was können wir tun, um diesen gewaltigen Trends und Einflüssen entgegenzutreten?

Zuallererst müssen Eltern bewusst den Charakter im Gegensatz zum Äußeren stärker betonen. Als Samuel beauftragt wurde, einen König unter den Söhnen von Isai zu finden, stolzierten die sieben älteren Brüder selbstsicher an dem alternden Propheten vorbei. Doch der Heilige Geist gab keinen Hinweis darauf, dass einer von ihnen der zukünftige König sein sollte. Samuel war verblüfft und befragte den Herrn. Dann erhielt er eine Antwort, die jeder Christ – ob jung oder alt – beherzigen sollte: »*Sieh nicht auf sein Aussehen und auf seinen hohen Wuchs! Denn ich habe ihn verworfen. Denn der HERR sieht nicht auf das, worauf der Mensch sieht.* **Denn der Mensch sieht auf das, was vor Augen ist, aber der HERR sieht auf das Herz**« (1Sam 16,7, Hervorhebung durch den Autor).

Wir Eltern müssen Verhalten, Charakter und Treue stärken und belohnen. Wir müssen der heranwachsenden Generation ganz bewusst verdeutlichen, dass es wichtigere Dinge gibt als körperliche Merkmale und Eigenschaften. Wir müssen uns den jungen Leuten zuwenden, die mit der Angstvorstellung leben, dass sie beim »Geschlechterspiel« nicht beachtet werden. Wir selbst müssen überzeugend vorleben, dass es möglich ist, zu Gott eine so befriedigende Beziehung aufzubauen, dass wir getrost auf den Wettbewerb in der unfairen Welt körperlicher Schönheit verzichten können. »*Trügerisch ist Anmut und nichtig die Schönheit; eine Frau aber, die den Herrn fürchtet, die soll man rühmen*« (Spr 31,30).

Frauen sollten ihren Selbstwert nicht aus der Zahl der Männer ableiten, die ihnen Beachtung schenken, oder daraus, ob sie überhaupt jemand zur Kenntnis nimmt. Männer sollten ihren Selbstwert nicht über ihre Beliebtheit bei Frauen definieren. Letztlich gilt es, unsere Bedeutung daraus zu schöpfen, wer wir vor Gott sind. Wir müssen uns standhaft dagegen wehren, bei dem sehr heiklen Punkt der eigenen körperlichen Erscheinung in die Werte der Welt verstrickt zu werden. Wir müssen gewillt sein, Gott zu gefallen, selbst wenn dies einschließt, dass wir diejenigen enttäuschen, die uns am meisten bedeuten.

Unsere Gemeinden müssen Müttern helfen, die für ihre Kinder bescheidene Kleidung suchen. Unsere Jugendleiter und Lehrer dürfen nicht die begünstigen, die attraktiv aussehen; vielmehr ist es ihre Aufgabe, alle als Gleichwertige vor Gott zu behandeln. Jeder Einzelne von uns kann etwas bewirken, indem er bewusst die annimmt und ermutigt, die körperlich am wenigsten aufzuweisen haben. Bedenken Sie nur, was passieren würde, wenn sich jeder von uns ein oder zwei Leute aussuchen würde, um sie zu segnen und ihnen zur Seite zu stehen.

Gott bereitete für Jesus einen Leib, aber wie sah er auf der Erde aus? Seit vielen Jahrhunderten malen Künstler ihn so, wie sie sich ihn vorstellen. Dabei stehen ihnen keine Informationen zur Verfügung, mit Ausnahme des Wissens über die Kultur des Nahen Ostens und ihrer eigenen Vorstellungskraft. Trotzdem haben wir vielleicht tatsächlich einen brauchbaren Hinweis auf das Aussehen von Jesus, wenn wir die Beschreibung des Propheten Jesaja heranziehen. Wir entdecken dort, dass Jesus vermutlich sehr gewöhnlich aussah.

Lesen Sie nur einmal: *»Er hatte keine Gestalt und keine Pracht. Und als wir ihn sahen, da hatte er kein Aussehen, das wir Gefallen an ihm gefunden hätten«* (Jes 52,2). Wenn wir diese Beschreibung wörtlich nehmen, war Jesus kein attraktiver Mann. Es handelte sich bei ihm nicht um ein gutaussehendes Exemplar von Mann. Er war auffallend durchschnittlich, und vielleicht sogar – man möge mir vergeben, wenn ich dies nahelege – unattraktiv. Und dann natürlich, als er vor der Kreuzigung geschlagen worden war, wird uns auch mitgeteilt, dass er so schlimm zugerichtet war, *»so entstellt war sein Aussehen, mehr als das irgendeines Mannes, und seine Gestalt mehr als die der Menschenkinder«* (Jes 52,14).

Er wusste, dass seine Treue zum Willen des Vaters sehr viel wichtiger war als das Aussehen seines Körpers; Einschätzungen auf der willkürlichen Skala weltlicher Werte hatten für ihn keine Bedeutung – was zählte, war seine Ergebenheit gegenüber dem Willen des Vaters.

Dieser Körper – sein gewöhnlicher Körper – würde dazu gebraucht werden, einen Leprakranken zu berühren, ein Kind zu halten und die

Worte Gottes zu sprechen. Wir sehen, wie er über das Äußere hinaus in das Innere schaute; er wusste, dass zwischen äußerer Erscheinung und innerer Neigung oft eine große Lücke klafft. Sein Körper sollte es sein, mit dem er den Vater verherrlichen und die Erlösung für alle, die ihn annehmen, erkaufen würde. Dies würde der Körper sein, der die Lanze in seiner Seite aushalten und die Nägelmale in seinen Händen ertragen sollte.

Jesus erteilt der von unserer Generation betriebenen Vergötterung des Körpers eine klare Absage. Er lädt alle, die ihm folgen möchten, dazu ein, sich höhere Werte zu eigen zu machen, über das Körperliche hinaus zum Ewigen zu schauen und bei anderen darauf zu sehen, wer sie sind und nicht wie sie aussehen. *»Wir haben aber diesen Schatz in irdenen Gefäßen, damit das Übermaß der Kraft von Gott sei und nicht aus uns«* (2Kor 4,7). Wir müssen auf diesem Weg vorausgehen.

Anmerkungen

1. Peter Rowan, zitiert nach Mary Pipher, *Reviving Ophelia: Saving the Selves of Adolescent Girls* (New York: Ballantine, 1999), S. 174.
2. *People*, 30. Oktober 2000, S. 108.
3. Robert G. DeMoss Jr., *Learn to Discern* (Grand Rapids: Zondervan, 1992), S. 37.
4. Chuck Swindoll, *The Strong Family* (Portland, Oreg.: Multnomah, 1991), S. 118; zitiert in DeMoss Jr., *Learn to Discern*, S. 26.
5. James Dobson, *Hide or Seek* (Old Tappan, N.J.: Revell, 1974), S. 12.
6. Ebd., S. 17.
7. Bill Gothard, *Self-acceptance*, Institute in Basic Youth Conflicts, Oktober 1984, S. 4-6
8. Dobson, *Hide or Seek*, S. 51.
9. Tim Hansel, *What Kids Need Most in a Dad* (Tarrytown, N.Y.: Revell, 1989), S. 75.

KAPITEL 8

Wenn man Okkultes beurteilt ...

Wann wird Fantasie zur Realität?

Christen in Amerika fürchten sich vor dem Teufel größtenteils nicht mehr.

Es gab einmal eine Zeit, als die Leute noch wussten, dass der Teufel tatsächlich existiert und dass man ihm nicht über den Weg trauen kann. Heute ist es anders. Die Menschen bestätigen zwar noch nickend, dass es Satan und seine Gefolgschaft gibt. Sie glauben aber inzwischen ernsthaft, dass sie das von ihm beherrschte Gebiet ohne Vergeltungsmaßnahmen betreten können, und dass der Teufel höflich genug ist, sich von ihnen fernzuhalten – es sei denn, man würde ihn absichtlich herbitten.

Warum haben so viele Christen keine Angst vor dem Okkulten? Ich sehe hierfür insgesamt fünf Gründe.

Der erste ist der, dass Christen fälschlicherweise vermuten, dass okkulte Objekte, Spiele oder Geschichten keine Angst hervorrufen müssen, wenn man sie als Fantasie ausgibt. Solange man nicht an die Macht eines Ouija-Brettes glaubt, ist es ungefährlich. Solange man Horoskope nur zum Spaß liest, ist daran nichts auszusetzen. Oder wenn das Spiel *Dungeons and Dragons* nur zur harmlosen Unterhaltung dient, ist es nicht okkult. Die Welt von Harry Potter erscheint unschuldig, wenn sie als reine Fantasie gesehen wird.

Gleichwohl muss ich warnen, dass aus Fantasie sehr rasch Realität werden kann. Die Fantasie ist die Brücke, die oftmals zur anderen Seite der geistlichen Welt führt. Wir können nicht erwarten, von satanischen Angriffen ausgespart zu bleiben, nur weil wir das Okkulte als Fantasie abtun.

Ein zweiter Grund liegt darin, dass etliche Christen meinen, sie könnten es schon einschätzen, ob der Teufel gegenwärtig ist. Sie fühlen sich vor seinen Annäherungsversuchen sicher, solange sie ihn nicht sehen oder spüren oder nicht etwas Dunkles das Zimmer betritt. Diese Leute erkennen nicht, dass der Teufel in verschiedenen Tarnungen auftritt. Sie vergessen, dass er oftmals so lange wie nur irgend möglich verborgen bleibt. Und trotzdem können wir ihm begegnen, wenn wir ein »harmloses« okkultes Spiel spielen oder eine unserer Lieblingssünden begehen.

Der dritte Grund beruht auf der weitverbreiteten Annahme, dass die Beschäftigung mit dem Okkulten eigentlich gar nicht gefährlich ist. Dieses wird dadurch bewiesen, dass man jemanden findet, dem durch Verwicklung in einen bestimmten Bereich des Okkulten kein Schaden entstanden ist. So hören wir dann: »Ich kenne eine Person, die bei einem Wahrsager war, und es hat sich nicht nachteilig ausgewirkt.« Oder auch: »Mir ist jemand bekannt, der mit einem Ouija-Brett gespielt hat. Passiert ist aber nichts.«

Ich selbst kenne mehrere Leute, die den Film *Der Exorzist* angeschaut haben. Bei einigen von ihnen hat sich das anscheinend nicht ungünstig ausgewirkt; aber bei zumindest einer Person war es so, dass sie danach selbst auf einen Dämonen traf, der ausgetrieben werden musste. Manche Leute haben sich auf Astrologie eingelassen, ohne dass sich dies schlecht auswirkte; andere hingegen mussten feststellen, dass ihre Beteiligung daran satanische Bindungen nach sich zog. Vielleicht fragen Sie: »Warum berühren okkulte Praktiken die eine Person und die andere nicht?« Ich habe darauf keine Antwort. Warum reagieren einige Leute bei einer Lebensmittelvergiftung nach einem Restaurantbesuch so heftig, während andere, die das gleiche Essen zu sich nahmen, keine Beschwerde verspüren?

Mein Punkt ist schlicht dieser: Eine Tätigkeit kann nicht als harmlos eingestuft werden, nur weil bei einigen Leuten keine sichtbaren negativen Wirkungen zu beobachten waren. Ich rede von *sichtbar*, weil niemand von uns die langfristigen Konsequenzen solchen Handelns abschätzen kann. Häufig schlägt sich die Beschäftigung mit dem Okkulten nicht in offen erkennbarer Besessenheit nieder, sondern lähmt das geistliche Wachstum. Wegen des satanischen Widerstands wird sich der Christ nur mühsam zum Lesen der Bibel (manche würden sagen, es ist sogar gänzlich unmöglich) oder zum Gebet durchringen können.

Manche Eltern behaupten, man kann Kinder alles lesen oder sehen lassen, wenn man sie nur richtig führt. Wichtig ist ihrer Ansicht nach nur, dass wir ihnen helfen zu unterscheiden, was wahr oder falsch ist. Bis zu einem gewissen Ausmaß stimmt das. Was hierbei jedoch vergessen wird, ist, dass auf jeder Stufe okkulter Verwicklung Samen gesät werden kann, aus denen in späteren Jahren bittere Früchte erwachsen.

Eine Mutter, deren Ehemann mit dem zehnjährigen Sohn *Dungeons and Dragons* spielt, schreibt: »Ich bin mir sicher, dass es viele gibt, die mit der kategorischen Einordnung von *Dungeons and Dragons* als okkultes Spiel nicht einverstanden sind. Das Spiel wird dadurch schlecht, dass es Leuten Gelegenheit bietet, aus ihrem realen Leben und den damit verbundenen Pflichten zu flüchten. Wir hingegen tauschen uns mit unserem Sohn darüber aus, um ihn vor Gefahr zu bewahren.« Sie erzählt dann weiter, dass in ihrem Fall ein christlicher Student das Spiel leitet. »Ich stimme zu«, ergänzt sie, »dass Spielen zu zwanghaftem Verhalten und Sucht führen kann. ... Aus genau diesem Grund stecken mein Mann und ich so sehr in diesem Spiel mit drin.« Es ist lobenswert, dass die Eltern mit ihrem Sohn kommunizieren. Es ist allerdings meiner Ansicht nach unklug, ihn in irgendein Spiel einzuführen, das in sich die Macht birgt, okkult zu werden. Es ist besser, vor Gefahr zu warnen, als mit ihr zu flirten.

Ein vierter Grund: Es gibt tatsächlich Christen, die die Ansicht vertreten, sie stünden unter besonderem Schutz und seien somit vor Satan sicher. Ich hörte, wie ein junges römisch-katholisches Mädchen bekannte, sie könne okkulte Kinofilme sehen, solange sie »in einem

Zustand der Gnade« sei und sie geistlich vor dämonischen Angriffen bewahrt werde. Als Protestanten haben wir unseren eigenen Vernunftsgrund; wir sagen, wir seien geschützt, weil wir »in Christus« sind. Damit, so geht der Gedanke weiter, blieben wir selbst von den mildesten Formen dämonischer Angriffe ausgenommen.

Lassen Sie uns nie das Ausmaß unterschätzen, bis zu dem Gott es Satan gestattet, Gläubige heimzusuchen, die mit dem spielen, was er (Gott) verdammt! Wir können bezweifeln, dass Christen von Dämonen besessen werden können. Ganz sicher ist jedoch, dass Christen von unserem Feind gebunden und unterdrückt werden können.

Nun zum letzten Grund: Man sitzt der Vorstellung auf, dass das Okkulte gut sein muss, wenn sich bei der Ausübung einer okkulten Handlung etwas Gutes ergibt. Wir mögen eventuell jemanden kennen, der es durch den Einsatz von Hypnose geschafft hat, einige Pfunde zu verlieren oder mit dem Rauchen aufzuhören. Das lässt manche Leute dann schlussfolgern, dass es sich hierbei um zulässige Praktiken handelt. Es ist dann Nebensache, dass die Bibel Beschwörer und Zauberer (biblische Wörter für Hypnose) verurteilt. Wir sollen Hypnose auch dann fürchten, wenn sie ein Christ durchführt.

Satan kommt unaufgefordert. Er erscheint in unterschiedlichen Aufmachungen und Weisen. Als Judas daran dachte, Jesus zu verraten, lesen wir von Judas, so *»fuhr der Satan in ihn«* (Joh 13,27). Satan fuhr in Judas ein, als dieser am Tisch im Obersaal neben Jesus saß! Judas hatte noch nicht seine große Sünde begangen; der Gedanke ging ihm nur durch den Kopf. Für Satan war keine formale Einladung notwendig, um in ihn einzufahren; alles, was Judas zu tun brauchte, war eine Sünde in seinem Herzen zu erwägen – zugegebenermaßen eine große Sünde –, und schon trat Satan in ihn ein, ganz ohne Warnung und Fanfare.

Satan will uns glauben machen, dass wir selbstverständlich dazu in der Lage sind, mit seinen Verlockungen zu spielen und dass er nicht jedes Mal zuschlägt. Diese Taktik nutzt er, um uns zu einem bestimmten Punkt zu bringen: Wir sollen ihm Vertrauen schenken, dass er niemals zuschlägt. Tatsächlich haben wir aber jeden erdenklichen Grund zur Furcht, wenn wir seinen Bereich betreten.

Gottes Meinung zum Okkulten

Gott ist nicht neutral, wenn es um die Beteiligung am Okkulten geht.

»Wenn du in das Land kommst, das der HERR, dein Gott, dir gibt, dann sollst du nicht lernen, es den Gräueln dieser Nationen gleichzutun. Es soll unter dir niemand gefunden werden, der seinen Sohn oder seine Tochter durchs Feuer gehen lässt, keiner, der Wahrsagerei treibt, kein Zauberer oder Beschwörer oder Magier oder Bannsprecher oder Totenbeschwörer oder Wahrsager oder der die Toten befragt. Denn ein Gräuel für den HERRN ist jeder, der diese Dinge tut. Und um dieser Gräuel willen treibt der HERR, dein Gott, sie vor dir aus. Du sollst dich ungeteilt an den HERRN, deinen Gott, halten« (5Mo 18,9-13).

Die Bibel führt ungefähr zwanzig verschiedene okkulte Praktiken an. Hier sind einige davon:

- *Wahrsagerei* – die Zukunft vorhersehen oder über bestimmte Informationen über Leute verfügen, die man nur durch geistliche Offenbarung erhalten haben kann
- *Zauberei* – Magie mithilfe böser Geister
- *Omen* – Objekte oder Ereignisse, die Glück oder Pech voraussagen
- *Hexerei* – Macht in der geistlichen Welt
- *Zaubersprüche* – Worte mit magischen Kräften, wie beispielsweise Zauberreime
- *Medien* – Menschen, die mit den Toten Verbindung aufzunehmen versuchen
- *Spiritisten* – Menschen, die ebenfalls vorgeben, im Kontakt mit Toten zu stehen und die vielfältige okkulte Interessen haben

Das Okkulte weist einige Charakteristika auf, die unsere Neugier anstacheln. Es kommt unserem Wunsch entgegen, in Berührung mit etwas Größerem als uns selbst zu gelangen; es reizt uns, etwas zu erfahren, das über die alltägliche Welt menschlichen Daseins hinausgeht und so zu einem Ersatz für Gott wird.

Warum hasst Gott diese Praktiken?

Das Okkulte birgt erstens das Versprechen geheimen Wissens, das sich wissenschaftlicher Analyse entzieht. Wir werden dazu eingeladen, Informationen zu bekommen, die über die reine Beobachtung hinausgehen. Schauen Sie sich noch einmal die Liste an: Wahrsagerei, Zauberei, Deutung von Omen, Hexerei, Befragung der Toten. Leute möchten in die Zukunft schauen; sie wollen den Sinn und die Bedeutung des Lebens entschlüsseln. Sie legen es darauf an, Dinge zu erfahren, die Gott uns nicht enthüllen will.

Zweitens verspricht das Okkulte Macht, die von Gott nicht autorisiert ist. Macht liegt im Aussprechen von Bannsprüchen oder Zauberreimen, Macht liegt auch in der Beeinflussung von Ereignissen oder der Kontrolle von Lebensumständen. Okkultisten beanspruchen besondere Kräfte, um »das Glück zu beeinflussen«, und entwinden dabei Gottes Hand die Gerechtigkeit und nehmen diese in ihre eigene. Viele sind der Auffassung, dass das Okkulte moralisch neutral ist; man kann es für gute oder schlechte Zwecke gebrauchen, je nachdem, wer diese ehrfurchtgebietenden Kräfte ausübt.

Insgesamt gesehen, ist das Okkulte eine Form der Selbst-Ermächtigung. Es ist das Mittel, mit dem wir uns von Gott ab und zu uns selbst hinwenden, um so Bedeutung und Sinn des Lebens zu ergründen. Ein Satanist sagte: »Eigentlich beten wir Satan gar nicht an; wir beten uns selbst und die Natur an, und dabei taucht dann Satan auf.«

Gott nennt diese Handlungen verabscheuenswert, und wegen genau dieser Dinge wurden die heidnischen Nationen zerstört. Es kann durchaus passieren, dass auch Amerika wegen dieser Praktiken zerstört wird.

Einfallstore des Okkultismus

Lassen Sie mich einige Wege auflisten, auf denen das Okkulte zu uns vordringt.

New-Age-Heilungen

Jede Praktik oder jeder Gegenstand, der übernatürliche Heilungskräfte (entweder körperliche oder emotionale) beansprucht, ist auch ein Ersatz für den Glauben an den einen wahren Gott. Kristalle und übersinnliche spiritistische Therapien, die von sogenannten »Geistheilern« eingesetzt werden, tun dies. Millionen von Amerikanern verbinden mittlerweile Ernährung mit übersinnlichen oder spirituellen Erfahrungen, um einen »holistischen«, also ganzheitlichen, Ansatz zur Gesundheit zu begründen. Dieser neueste Trend versucht, Geistes- und Naturwissenschaften miteinander zu kombinieren, um das optimale Wohlergehen herzustellen. Lehren, die sich aus östlichen Philosophien herleiten, werden geschickt mit sinnvollen Informationen zur Steigerung der eigenen Gesundheit vermischt. So haben wir dann Vorlesungen und Vorträge zu Reflexologie, Visualisierung und Selbsthypnose.

Ich habe ein paar Broschüren gesammelt, die einige der dort angebotenen Seminare anpreisen, wie zum Beispiel: *Erwecken Sie den Heiler in sich*: *Lehrveranstaltung zum sogenannten therapeutischen Berühren*; dann gibt es *Psychoimmunität und der Heilungsprozess –* ein Seminar, das die Vereinigung von Geist und Körper verspricht und zudem Folgendes behauptet: »Wir verschaffen uns Zugang zu unseren eigenen angeborenen Fähigkeiten, um Gesundheit und Balance in unserem Leben zu gewinnen.« Die Liste ist endlos.

Der Erfolgsautor Deepak Chopra, dessen Bücher in fünfundzwanzig Sprachen übersetzt wurden, lehrt, dass die Grundsubstanz unseres Körpers nicht Materie, sondern Energie und Information ist. Wahre Gesundheit resultiert danach aus einem ausgeglichenen Energiefluss durch unseren Körper. Für die Erhaltung dieser Energiebalance sind Kräuter, Edelsteine, die Typenlehre und *yagyas* (religiöse Rituale, bei denen die Hilfe von Hindu-Gottheiten erbeten wird) erforderlich.[1]

Wir alle sind uns darin einig, dass das Denken großen Einfluss auf den Körper ausübt. Dabei arbeiten Körper und Denken in einer Art zusammen, die wir nicht vollständig verstehen. Der Irrtum der »holistischen Gesundheitslehre« beruht darauf, dem Denken übernatürliche Kräfte zuzuschreiben; dabei geht man von Folgendem aus: *Sie können Ihr eigener Heiler sein, weil Sie Ihr eigener Gott sein können.* Eine Vertreterin dieser Denkrichtung behauptete: »Ärzte, die wir nicht sehen, sind durch mich hindurch an der Arbeit.« Der Hexenmeister ist zurück. Dieses Mal hält er allerdings teure Seminare und hat eine »wissenschaftliche« Erklärung für seine okkulten Kräfte.

Psychedelische Drogen und Transzendentale Meditation

Oberflächlich betrachtet, erscheinen Praktiken wie transzendentale Meditation harmlos. Was kann schon falsch daran sein, die Zeit damit zu verbringen, sein Denken von allen Zwängen des Lebens zu entleeren und an gar *nichts* zu denken? Führen Sie parallel dazu ein paar Konzentrationsübungen durch und Ihr Blutdruck wird ganz gewiss sinken und Ihr so sensibilisierter Körper wird sich gleich viel besser fühlen.

Transzendentale Meditation wurzelt jedoch in der religiösen Überzeugung, dass die Seele mit der einen, alles umfassenden Kraft vereinigt werden müsse. Die Vernunft stehe dem angestrebten Gleichklang und der Vereinigung mit Gott im Wege. Solange ich dieser Lehre nach an *etwas* denke, nehme ich mich als von den Objekten dieser Welt verschieden wahr. Deshalb muss ich laut Lehrmeinung mein Denken von speziellen Gedanken entleeren und versuchen, an eine inhaltslose Realität zu denken. S.N. Dasgupta schreibt, dass der Yogi »beständig auf den allerletzten Zustand zuschreitet, bei dem sein Denken schließlich zerfällt und sein Ich in seinem eigenem Licht erstrahlt; er ist dann völlig frei in grenzenloser, unbegleiteter Einsamkeit der Selbsterleuchtung.«[2]

Ab einem bestimmten Punkt erlebt der Teilnehmer einer solchen Erfahrung eine Verwandlung, die man Erleuchtung nennt. Dieses mystische Erlebnis erlaubt uns angeblich, unsere Persönlichkeit zu überschreiten, über sie hinauszugehen. Die von Satan gezauberte Verwandlung ist dann abgeschlossen – eingetreten ist die Umwandlung des Bewusstseins. Wenn aber dämonische Geister vom Denken Besitz ergreifen, dann legt sich eher eine Wolke der Dunkelheit auf die Seele, als dass es zur Erleuchtung kommt. Diese Täuschung kann nur durch ehrliches Nachsinnen in der Gegenwart Gottes, mit der Bibel in der Hand, aufgedeckt werden.

Psychedelische Drogen können die gleiche Umwandlung wie transzendentale Meditation hervorrufen. Wenn das Denken sich allen erdenklichen Mächten öffnet, fallen dämonische Geister begeistert ein, um zu täuschen und die Person zu steuern. Dies erklärt, warum so häufig Menschen, die in der Drogenkultur verstrickt sind, besonderer Befreiung von dunklen, okkulten Mächten bedürfen.

Fernsehprogramme und Kinofilme

Es gibt überall Einfallstore für das Okkulte. Fernsehen und Kino werfen das weiteste Netz und erbeuten die größte Zahl von Willigen. Fernsehprogramme wie *Buffy – im Bann der Dämonen, Slayer* und *Charmed* ebenso wie Kinofilme, zum Beispiel *Practical Magic* und *The Craft,* tragen das Okkulte in die Massenkultur. Die Zuschauerzahlen sind hoch. Die meisten Leute halten solche Programme für harmlos und niedlich. Ihnen entgeht, dass die Sendungen voller okkulter Botschaften und Verlockungen stecken.

Margaret Kim Peterson veröffentlichte einen Artikel unter der Überschrift *Weird Sisters* (»Ausgeflippte Schwestern«). Darin beschreibt sie, wie diese Shows und Programme Hexerei als eine Art pantheistische Naturreligion darstellen. Die Hexen in dem Film *The Craft* verkünden: »Wir beten alles an: Gott, den Teufel, die Erde, Bäume.«[3] Eine der Hexen in *Practical Magic* erläutert, dass Hexerei bedeutet, nahe mit der Natur verbunden zu sein. Zur Hexerei gehören Zaubermittel, also jede Menge Zubehör: Kerzen, okkulte Symbole, Besenstiele, Zaubertränke, Bücher mit Anleitungen für Zaubersprüche. Diese jungen Hexen beschwören die Macht des Windes oder die Kräfte der Bäume.

Was erhalten Hexen, wenn sie ihre Zaubermittel einsetzen? Sie bekommen die Verfügungsgewalt über eine Vielzahl von paranormalen Kräften. Hierzu gehören beispielsweise das Schweben über dem Boden, die übersinnliche Macht für den Blick in die Zukunft und die Fähigkeit, die Gedanken anderer zu manipulieren oder gewisse Ausprägungen des Bösen unschädlich zu machen. Manchmal müssen sich die Hexen gegen eine okkulte Macht wehren, die außer Kontrolle geraten ist.

Das Hexendasein hat auch Schattenseiten. Mitunter sind die Kräfte nur schwer zu kontrollieren; Hexen werden oft missverstanden und abgelehnt. Deshalb müssen sie ihre Tätigkeit verbergen und auch lügen. Aus der Hexerei wieder auszusteigen, ist nicht leicht, weil manche Leute angeblich einfach dort hineingeboren werden. Manch eine Person wächst auf und findet erst viel später heraus, dass sie eigentlich zur Hexe geboren wurde. Wichtig ist, dass sich die Hexe in ihrer Andersartigkeit nicht nur erlebt, sondern auch annimmt. Darauf weist Peterson hin: »Sich nicht selbst annehmen, ist die Erbsünde in diesen Medienmärchen über Hexerei.«

Wir entnehmen solchen Fernsehprogrammen, dass Hexerei von der Mutter an die Tochter weitergegeben wird. Dies beschreibt eine der Schwestern im Film *Charmed*: »Es ist eine Frauensache – es wird immer von der Mutter weitergegeben.« So stoßen diese Hexen darauf, dass auch ihre Mütter bereits Hexen waren. Die Bindungen der Hexerei werden durch Blutrituale geknüpft. Oft werden sie durch einen Fluch zusammengehalten. Man ruft Hexen daher, um Dämonen auszutreiben – eine Aufgabe, die sie mit Freude, aber auch Angst ausführen.

Diese Hexen sind von Männern missbraucht worden. Sie sehnen sich danach, einen Mann zu lieben, fürchten sich aber gleichzeitig davor, missbraucht oder verlassen zu werden. Folglich ist ihr Verhältnis zu Männern von Verführung und tödlicher Wut geprägt. Sie hegen Rachegelüste wegen der Schlechtigkeiten, die ihnen Männer angetan haben. Die Schwestern in *Charmed* wurden als Kinder von ihrem Vater im Stich gelassen. Sie nähern sich den Männern verführerisch, doch sind die Verhältnisse immer dem Missbrauch unterworfen; die Hexen müssen sich selbst schützen, denn die Männer wollen sie ständig ausnutzen.

Die Schwestern in *Practical Magic* haben eine lange Hexen-Tradition in der Familie. Sie leben unter einem Fluch, der von einer ihrer Vorfahrinnen verhängt wurde. Jene Frau wurde von ihrem

Geliebten verlassen. Der Fluch bewirkt, dass jeder Mann, in den sich eine Hexe verliebt, zu früh stirbt. Als sich eine Schwester verliebt, trifft ihre Liebe einen Mann, der sie schlägt und ermorden will. »Man muss schon eine ganze Hexenversammlung einberufen, um diesen Mann ein für alle Mal zu besiegen.« Und als er nun endlich vernichtet ist, dreht sich eine der Hexen zu einer anderen um und fragt sie: »Ob das wohl bei meinem Ex-Mann auch funktioniert?«[4]

Worauf fußt die Theologie dieser Sendungen? Peterson bemerkt hierzu, dass Gott hier eine von mehreren und durchaus vergleichbaren geistlichen Wesenheiten darstellt; es gibt ihn neben der Natur oder möglicherweise sogar als Einheit mit der Natur. Niemand hat letzten Endes völlige Gewalt über das, was in der Welt geschieht. Die Besitzerin eines Ladens für Hexerei-Zubehör im Film *The Craft* beschreibt es treffend: »Magie ist weder gut noch schlecht; sie ist beides, weil die Natur beides ist.« Die geistlichen Kräfte zeigen sich als mächtig; wenn aber jemand vorsichtig ist und gute Absichten hegt, kann er diese Mächte zum Guten nutzen. »Es fehlt die Vorstellung, dass irgendein geistliches Wesen entweder so böse oder so heilig sein kann, dass es verwegen wäre, sich mit ihnen überhaupt einzulassen.«[5]

»In einer solchen Welt«, schreibt Peterson, »ist es nicht überraschend, dass die Erlösung fehlt. In allen diesen Sendungen brauchen die Guten nicht erlöst zu werden, und die Schlechten haben dazu ohnehin keine Chance.« Daher muss man die Guten nur belohnen und die Schlechten bestrafen. Es gibt keine Vergebung, keine Gnade und keine Möglichkeit der Lebensänderung.«[6]

Vielleicht gelingt es uns nun, den Reiz dieser Filme besser zu verstehen. Viele junge Frauen können sich mit dem Erlebnis identifizieren, von Männern missbraucht oder zumindest falsch behandelt worden zu sein. Da Männer dich verlassen werden, so geht der Gedanke, kann die einzige überdauernde Freundschaft nur die zu Frauen sein. Ja, die Überlegung geht sogar so weit, die jungen Frauen dazu einzuladen, selbst eine Hexe zu werden, um es so dem männlichen Geschlecht heimzuzahlen. Dann kann man selbst andere verhexen und Unheil stiften. Der menschliche Gerechtigkeitssinn besagt, dass die Männer dann das bekommen, was sie verdienen.

Heutzutage sind unsere Familien in Unordnung geraten, und Männer missbrauchen tatsächlich Frauen. Da lässt sich leicht nachvollziehen, warum diese Filme und Sendungen ein Gefühl ansprechen, das ihnen ein Publikum schafft. Denken Sie nur einmal daran, wie bezaubernd das alles für missbrauchte Heranwachsende klingen mag, die meinen, sie müssten sich vor den Verletzungen dieser Welt schützen, indem sie Verbindung zu einer Welt suchen, die größer als sie selbst ist.

Peterson kommt zu diesem Schluss: »Hexerei ist weit davon entfernt, die große Lust des Menschen an bloßem Konsumieren, Sex, Gewalt und Selbstverwirklichung in Frage zu stellen. Vielmehr entpuppt sich Hexerei als eine weitere Spielart des Denkens, wonach man das bekommt, was man möchte, und zwar sofort.«[7] Anton LaVey, der Begründer der Kirche Satans, sagte: »Unsere Religion ist sehr selbstsüchtig. Wir glauben an die Begierde, wir glauben an den Egoismus, wir glauben an all die lustvollen Gedanken, die den Menschen motivieren. Dies ist schließlich das natürliche Gefühl des Menschen.«[8]

Zappen Sie mit Ihrer Fernsehbedienung einmal durch die Kanäle, falls Sie nicht glauben, dass Filme von okkulten Ritualen und Anspielungen wimmeln. Millionen Teenager sind davon fasziniert. Viele Erwachsene ebenso. Sie nähern sich neugierig dem Okkulten und werden schließlich in irgendeine Form der Beteiligung oder Mitwirkung hineingezogen. Satan hält sich nicht an Regeln. Daher wird er seine Finsternis denen aufzwingen, die sich seinem Territorium nähern. Warnzeichen dieses Einflusses sind Stimmungsschwankungen, krankhafte Selbstbeobachtung und die Absonderung von anderen Menschen. Unser Feind erledigt seine anmaßendsten Arbeiten, wenn wir alleine sind, uns nach innen richten und Neugier auf die Dunkelheit verspüren. Und je mehr wir in seinen Laufstall hineinstolpern, desto hilfloser sind wir auf dem Rückweg.

Astrologie

Der Turm zu Babel wurde wegen der Astrologie zerstört; die Menschen erregten Gottes Zorn, als sie sich zu den Sternen wandten, um die Zukunft vorherzusehen und das Glück herbeizuzwingen. Damit endete jedoch nicht die Faszination, die diese okkulte Handlung auf den Menschen ausübte. Jahrhunderte später verspottete Gott in seiner Wut die Babylonier, die der Astrologie vertrauten:

> *»Tritt doch auf mit deinen Bannsprüchen*
> *und mit der Menge deiner Zaubereien,*
> *mit denen du dich abgemüht hast von deiner Jugend an!*
> *Vielleicht kannst du Hilfe schaffen,*
> *vielleicht wirst du Schrecken einflößen.*
> *Du bist müde geworden durch die Menge deiner Beratungen.*
> *Sie sollen doch auftreten und dich retten, die Himmelszerleger,*
> *die Sternebeschauer, die an jedem Neumond wissen lassen,*
> *was über dich kommen soll!*
> *Siehe, sie sind wie Strohstoppeln geworden,*
> *Feuer hat sie verbrannt!*
> *Vor der Gewalt der Flamme haben sie ihr Leben nicht gerettet ...*
> *Sie taumeln, jeder nach seiner Seite hin; niemand rettet dich.«*
> (Jes 47,12-14.15b)

Wählen Sie einfach die folgende Telefonnummer. Sie erhalten über unsere Hotline kostenlos ein spirituelles Kartenlesen! Wir haben alle schon Spots im Fernsehen gesehen, die uns zum Kartenlesen einladen. Danach folgen dann gewöhnlich persönliche Berichte von Leuten. Sie behaupten, dass sich ihr Leben verändert habe, weil sie mit jemandem gesprochen hätten, der ihr Glück oder Pech ebenso vorhersehen konnte wie ihre bevorstehenden Liebesaffären und beruflichen Möglichkeiten. Und dank menschlicher Cleverness waren sie dann in der Lage, das ihnen offenbarte, geheime Wissen zu ihren Gunsten zu verwerten.

Selbstverständlich treffen diese »Propheten« manchmal ins Schwarze. Wer genügend Voraussagen aufstellt, wird natürlich nicht jedes Mal daneben liegen. Einige der Astrologen können genauso weit in die Zukunft blicken wie der Teufel; andere sind bloße Scharlatane. So oder so, Gott findet das nicht spaßig.

Der Herr verabscheut die Astrologie, weil sie einen Weg zur Weisheit bereitet, der nicht sein Weg ist. Damit verletzen solche Praktiken Gottes elementares Prinzip. Es ist, als ob man die Faust vor das Antlitz des Allmächtigen hält und ihm damit droht. Ouija-Bretter, Horoskope, Wahrsagerei und all die anderen Praktiken üben eine große Anziehungskraft aus. In Wahrheit sind sie aber Fallstricke, in denen sich die Unvorsichtigen verfangen, so dass sie dem Feind als dem Herrscher über okkulte Phänomene ausgeliefert sind.

Sich auf Harry Potter einlassen oder nicht?

Was ist von der Fantasiefigur *Harry Potter* zu halten? Diesen von J.K. Rowling verfassten Unterhaltungsromanen sagt man nach, dass sie den »größten Triumph in der Geschichte des Verlagswesens« darstellen. Einige Christen, die anfangs gegen die Bücher waren, haben ihre Meinung nach der Lektüre geändert. Dieses wird damit begründet, dass ein Autor durchaus okkulte Themen als literarische Stilmittel einsetzen könne, ohne dass dadurch gleich das Okkulte als solches berührt werde. Tolkien und C.S. Lewis haben es auch so gemacht.

Andere Christen beharren darauf, dass die in *Harry Potter*-Geschichten vorkommende Hexerei nur mechanisch sei, d.h. als Mittel zum Zweck benutzt werde, um eine Geschichte zu erfinden und ein bestimmtes Anliegen auszudrücken. Meine Befürchtung ist jedoch die, dass *Harry Potter* leicht zu dem werden kann, was Mark Filatreau eine »Fantasievolle Brücke« nennt, die die Kinder mit der gefährlichen Welt des Okkulten verbindet.[9]

Vielleicht ist die *Harry-Potter*-Reihe eine Angelegenheit des persönlichen Gewissens. Nach meiner eigenen raschen Durchsicht des Materials komme ich jedoch zu dem Schluss, dass der vierte Band besonders dunkel und gewalttätig ist. Vor dem Hintergrund, dass Hexerei durchweg mit einem »freundlichen Gesicht« auftritt, frage ich mich, wie diese Geschichten für Kinder als nützlich angesehen werden können.

Ich möchte einige Fragen aufwerfen, die der Bewertung der Materialien dienen. Diese Fragen können auch insofern weiterhelfen, die Arbeiten von Tolkien und C.S. Lewis von Büchern wie *Harry Potter* zu unterscheiden.

- Lehrt die zu untersuchende Fantasiegeschichte absolute Werte, oder relativiert sie die Begriffe von Gut und Böse?
- Wird Böses in den Geschichten als »gut« dargestellt?
- Dienen Zaubersprüche, Flüche und andere »böse Kräfte« zur Rache?
- Welches Gefühl löst das Buch beim Leser eher aus – sich mit dem Okkulten anzufreunden oder Angst davor zu haben?
- Ist es möglich, die Regeln zu brechen und dennoch ein Held zu sein?
- Würden Kinder nach der Lektüre des Buches oder dem Anschauen des Films darin bestärkt oder eher davon abgehalten, verborgene Mächte und geheimes Wissen zu ergründen?

Wen eine biblische und detaillierte Bewertung der *Harry Potter* Bücher interessiert, mag sich an das Buch von Richard Abanes halten: *Harry Potter and the Bible*.[10] Es ist an uns, die Warnflaggen zu beachten. Gefahr besteht, wenn wir Kinder an die Welt des Okkulten heranführen.

Ein Wort an die Eltern: Falls Ihre Kinder diese Bücher gelesen haben oder darauf bestehen, es zu tun – lesen Sie die Bücher gemeinsam mit ihnen. Machen Sie deutlich, worin sich das Weltbild Harry Potters von dem eines Christen unterscheidet. Helfen Sie ihnen zu verstehen, dass es sich hierbei um Geschichten handelt, die Praktiken nutzen, die die Bibel verdammt. Besser ist es, wenn Sie Ihren Kindern Unterhaltungsliteratur zur Verfügung stellen, der ein ausgeprägt christliches Weltbild zugrunde liegt.

Prinzipien der geistlichen Unterscheidung

Wie können wir geistliche Unterscheidungen in einer Welt treffen, in der Okkultismus und eine verschwommene Form von Spiritualität vorherrschen? Weil diese Mächte unsichtbar sind, brauchen wir Leitlinien.

Zwei Quellen geistlicher Macht

Wie wir bereits festgestellt haben, existieren zwei Quellen geistlicher Macht. Die eine ist Gott, die andere heißt Satan. Es gibt keine neutrale Macht namens »Natur« oder »Mutter Erde«. Wir dürfen auch nicht dem Irrtum erliegen, die »Macht des Denkens« einsetzen zu wollen. Jede übernatürliche Kraft (d.h. eine Kraft oberhalb des Natürlichen) entspringt einer der beiden Quellen. Was nicht auf Gott und die Bibel zurückgeht, ist okkult und sündhaft.

Häufig wird eine Einteilung in schlechte »schwarze Magie« und gute »weiße Magie« vorgenommen. Diese Differenzierung ist Unsinn. Denken Sie dies einmal konsequent zu Ende: Wären Sie der Teufel, würden Sie nicht den Leuten Ihre Kräfte für gute Zwecke anbieten, wenn Ihnen dadurch Ihre Täuschungen besser gelängen und Sie diese Leute später umso fester im Griff hätten? Natürlich täten Sie das. Sie gäben den Leuten zuerst etwas Gutes, um ihnen dann später das Böse geben zu können. Wir müssen uns daran erinnern, dass das Okkulte böse ist, auch wenn es gut erscheint.

Es ist schon viele Jahre her, dass ich bei einer Fernsehsendung anwesend war, zu der auch eine Hexe von Wicca geladen war. Sie wollte uns glauben machen, dass Hexen nichts mit dem Teufel zu tun hätten. Sie bestand darauf, dass Hexen nur die Kräfte der »Natur« anzapfen würden, und es ihnen darum ginge, diese Kräfte zum Guten zu nutzen.

Um fair zu bleiben, müssen wir herausstellen, dass nicht alle Hexen Satan direkt anbeten. Einige wehren sich gegen Tieropfer, weil sie alles in der Natur als göttlich betrachten. So gibt es tatsächlich Hexen, die im Einklang mit der Natur zu leben versuchen und so ihre verborgenen übersinnlichen Kräfte entfalten. Gleichwohl gilt: Ob

Satan direkt angebetet wird oder sich hinter der Naturanbetung verbirgt, es läuft doch immer auf das Gleiche hinaus. Es gibt lediglich zwei persönlich wirksame geistliche Mächte in dem Universum: Gott und den Teufel. *Satan kann selbst dann angebetet werden, wenn man seinen Namen nicht anruft.*

Kleine Schritte führen zu unbeabsichtigten Resultaten

Auch allerkleinste Schritte, die in die falsche Richtung gehen, können schließlich in die Falle Satans führen. Da wir auf das Okkulte neugierig sind, müssen wir unser Herz, unser Denken und unser Zuhause schützen. Das Böse übt Faszination aus. Es kann unsere niederen Instinkte ansprechen, so wie es auch die Unmoral tut. Aus diesem Grunde nennt Paulus die Zauberei (weiße und schwarze Magie) ein Werk des Fleisches (Gal 5,20).

In einer Firma war die Stelle eines Lastwagenfahrers ausgeschrieben. Drei Männer zeigten daran Interesse. In dem Bewerbungsgespräch wurde jedem dieselbe Frage gestellt: Wie nahe könnten Sie an den Rand eines Abhangs fahren, wenn Sie Lasten befördern? Der eine Mann antwortete: »Ich könnte bis auf ungefähr fünfzehn Zentimeter herankommen.« Der nächste prahlte: »Ich könnte es bis auf zehn Zentimeter an den Rand schaffen.« Der dritte Mann erklärte: »Das Einzige, was ich dazu sagen kann, ist, dass ich mich so weit wie möglich vom Rand fernhalten würde.« Er wurde genommen.

Wir sollten uns nicht fragen, wie nahe es uns gelingt, an das Okkulte heranzukommen, ohne dass wir damit Satan ein Recht auf unser Leben geben. Vielmehr sollten wir uns fragen, wie weit wir uns von seinem Reich fernhalten können. Wir dürfen nicht irgendein Buch lesen oder einen Film sehen, wodurch »mit unserem Denken Unsinn getrieben wird«. Das liegt daran, dass unser Denken eine geistliche Substanz ist, die entweder mit Gott oder dem Teufel verbunden werden kann. Jede Technik, die auf die »Entleerung des Denkens« abzielt, ist gefährlich. Böse Geister warten nur auf eine solche Gelegenheit, um uns in die Irre zu führen und verheerende Wirkungen bei uns zu hinterlassen.

Für die Aufgabe der Kontrolle erhalten wir von Satan eine Belohnung

Satan wird Ihnen geben, was Sie möchten, solange er letztendlich das von Ihnen erhält, was er will. Er wird Ihren Körper heilen; er wird Ihnen Geld beschaffen; er wird Ihnen beruflich Erfolg bescheren, solange die Schlinge damit ein bisschen enger gezogen werden kann. Satan wird Ihnen dabei helfen, Ihr Gewicht durch Hypnose zu verringern; er wird Ihnen Glück durch einen Wahrsager verheißen; er wird all das tun und sogar mehr, wenn er Sie im Gegenzug zu einer »suchthaften Treue« gegenüber der Sünde verpflichten kann.

Satan möchte uns glauben machen, dass wir alles haben können. Sie können Ihr Geld behalten, Ihren Vergnügen nachgehen und Ihr Ego befriedigen. Sie können sich der Illusion hingeben, dass alles, woran Sie mit Ihrem Denken glauben, auch eintreten wird. Für den auf diesen Voraussetzungen beruhenden Erfolg werden Sie eines Tages bezahlen müssen. Am Ende sind unsere Leben verschwendet, unsere Bekenntnisse zu Jesus ermattet und unsere Beziehungen zu Gott getrübt. Heute lässt uns Satan scheinbar gewinnen, damit er uns morgen besser beherrschen kann.

Unwissen entschuldigt nicht

Nur weil jemand nicht weiß, dass es falsch ist, über dem Boden schweben zu wollen, mit Tarrotkarten zu spielen oder eine Hexe aufzusuchen, verschont Satan ihn nicht. Angenommen, Sie wären ein israelischer Soldat und entschieden sich eines Nachmittags, einen Spaziergang zu machen. Ohne Ihr Wissen würden Sie dabei die Grenze zum Libanon überqueren. Es würde Ihnen wenig nutzen, darauf hinzuweisen, dass es nicht Ihre Schuld sei, dass an der Grenze halt die Markierungen fehlten. Erwarten Sie nicht von dem Libanesen, dass er einräumt: »O ja, stimmt, die Grenze war nicht so abgesteckt, wie es eigentlich sein sollte. Deshalb lassen wir Sie wieder laufen.«

Der Teufel hält sich nicht an die Regeln. Man kann nicht damit rechnen, dass er vernünftige Grenzen einhält. Da es ihm an Mitgefühl fehlt, gibt er uns keine Freifahrt bei Unwissenheit. Oftmals gibt es keine zweite Chance. Seien Sie gewiss, dass es dort keine Gnade gibt, keine Gelegenheit, denselben Weg wieder zurückzugehen. Bewegen wir uns in seinem Gebiet, können wir mit dem allergrößten Ärger unseres Lebens rechnen.

Eine Warnung: *Vergessen wir nie, dass die beste Verteidigung gegen das Okkulte darin liegt, jede Einladung zu Kontakten abzulehnen, durch die ich verwickelt werden kann.* Fragen Sie irgendeinen General in der Armee, und er wird Ihnen bestätigen, dass es immer leichter ist, Gebiet zu verteidigen, als es vom Feind zurückzuerobern. Diejenigen von uns, die Kinder haben, müssen sie vor der Gefahr warnen, mit dem in Berührung zu kommen, was Gott uns ausdrücklich verboten hat. Erinnern wir uns daran, dass Sünde immer unser Feind, niemals unser Freund ist.

Christus hat den Sieg errungen

Gott hat Jesus von den Toten auferweckt und *»zu seiner Rechten in der Himmelswelt gesetzt ..., hoch über jede Gewalt und Macht und Kraft und Herrschaft und jeden Namen, der nicht nur in diesem Zeitalter, sondern« auch in dem zukünftigen genannt wird«* (Eph 1,20-21). Satan hat am allermeisten Angst davor, dass wir bemerken, dass er besiegt ist und Gott es uns ermöglicht hat, aus der Umklammerung des Teufels herauszukommen. Er fürchtet sich vor Entdeckung und mutiger Konfrontation.

Selbstverständlich gibt es Hoffnung für die Menschen, die in irgendeiner Weise in Okkultes verstrickt waren. Ja, Satan mag zurückschlagen, während Sie sich von den okkulten Bindungen lösen möchten. Sie können aber frei sein, wenn Sie von dem Sieg Christi über das Reich der Finsternis vollkommen überzeugt sind.

Bedenken Sie, dass Christus am Kreuz einen entscheidenden Sieg errang; die Schlange ist bereits zertreten:

»... indem er uns alle Vergehungen vergeben hat. Er hat den Schuldschein gegen uns gelöscht, den in Satzungen bestehenden,

der gegen uns war, und ihn auch aus unserer Mitte fortgeschafft, indem er ihn ans Kreuz nagelte. Er hat die Gewalten und Mächte völlig entwaffnet und sie öffentlich zur Schau gestellt. In ihm hat er den Triumph über sie gehalten« (Kol 2,13-15).

Nur wenn wir auf Christus schauen, werden wir nicht eingeschüchtert, denn *Satan hat genau so viel Macht, wie Gott es ihm erlaubt und nicht einen Deut mehr.*

Ich möchte klarstellen, dass die Befreiung von satanischer Macht nicht ein einmaliger Akt ist, sondern viel mehr ein Lebensstil. Die einmalige Absage, der einmalige so entscheidende Augenblick der Buße ist nicht ausreichend. Je nachdem, in welchem Ausmaß und in welcher Weise Sie an den okkulten Praktiken beteiligt waren, kann es sein, dass Sie seelsorgerlichen Beistand benötigen, um die Bindungen an die dunkle Seite der geistlichen Welt zu durchtrennen.

In der Moody Gemeinde, wo ich meinen Dienst verrichte, hielt ein Pastor eine eindrucksvolle Predigt über das Okkulte. Er listete vierzig Praktiken oder Einfallstore auf, die zu einer solchen Versklavung führen. An jenem Abend lud er alle zum persönlichen Beistand nach der Predigt ein, die in irgendeiner Weise noch gebunden waren und davon frei sein wollten. Ungefähr fünfunddreißig Leute blieben anschließend. Es war nicht zu fassen, dass sämtliche okkulten Praktiken dabei vertreten waren (viele der Menschen waren natürlich in mehr als nur eine okkulte Handlung verstrickt).

Verlassen Sie alle Wege, die Sie in das Okkulte hineingeführt haben. Es fällt in Ihren Verantwortungsbereich, sich von allen Leuten und Orten fernzuhalten, die Sie zu okkulten Sünden ermutigt haben. Das ist schwieriger, als es auf den ersten Blick erscheint; ganz besonders dann, wenn Sie mit Menschen zusammen leben, die dazu neigen, Sie dahingehend zu beeinflussen, dass Sie doch zu den okkulten Handlungen zurückkehren sollten. Wir haben folgendes Versprechen: *»Unterwerft euch nun Gott! Widersteht aber dem Teufel und er wird von euch fliehen«* (Jak 4,7). Im Namen Jesu liegt große Macht. Sie gilt aber nur denen, die sich seiner Autorität unterordnen. Bereuen Sie aufrichtig Ihre Beteiligung an okkulten Handlungen.

Bitten Sie Gott, er möge die noch bestehenden Bindungen lösen. Ein solches Gebet kann zum Beispiel das folgende sein: »Vater, ich danke dir, dass ich zu dir gehöre; du hast mich vom Reich der Finsternis in das Königreich deines lieben Sohnes versetzt. Dieser Herrschaftswechsel hat in meinem Leben stattgefunden. Ich sage mich von der Beteiligung an _____ los und breche alle Bindungen an diese böse Praktik ab. Ich bejahe, dass ich ›in Christus‹ bin und damit nicht länger Satan und seinem Reich unterworfen. Ich danke dir heute für den Sieg, den Christus für mich errungen hat. Ich bejahe die Kraft des Kreuzes und der Wiederauferstehung und nehme sie für mich in Anspruch.«

Dieser Krieg ist mit bloßem Auge nicht zu erkennen. Deswegen ist er allerdings sehr wohl vorhanden. Umso wichtiger ist es, unsere Widersacher und unsere Waffen zu kennen und entsprechend zu kämpfen. »*Ihr seid aus Gott, Kinder, und habt sie überwunden, weil der, welcher in euch ist, größer ist, als der, welcher in der Welt ist*« (1Jo 4,4). Wir danken Jesus, dass wir uns auf der Seite des Siegers befinden.

Anmerkungen

Teile dieses Kapitels sind erstmals erschienen in: Erwin W. Lutzer: *Seven Snares of the Enemy: Breaking Free from the Devil's Grip* (Chicago: Moody, 2001)

1. Donal P. O.'Mathuna, in: »Postmodern Impact: Health Care«, zitiert nach Dennis McCallum (Hrsg.): *The Death of Truth* (Minneapolis: Bethany House, 1996), S. 60.
2. S.N. Dasgupta, *Hindu Mysticism* (New York: Frederick Unger, 1927), S. 79.
3. Margaret Kim Peterson, »Weird Sisters«, *Books and Culture: A Christian Review,* März/April 1999, S. 24.
4. Ebd., S. 25.
5. Ebd.
6. Ebd.

7. Ebd.

8. Anton LaVey, zitiert nach John Ankerberg und John Weldon, *The Coming Darkness* (Eugene, Ore: Harvest House, 1993), S. 94.

9. Mark Filiatreau, »Pokemon, Harry Potter, and the Magic of Story«, Breakpoint Online, Prison Fellowship Ministry, Zugang über www.breakpoint.org und www.christianity.com

10. Richard Abanes, *Harry Potter and the Bible* (Camp Hill, Pa.: Horizon, 2001). Ich empfehle dieses Buch. Es bietet eine ausgewogene, biblische Bewertung der *Harry Potter* Reihe.

KAPITEL 9

Wenn man Geister, Engel und Wallfahrtsorte beurteilt ...

Wie sollen wir die Geisterwelt deuten?

Ungefähr einmal im Jahr, jeweils um Halloween herum, veröffentlicht die Zeitung *Chicago Tribune* eine Liste und Beschreibung der von Geistern heimgesuchten Häuser in Chicago. Es gibt übrigens auch Restaurants und Wohnungen, in denen es spukt. Manche sind berühmt, andere nur einfache Zimmer, die von körperlosen Geistern bewohnt werden. Ich habe mit Menschen gesprochen, die Geschichten erzählen, wie die von dem »alten Mann, der oben lebte« oder von der Großmutter, die in den letzten zehn Jahren starb, dem Haus aber noch regelmäßige Besuche abstatte. Es gibt sogar »Geisterjäger«, die von sich behaupten, diese fremdartigen Wesen aufspüren zu können.

Vor einer Reihe von Jahren berichtete der *Calgary Herald,* dass es in einem Hotel in der Gegend spuke; dem Bericht zufolge würden mindestens zwei Zimmer von geisterhaften Wesen bewohnt, die in Gegenwart von Hotelgästen auftauchten. Interessanterweise hatte man mir während der Woche, als die Meldung erschien, ein Zimmer dort reserviert, weil ich mich zu einer Konferenz in der Stadt aufhielt. Als sich die Gelegenheit für uns ergab, das Hotel näher zu besichtigen, waren eine größere Anzahl von uns dazu bereit. Uns wurden die wunderschönen Holzarbeiten und die teuren Leuchter gezeigt, ebenso die Teppiche, von denen manche sogar aus England kamen. Dann wurden wir zum Café im Untergeschoss geführt. Unser Weg dorthin verlief an einem Treppenhaus vorbei, dessen Zugang ganz mit Topfpflanzen zugestellt war.

»Dieses Treppenhaus«, sagte unsere Führerin, »wird nicht benutzt, weil die Treppenstufen oft von einem Geist aufgesucht werden.« Sie fuhr fort, dass bei der ersten Hochzeitsfeier, die im Hotel stattfand, die Braut die Treppen hinabgestürzt und dabei gestorben sei. Seitdem erscheine ihr Geist. Wir könnten sogar Leute befragen, die in dem Café arbeiteten, und sie würden bestätigen, dass die junge Frau von Zeit zu Zeit auftauche.

Wie erklären wir dieses Phänomen? Sie werden sich an die biblische Begebenheit erinnern, als Jesus die Dämonen aus dem besessenen Mann austrieb. Da baten diese um Erlaubnis, in eine Herde Schweine hineinzufahren, worauf Jesus ihnen dieses gewährte (Mk 5,13). Wenn eine von einem bösen Geist besessene Person stirbt, muss dieser Geist sich einen neuen Körper suchen. Das scheint besonders auf Fälle gewaltsamer Tode zuzutreffen, wie bei Morden oder Selbstmorden. Diese Geister werden den Namen des Verstorbenen annehmen, dessen charakteristisches Verhalten nachahmen und unter Vorspiegelung dieser falschen Tatsachen gelegentlich erscheinen. Solche Wesen (wie man sie heutzutage öfters nennt) sind böse Geister, die manchmal als »freundliche Geister« auftreten.

Das erklärt, warum ein sogenanntes Medium, das mit den Toten Verbindung aufnimmt, tatsächlich zu den bösen Geistern spricht, die den Verstorbenen körperlich ähnlich sehen. Die Bibel bezeichnet diese Geister als *Totengeister*, die mit der Person, die sie sich zunutze machen, vertraut sind (3Mo 19,31; 20, 6.27; 5Mo 18,11; 1Sam 28,7). So wird das Medium dazu veranlasst anzunehmen, es hätte tatsächlich mit dem Toten kommuniziert. Es ist ihm aber nicht bekannt, dass es sich hierbei um einen Geist handelt, der den Toten nur kannte. Es ist unfassbar, aber die Fernsehsendung *Crossing Over* führt Millionen von Zuschauern auf diese Weise hinters Licht. Dem Fernsehpublikum wird suggeriert, dass Kontakt zu Toten hergestellt wird, weil das Medium Informationen heraufbeschwört, die auf den Toten zutreffen. Verwandte geben sich so der falschen Hoffnung hin, ihr geliebter Verstorbener versuche ihnen mitzuteilen, dass es ihm gut gehe, obwohl er vielleicht tatsächlich im Hades Qualen erleidet (Lk 16,19-31).

Alle Informationen, die wir von Spiritisten oder Medien über das Leben nach dem Tode erhalten, sind unzuverlässig. Darauf kommt es uns an. Diejenigen, die sich zum Okkulten wenden, um dort Wissen über das Leben nach dem Tod zu erlangen oder so mit Verstorbenen Verbindung aufzunehmen, werden irregeleitet. Ja, es gibt ein Leben nach dem Tod, aber wir können die entsprechenden Details nicht von Dämonen erfahren. Diesen ist nichts lieber, als uns zu täuschen und zu verwirren.

An jenem Tag in dem Hotel in Calgary fragte ich die Führerin, ob sie eine biblische Erklärung des »Geisterphänomens« wolle. Ich gab ihr dann zu verstehen, dass der Geist der Frau nicht auf den Stufen zu finden sei. Vielmehr befand er sich in einer anderen Welt. Dessen ungeachtet bleiben Totengeister – ja, böse Geister –, die die lebende Person kannten, oft in der Umgebung dieser Person.

Die Dame entgegnete mir, dass sie das Wort Geist dem Wort Totengeist vorziehe, so wie bei der Figur »*Casper, der freundliche Geist*«. Wenn jedoch Geister in Wirklichkeit Totengeister von der dunklen Seite der geistlichen Welt sind, dürfen wir keinen Geist als harmlos betrachten, selbst solche nicht, die freundlich erscheinen. Diese Geistwesen müssen im Namen unseres auferstandenen Erretters zurückgewiesen werden.

Die Popularität von Engeln

Es werden heute Sendungen ausgestrahlt, die sich sehr intensiv mit Wundern, Engeln und jeder Form von Spiritualität beschäftigen. Die Produzenten der Fernsehserie *Touched by an Angel* beschreiben ihr Konzept so: »Der Engel trifft einen ihm zugewiesenen Menschen an einem Wendepunkt seines Lebens. Der Engel bewirkt (Kraft Gottes) ein Wunder, um die Person so zu einer Entscheidung zu führen oder ihr etwas zu offenbaren. Die Person unternimmt dann aus freien Stücken lebensverändernde Schritte.«[1]

Folglich wird in nahezu jeder Episode einem in Schwierigkeiten geratenen Menschen geholfen; manchmal handelt es sich um eine körperliche Heilung, mitunter um die Überwindung einer emotionalen Blockade. In anderen Geschichten der Serie hat die betreffende Person eine persönliche Krise in ihrer Ehe oder mit den Kindern zu bewältigen. Worum es auch immer gehen mag, Gott benutzt den Engel dazu, die Krise zu überwinden und beweist dadurch, dass es eine geistliche Dimension außerhalb der Welt gibt und dass er als Allmächtiger zum Eingreifen bereit steht. Gott ist willig, uns zu helfen, indem er denjenigen Menschen Engel schickt, die sie am wenigsten verdienen oder erwarten. Jede Geschichte geht gut aus. Man fühlt sich gut, weil eine Krise bewältigt wurde und sich die Person in Not so verändert hat, dass ihr Leben eine neue Richtung annimmt.

Warum erhebe ich gegen dieses harmlose Konzept Einwände?

Diese Geschichten stecken voller Theologie, einer kulturell geprägten Theologie, die bestimmte und sehr verbreitete Ansichten über den Menschen und Gott verstärkt. Durch ihre angenehmen Portraits hilfsbedürftiger Menschen, denen die himmlischen Boten zur Seite stehen, versetzen sie dem Herzen der christlichen Botschaft einen gewaltigen Stich.

Man geht in den Engelsgeschichten davon aus, dass die Menschen im Grunde gut sind, also keine Sünder, die unbedingt auf die erlösende Gnade Gottes angewiesen sind. Damit verfestigt sich der Mythos weiter, dass die Sünde überhaupt nicht unser Problem ist. Wir müssen eigentlich nur das Gefühl überwinden, dass unsere Verbindung zu Gott gekappt ist; außerdem gilt es dann nur noch herauszufinden, wie wir Gottes Hilfe in Anspruch nehmen können. Da trifft es sich gut, dass ein Engel in einer Krisensituation unseres Lebens daherkommt. Und wie schön ist es doch, wenn zumindest ein Mensch Kontakt zu Gott hergestellt hat.

Ein falsches Menschenbild führt zu einem falschen Gottesbild. Daher brauchen wir nicht überrascht zu sein, dass der in der modernen Kultur gezeigte Gott einer ist, zu dem jeder Mensch unabhängig von Zeit und anderen Bedingungen Zugang hat. Auch Kain dachte schon, dass man sich Gott in jeder beliebigen Weise nähern könnte, ganz ohne Vermittler, Opfer und Blut.

»Diese Sendungen«, werden Sie jetzt vielleicht protestieren, »wollen doch gar nicht ausgesprochen christlich sein. Es geht ihnen doch nur darum, Glauben als übergeordneten Begriff zu präsentieren. Dementsprechend wird doch bloß ausgesagt, dass es an Gott glaubende Leute gibt und dass Engel real existierende Wesen sind. Genauso sagt es die Bibel ja selbst auch.« Dennoch kann der Kern gar nicht deutlich genug herausgeschält werden: Die in den Geschichten zum Ausdruck gebrachten Vorstellungen verstärken eine zerstörerische, kulturelle Stereotypie.

Was machen wir nun mit den Engelsgeschichten, den Berichten von Engeln, die eingreifen, um dadurch Leuten zu helfen?

Nicht immer können wir den Unterschied zwischen guten und bösen Engeln sehen. Die bösen Engel sind bereit, so viele Zugeständnisse wie nur irgend möglich zu machen, damit sie die Unvorsichtigen verführen. Die Engel der Finsternis verwandeln sich in Engel des Lichts, so dass die Menschen unsicher werden, wer diese Engel wirklich sind.

1. *Böse Engel sind willens, solide christliche Lehre zu reden.* Als Christus in der Synagoge von Kapernaum einen Mann mit einem unreinen Geist traf, rief dieser Mann bei der direkten Begegnung mit Christus aus: *»Was haben wir mit dir zu schaffen, Jesus, Nazarener? Bist du gekommen, um uns zu verderben? Ich kenne dich, wer du bist: Der heilige Gottes«* (Mk 1,24).

Auch Dämonen bekannten, dass Christus der Sohn Gottes ist. *»Was habe ich mit dir zu schaffen, Jesus, Sohn Gottes, des Höchsten? Ich beschwöre dich bei Gott, quäle mich nicht«* (Mk 5,7). Diese Worte äußerten die Dämonen, als Christus ihnen gebot, den geisteskranken Mann zu verlassen. Im Grunde können wir sogar sagen, dass diese Dämonen in der Lage gewesen wären, eine Art Glaubensbekenntnis zu unterzeichnen, das darin mündet, dass Christus »der Heilige Gottes« oder »der Sohn des Allerhöchsten« war.

Natürlich legen Dämonen solche Bekenntnisse nicht von sich aus oder mit Freude ab. Wenn sie jedoch in der Gegenwart Christi sind und zu täuschen versuchen, werden sie trotzdem die richtige Lehre bekennen. Ja, sie sind durchaus fähig, zu erscheinen und auszusagen: *»Höre, Israel! Der HERR ist unser Gott. Der HERR allein«* (5Mo 6,4) – wenn es ihnen damit gelingt, eines ihrer Opfer hinters Licht zu führen.

2. *Falls die Möglichkeit dazu besteht, werden böse Engel die Wunder von Christus nachäffen.* Paulus warnte, dass Satan mit *»Wundern der Lüge«* (2Thes 2,9) auftreten würde. Soweit es in ihrer Macht steht und dem langfristigen Zweck dient, Menschen vom klaren Evangelium von Christus abzulenken, werden böse Engel nützliche Wunder bewirken.

Ein Mann wurde in einer sogenannten Heilungsversammlung von einer ernsten Krankheit befreit. Er musste jedoch feststellen, dass er dabei auch eine »dämonische Finsternis« geerbt hatte. Dabei handelte es sich um das anhaltende Gefühl, die Gegenwart einer bösen Macht in seiner Nähe zu verspüren. Als er Satan widerstand, verließ ihn dieses emotionale Gefühl und diese geistliche Kraft. Allerdings kehrte seine ursprüngliche Krankheit zurück. Wir sollten nicht überrascht sein, dass Heilungen in allen Religionen der Welt bekannt sind. Satan gibt uns gerne etwas scheinbar Gutes, wenn er dafür unser blindes Vertrauen erntet.

Es ist uns also nicht immer möglich, das Gute vom Bösen zu unterscheiden. Sich in die metaphysische Landschaft ohne Landkarte zu begeben, ist einfach nicht klug. Mit einer entsprechenden Landkarte gelingt es uns, das wahre Wesen dieser Engel zu identifizieren.

3. *Böse Engel verfügen über die gleichen Mittel, die auch guten Engeln zustehen.* Soweit wir wissen, können böse Engel viele Aufträge für Satan ausführen und sind insoweit bei der Aufgabenwahrnehmung den guten Engeln Gottes nahezu gleichgestellt. Denken Sie nur an den beeindruckenden »Sieg« (obgleich zeitlich begrenzt), den Satan erringt, wenn Millionen von Menschen fälschlicherweise sein Eingreifen als das Eingreifen Gottes und seiner Engel deuten werden!

Erinnern wir uns daran, dass Satans Absicht nicht darin besteht, die

Erde in das größtmögliche Elend zu stürzen; er legt es darauf an, uns einzuschläfern, während er gleichzeitig seine eigentlichen Ziele im Auge behält. Vorrangig will er falsche Lehre verbreiten, und das harmlose Kulturverständnis von Gott weiter zementieren. Es ist ihm recht, wenn die Leute an einen wohlwollenden Gott glauben, aus dessen Füllhorn Hilfe für jedermann fließt. Manche Leute kultivieren die naive Vorstellung, dass Wunder von guten Engeln herbeigeführt sein müssen, da ja die Auswirkungen so gut und segensreich sind. Wir stellen uns kühn dagegen und sagen, dass »gute« Wunder sehr wohl auch von »schlechten« Engeln bewirkt werden können.

Wie man den Unterschied herausstellt

Die Frage ist also: Wie interpretieren wir die dramatischen Rettungen, Heilungserfolge und Hilfeleistungen, die Leuten in verzweifelter Lage widerfahren? Was sagen wir zu den Berichten »göttlichen Eingreifens« durch himmlische Wesen, die alles wieder ins Lot bringen, und dies ganz unabhängig davon, was Menschen von Christus halten? Denken Sie bitte einmal über das Folgende nach:

1. *Gottes guten Engeln werden Aufgaben erteilt, die sich nur auf die Kinder Gottes beziehen.* Sie werden also nicht wahllos zu allen Männern und Frauen geschickt. *»Sind sie nicht alle dienstbare Geister, ausgesandt zum Dienst, um derer willen, die das Heil erben sollen?«* (Hebr 1,14). Wir finden also in der Bibel eine Definition zur Aufgabe der Engel. Sollte Engeln jemals befohlen werden, Menschen zu helfen, die Christus nicht angenommen haben und so auch nicht »das Heil erben« werden, finden wir hierzu keine Belegstelle in der Heiligen Schrift.

2. *Die guten Engel Gottes haben Anteil an der Ausübung des Gerichts an Unbekehrten.* Ja, manchmal werden Engel zu Unbekehrten geschickt, doch nur, um sie zu verurteilen. Wir denken hierbei sofort an die Engel, die Abraham besuchten. Sie waren damit betraut worden, das Gericht an Sodom und Gomorra zu vollstrecken. Engel

halfen wohl auch Lot, um aus der Stadt zu fliehen, doch nur deshalb, weil er ein an Jahwe Gläubiger war und insofern als *»gerechter Mann«* (2Petr 2,7) erachtet wurde.

Wiederholt können wir in dem Buch der Offenbarung lesen, dass Engel direkt daran beteiligt sind, Gericht über die auszuüben, die nicht unter den Schutz des von Christus erbrachten Opfers gekommen sind. So lesen wir z.B. im vierzehnten Kapitel, wie eine Schar Engel auftritt, die das Gericht verkündet. Einer von ihnen warnt: Wenn jemand das Tier anbetet, *»so wird auch er trinken vom Wein des Grimmes Gottes, der unvermischt im Kelch seines Zornes bereitet ist; und er wird mit Feuer und Schwefel gequält werden vor den heiligen Engeln und vor dem Lamm«* (Offb 14,10). Der danach auftretende Engel verkündet das bevorstehende Gericht, und ein weiterer Engel führt dieses dann aus.

Lesen Sie bitte sorgfältig: *»Und ein anderer Engel, der Macht über das Feuer hatte, kam aus dem Altar hervor, und er rief dem, der die scharfe Sichel hatte, mit lauter Stimme zu und sprach: Schicke deine scharfe Sichel und lies die Trauben des Weinstocks der Erde! Denn seine Beeren sind reif geworden«* (Vers 18).

Und beachten Sie bitte, was dieser Engel danach unternimmt: *»Und der Engel warf seine Sichel auf die Erde und las den Weinstock der Erde ab und warf die Trauben in die große Kelter des Grimmes Gottes«* (Vers 19). Etwas weiter im Buch der Offenbarung lesen wir, wie ein Engel die Vögel im mittleren Himmel dazu einlädt, das Fleisch der Könige, Obersten und anderer mächtiger Männer (Offb 19,17-18) zu fressen, nun, da Gott sie im Gericht vernichtet hat.

Wir brauchen nicht besonders zu erwähnen, dass in der Fernsehserie *Touched by an Angel* keine Engel zur Vernichtung der Bösen vorkommen. Diese von Hollywood erdachten Engel vollbringen stets gute Taten, selbst für solche Leute, die nicht besonders religiös sind; ja selbst für die Leute, die Christus als Lehrer, aber nicht als Erlöser betrachten.

Wenn Spiritualität nicht auf der Autorität der Bibel fußt, wird sie immer wieder Aberglauben erzeugen und eine leichtgläubige Generation in ihren falschen Annahmen bestärken. Wir alle kennen die Berichte, dass Elvis gesehen wurde. Seit Prinzessin Diana zu einer internationalen Ikone geworden ist, gibt es nun solche Meldungen auch über sie. Der berühmte Spiritist Emanuel Swedenborg war sich der Schwierigkeit bewusst, gute Engel von schlechten zu unterscheiden. Nachdem er Jahre mit Spiritismus zugebracht hatte, schrieb er:

>>Wenn die Geister mit einem Menschen reden, sollte dieser aufpassen, dass er ihnen nichts von dem glaubt, was immer sie auch sagen mögen. Sie behaupten nahezu alles ... Sie wären bereit, so viele Lügen zu erzählen, und dies auch mit feierlicher Aufrichtigkeit, dass es der Mensch kaum fassen würde ... Wenn ein Mensch ihnen zuhört und den Geschichten glaubt, machen sie weiter und leiten in die Irre und verführen in [vielerlei] Weise.<<[2]

An anderer Stelle ermahnte Paulus: *>>Wenn aber auch wir oder ein Engel aus dem Himmel euch etwas als Evangelium entgegen dem verkündigen, was wir euch als Evangelium verkündigt haben: Er sei verflucht!<<* (Gal 1,8). Engel sind keine zuverlässigen Quellen der Offenbarung, ganz einfach deshalb schon nicht, weil wir eventuell den falschen Gehör schenken könnten!

Wunder an Wallfahrtsorten

Es kann gut sein, dass Ihnen die Geschichte bekannt ist, nach der die Jungfrau Maria einem kleinen Mädchen vom Lande, Bernadette, 1858 in Lourdes erschienen ist. >>Sie war<<, so äußerte sich Bernadette, >>ein weiß gekleidetes Mädchen und nicht größer als ich.<< Maria trug einen gold- und weißfarbenen Rosenkranz in ihrer Hand und sagte lächelnd: >>Ich bin die unbefleckte Empfängnis.<< Interessanterweise hatte die katholische Kirche vier Jahre zuvor das Dogma von der unbefleckten Empfängnis Mariens verkündet. Das bedeutet, dass Maria von jedem Makel der Erbsünde bewahrt von ihrer Mutter empfangen und geboren wurde und daher ohne Sünde war.

Im Jahr 1990 behauptete Nancy Fowler aus Conyers in Georgia, dass Maria sie auf ihrem etwa dreißig Meilen von Atlanta entfernt gelegenen Bauernhof besucht habe. »Die Zukunft braucht all die nicht zu beunruhigen, die wahrhaft Gott suchen und ihn aufrichtig lieben und in seiner Gunst bleiben«, sagte sie der Menge der angereisten Leute. Über einen Zeitraum von vier Jahren war dies ihre Botschaft jeweils am dreizehnten eines jeden Monats. Dann gab sie bekannt, dass Maria nur noch einmal im Jahr, und zwar genau am 13. Oktober, erscheinen würde. Jedes Jahr sind mehr Menschen zu dem Bauernhof geströmt, selbst dann als sie sagte, dass Maria zum letzten Mal 1998 dort erscheinen würde. Etwa einhunderttausend Leute waren versammelt, als sie für ungefähr dreißig Minuten zu ihnen sprach.[3]

Es sollte nicht verschwiegen werden, dass die vor Ort ansässige katholische Kirche diese Visionen nicht mittrug. Dennoch eilten die Menschen herbei, manche sogar aus Mexiko. Viele behaupten, geheilt worden zu sein oder dass ihnen auf andere Art und Weise Hilfe zuteil wurde, indem sie an diesem Ort zusammenkamen. Andere, die nicht so direkt Hilfe empfangen hatten, bestätigten, dass sie sich seit dem Besuch dieser Stätte insgesamt besser fühlten und enger mit ihrem geistlichen Ich verbunden seien.

Was können wir über die Wunder sagen, die sich angeblich in Lourdes ereignet haben? Viele der Besucher meinen, dass die Erfahrung dort sie dazu gebracht habe, ihre eigene Krankheit anzunehmen, weil sie dort Kranke gesehen hätten, die ein schwereres Los zu ertragen hatten. Auch das Personal, das den Wallfahrtsort betreut, äußert sich positiv: Die Begegnung mit den Besuchern und die Möglichkeit, anderen dienen zu können, habe ihre Sichtweise zu dem verändert, was im Leben wirklich zählt. Trotz der offenkundigen Vermarktung sind sich viele darin einig, dass die Atmosphäre dort von religiöser Hingabe, herzlicher Freundschaft und Frieden inmitten der neugierigen Menschenmasse geprägt sei.

Selbst die ergebensten Beobachter räumen ein, dass nur ein kleiner Prozentsatz der vielen hunderttausend Kranken irgendeine Art von Heilung in Lourdes erfahren. Mindestens neunzig Prozent derer, die Heilung suchen, gehen ohne eine solche wieder fort. (Ich bin sicher, dass diese Zahl auch auf protestantische Glaubensheiler zutrifft.)

Es sei der katholischen Kirche zugestanden, dass sie Wunder nur dann anerkennt, wenn es Belege dafür gibt. Die vatikanische Kongregation für Heiligsprechungsprozesse untersucht Wunder. Danach müssen mindestens ein oder zwei erfolgt sein, bevor jemand heilig gesprochen werden kann. Dieser Auffassung nach wird ein Heiliger nach seinem Tode auf Erden tätig, indem er Gebete erhört und Gott dazu bewegt, Leidenden hier unten zu helfen. Daher berät sich ein Ausschuss von medizinischen Fachleuten, um festzulegen, ob ein Wunder durch die Fürbitte des verstorbenen Heiligen zustande kam.

Interessant ist der Fall der Heiligsprechung der 1997 verstorbenen Mutter Teresa. Sie erreichte diesen Status innerhalb kürzester Zeit, weil ihr zwei Wunder zugeschrieben wurden. Eins davon ereignete sich in den Vereinigten Staaten, wo sich eine Französin bei einem Autounfall mehrere Rippen brach; anschließend wurde sie dem Bericht nach geheilt, als sie ein Mutter-Teresa-Medaillon um ihren Hals trug. Bei dem zweiten Wunder verschwand offenbar das Krebsleiden eines palästinensischen Mädchens, nachdem Mutter Teresa dem Mädchen in Träumen mitgeteilt hatte: »Kind, du bist geheilt.«[4]

Der Internationale Medizinische Ausschuss für den Wallfahrtsort von Lourdes bewertet ebenfalls die Belege für Wunder. Da von vornherein alle sich am Erscheinungsort ereignenden Wunder der Fürbitte von Maria zuerkannt werden, braucht sich der Ausschuss nicht mit Fragen der Heiligsprechung zu beschäftigen. Laut Nachrichtenmagazin *Time* ist seit 1989 kein Wunder mehr anerkannt worden. In dem Maße, wie Medizin und Psychologie rationale Erklärungen für mehr und mehr Heilungen anbieten, wird es zunehmend schwieriger, eine dieser Heilungen als Wunder zu bezeichnen.[5]

Das schließt nicht aus, dass durchaus Heilungen der verschiedensten Art auftreten können, ohne diese gleich offiziell als Wunder einzuordnen. Oft raten französische Ärzte Menschen mit geringen Überlebensaussichten eine Wallfahrt nach Lourdes; dabei betrachten die Mediziner diese Reise als letzten Strohhalm, der allein durch den Glauben an eine Heilung von psychologischem Nutzen ist. Die Zahl der enttäuscht Zurückkehrenden entzieht sich einer seriösen Schätzung.

Natürlich ist es so, dass die meisten von ihnen es nicht der Jungfrau anlasten, dass sie nicht geheilt wurden. Vielmehr schieben sie sich selbst die Schuld zu: Hätte ich doch nur mehr Glauben gehabt oder mehr gute Taten verrichtet oder den Rosenkranz eifriger gebetet. Wie auch immer die Ursachenzuschreibung lauten mag, es bewahrheitet sich der Satz: Je größer die Hoffnungen, desto tiefer die Enttäuschung.

Wem schreiben wir die Wunder zu, die sich in Lourdes oder an anderen Wallfahrtsorten ereignet haben sollen? Als Erstes dürfen wir die Macht der Suggestion nicht unterschätzen. Diejenigen, die sich zu diesen Stätten aufmachen und fest daran glauben, dass ihr Glaube sie heilen wird, können aufgrund ihres Glauben durchaus Hilfe erfahren. Wir wissen, dass eine Reihe von Gebrechen psychosomatischer Natur sind; d.h. sie sind entweder durch den Einfluss des Denkens hervorgerufen oder werden dadurch aufrechterhalten. Lourdes kann zu einem Umschwung des Denkens führen und somit auch die körperliche Verfassung beeinflussen.

Die Wunder von Lourdes sind den Heilungen sehr ähnlich, die uns von der sogenannten Christlichen Wissenschaft berichtet werden. Ich habe mir Bücher dieser religiösen Gruppierung angeschaut und bin dabei auf einen Heilungsbericht nach dem anderen gestoßen. Die meisten dieser Wunder können psychologisch erklärt werden; wir müssen der Kraft des Denkens bei der Überwindung zumindest einiger körperlicher Krankheiten eine zentrale Rolle zuschreiben.

Zweitens ist es eine Tatsache, dass viele Heilungen unvollständig sind. Und das gilt auch, selbst wenn wir einmal annehmen wollen, dass die Zahl der Wunder viel größer als die der offiziell bestätigten ist. Wer glaubt, dass die Jungfrau Maria diese Wunder sofort und vollständig herbeiführt, irrt. Ein Arzt warf die Frage auf, warum sich die Jungfrau damit begnügt habe, nur eine Wunde am Bein eines Kindes zu lindern, nicht aber den deformierten Fuß insgesamt zu heilen. Man sagte ihm darauf, dass die verbliebene Behinderung Ausdruck der Größe des Wunders sei. Es ist oft so, dass einem beim Nachfragen gesagt wird, dass die Wunder nur deshalb unvollständig blieben, um dem so Gesundeten immer wieder »dankbare Erinnerung an den empfangenen Segen« zu sein.[6]

Im Gegensatz dazu berichtet das Neue Testament, dass Christus und die Apostel Wunder vollständig und sofort bewirkten. Es ist unvorstellbar, dass Gott heilend eingreift und dabei eine Wunde am Bein behandelt, aber den Fuß selbst nicht wiederherstellt.

Drittens: Egal, nach welcher Glaubensüberzeugung oder Religion jemand lebt – nach Lourdes kann jeder zur Heilung kommen. Dies sieht auf den ersten Blick wie ein Vorteil aus, empfängt doch Maria jeden Menschen mit ausgebreiteten Armen. So sagt man sogar, dass die Segnungen Marias der ganzen Welt zugänglich seien, unabhängig von der persönlichen Religion oder dem Gott, den jemand anbetet.[7] Diese Botschaft verbindet sich nahtlos mit dem Toleranzgedanken unserer Zeit.

Einen Moment bitte!

Wenn Maria tatsächlich ihre Arme für Anbeter aller Götter öffnet, dann gibt es keine Grundlage mehr für die Annahme, dass diese Wunder von Gott durch Christus vollbracht werden. Die Wunder des Neuen Testaments wurden von Jesus und den Aposteln bewirkt. Ihnen war klar, dass Christus der einzige Weg zu Gott war, und dass dementsprechend Wunder nur »in seinem Namen« zu vollbringen waren. Betrachten wir hierzu die Begegnung von Petrus und dem Zauberer Simon: »*Ein Mann aber, mit Namen Simon, befand sich vorher in der Stadt, der trieb Zauberei und brachte das Volk von Samaria außer sich, indem er von sich selbst sagte, dass er etwas Großes sei*« (Apg 8,9). Petrus trat dem Zauberer direkt entgegen. Simon wollte das Recht, noch größere Wunder zu wirken, käuflich erwerben. Er dachte dabei an Wunder, die sich mit denen des Petrus messen konnten. Petrus entgegnete auf das Ansinnen Simons: »*Du hast weder Teil noch Recht an dieser Sache, denn dein Herz ist nicht aufrichtig vor Gott. Tu nun Buße über diese deine Bosheit und bitte den Herrn, ob dir etwa der Anschlag deines Herzens vergeben werde! Denn ich sehe, dass du voll bitterer Galle und in Banden der Ungerechtigkeit bist*« (Verse 21-23). Ein solides Schriftverständnis und die richtige Gesinnung des Herzens sind wesentlich, wenn man Wunder wirken will.

Wir können ebenfalls aus der Geschichte der Israeliten lernen. Es gab eine Zeit, als die Israeliten eine heidnische Göttin anbeteten und sie »*Königin des Himmels*« (Jer 7,18; 44,17-25) nannten. Sie bestanden darauf, dass sie es war, die ihnen Getreide und das tägliche Essen gab. Sie verstiegen sich in ihrer Frechheit sogar zu der folgenden Behauptung: »*Aber seitdem wir aufgehört haben, der Königin des Himmels Rauchopfer darzubringen und ihr Trankopfer zu spenden, haben wir an allem Mangel gehabt und sind durch das Schwert und durch den Hunger aufgerieben worden*« (Vers 18). Die Israeliten waren davon überzeugt, dass ihre Gebete zu einer heidnischen Göttin sich für sie auszahlten; sie glaubten, dass es ihnen wegen ihrer falschen Anbetung besser ginge.

Gott wollte nichts davon wissen und sagte ihnen, dass ihm eine solche Anbetung ein Gräuel ist. Lassen Sie uns hier etwas sehr deutlich ansprechen: Es ist möglich, von falscher Anbetung zu profitieren; es ist möglich, Wunder zur materiellen Versorgung oder auch zur Hilfe in Anspruch zu nehmen. Doch auch solche »Wunder« rechtfertigen falsche Lehre nicht. Zur Erinnerung: Unsere einzige Hoffnung, um ein Wunder richtig zu deuten, liegt darin, dass wir sorgfältig untersuchen, auf welcher Lehre dieses beruht. Interessanterweise bahnte sich die Anbetung dieser heidnischen Göttin ihren Weg in das Christentum; und so kommt es zustande, dass von Maria als »der Himmelskönigin« gesprochen wird.

Dan Wakefield erzählt in seinem Buch *Expect a Miracle* (Erwarten Sie ein Wunder), dass ihn seine Suche nach Wundern zu vielen verschiedenen Wallfahrtsorten und den unterschiedlichsten Religionen führte. Er entdeckte, dass es in jeder Religion Wunder gibt. Im Buddhismus finden sich Berichte darüber, dass »Tara Leute geheilt hat ... [In] Zeiten der Verzweiflung kann man sie anrufen und sie nimmt sich meiner an und hilft.«[8] Bei den Hindus gibt es Visionen, spirituelle Begegnungen, Rituale und Wunder. Wakefield zitiert einen Artikel in der *Washington Post*, wonach die Macht des Gebets bei der Wiederherstellung Kranker zunehmend ernster genommen wird. In dem Bericht heißt es, dass sich die positiven Auswirkungen nicht an der Religionszugehörigkeit oder angebeteten Gottheit festmachen.[9] Es ist klar, dass wir in dieser Zeit von Wundern ein auf der Bibel gegründetes Unterscheidungsvermögen brauchen.

Die Bibel heißt Wunder nicht gut, falls sie von irgendeinem Menschen oder einem beliebigen Gott bewirkt werden. Wenn es unerheblich ist, was man glaubt, ist es genauso belanglos, in wessen Namen man geheilt wird. Wie wir bereits festgestellt haben, wurde Menschen der Zutritt zum Himmel verwehrt, obwohl sie Wunder im Namen Christi vollbracht hatten. Der Grund dafür lag in ihrem mangelhaften Verständnis der eigenen Erlösungsbedürftigkeit (Mt 7,21-22). Ich muss es wiederholen: *Nicht alles Wundersame ist von Gott.*

Auf einem Flug nach Europa begegnete ich einer Gruppe von Leuten, die sich aufgemacht hatten, verschiedene Orte von »Marienerscheinungen« zu besuchen. Sie wollten mich glauben machen, dass diese Erscheinungen und die sie begleitenden Wunder in keiner Weise von den durch Christus gewirkten Wundern ablenkten: Lassen Sie Christus seine Wunder tun und seine Mutter die ihren. Das war die Meinung der Gruppe.

So einfach ist die Sache aber nicht.

Zum einen – und auch wenn Katholiken dagegen Einwände erheben – lenkt die Suche nach wundersamen Marienerscheinungen sehr wohl von den Wundern Christi und dem Evangelium ab. Das zeigt sich dadurch, dass Millionen von Menschen zu den Marienwallfahrtsorten strömen und dabei mehr Hoffnung, freudige Erwartung und Vertrauen empfinden, als sie es tun, wenn sie ihre Bibel öffnen.

Am Wallfahrtsort von Guadeloupe in Mexiko wurde ich Augenzeuge, wie ganze Menschenmassen auf blutigen Knien Hunderte von Metern zu dem Ort ihrer Hoffnung krochen, um die Gunst der Jungfrau Maria zu gewinnen. Viele von ihnen waren junge Frauen mit Säuglingen auf dem Arm; sie bauten darauf, die Jungfrau milde zu stimmen und der Leiden Christi teilhaftig zu werden. Dort in Mexiko überlappte sich eine bestimmte Ausprägung des Christentums sehr wohl mit heidnischem Aberglauben und Legenden.

Nun könnte man einwenden, dass es sich hierbei nicht um den eigentlichen Katholizismus handelt, sondern eher um eine Vermischung des Katholizismus mit heidnischen Glaubensvorstellungen. Auffällig ist aber, dass der offizielle Katholizismus diese Häresie und die damit verbundenen Praktiken nicht verdammt. Ja, der Papst hat sogar im Jahre 1999 an diesem Wallfahrtsort eine Messe gelesen, ohne auch nur mit einem einzigen Wort den Aberglauben, das Heidentum und die Vermarktung des Ortes zu tadeln.

Zum anderen fallen diese Heilungen in dieselbe Kategorie wie die der sogenannten Christlichen Wissenschaft oder der New-Age-Bewegung. Es besteht daher die Möglichkeit, dass es sich bei den Heilungen – falls sie denn stattfinden – um Werke Satans handelt. Der Teufel mag es gerade darauf anlegen, uns dadurch zu täuschen, dass er so viel »Gutes« vollführt, wie er eben kann.

Es ist eine altbekannte Tatsache, dass Satan in jeder denkbaren Form auftreten kann. Wenn Sie Katholik sind, kommt er als Maria; dem Protestanten erscheint er als Jesus und dem Hindu als Krishna. Vereinfacht ausgedrückt: Entweder wurzelt ein Wunder in Christus und der Bibel oder in der Welt des Okkulten mit all ihren Täuschungen und Dämonen.

Auch die katholische Kirche erkennt die Möglichkeit der Täuschung an: Wir können nichts Besseres tun, als dem Rat des Ignatius von Loyola zu folgen: Ein junger Mann behauptete, in seinen Händen würden auf wundersame Weise die Wundmale Christi sichtbar. Als man diesen Fall vor Ignatius brachte, meinte dieser, dass diese Zeichen (die Male) »wohl genauso gut das Werk des Teufels sein könnten, wie sie vielleicht von Gott selbst stammten.«[10] Einverstanden.

Letztendlich gibt es im Universum nur zwei »Wundertätige«. Und wenn wir nicht den Lehren der Heiligen Schrift folgen, können wir von Wundern irregeleitet werden, die der anderen Seite der geistlichen Welt entspringen. Wir müssen nach rechter Lehre und lauteren Motiven als Minimalbedingungen Ausschau halten, wenn wir Gottes Wunder annehmen.

Anmerkungen

Teile dieses Kapitels sind erstmalig erschienen in: Erwin W. Lutzer: *Wunder – kein Problem?!* (Dillenburg, Christliche Verlagsgesellscht, 2001).

1. *Citizen*, Dezember 1997.

2. Emanuel Swedenborg, zitiert nach John Ankerberg und John Weldon: *The Facts on Channeling* (Chattanooga: John Ankerberg Evangelistic Association, 1998), S. 8.

3. Chicago Sun-Times, 14. Oktober 1998.

4. Chicago Sun-Times, 1. März 1999.

5. »Modern Miracles Have Strict Rules«, Time, 10. April 1995, S. 74.

6. B.B. Warfield, *Counterfeit Miracles* (London: Banner of Truth, 1918), S. 108.

7. Ebd., S. 124.

8. Dan Wakefield, *Expect a Miracle* (San Francisco: Harper, 1995), S. 30-31.

9. Ebd., S. 20.

10. Ignatius von Loyola, zitiert nach Warfield, *Counterfeit Miracles*, S. 85.

KAPITEL 10

Wenn man das Verhalten beurteilt ...

Können wir Übereinstimmung erzielen über das, was richtig und falsch ist?

Christen haben unterschiedliche Vorstellungen darüber, wie man sich zu verhalten hat.

Wir dürfen nie vergessen, dass einige Dinge immer falsch sind: Es ist immer falsch, die Zehn Gebote zu brechen; es ist immer falsch, es der Welt gleich zu tun; es ist immer falsch, kränkende Worte auszusprechen; es ist immer falsch, den Heiligen Geist zu betrüben. Es ist immer falsch, unsere sinnlichen Gelüste anzustacheln. Die Liste ließe sich fortsetzen.

Dann gibt es aber auch genauso Dinge, die immer richtig sind: Es ist immer richtig, einander in Liebe zu begegnen; es ist immer richtig, unsere Herzen den himmlischen Dingen zuzuwenden und nicht den vergänglichen; es ist immer richtig, vom Heiligen Geist erfüllt zu sein. Es ist immer richtig, ehrlich zu sein und andere Leute zu respektieren.

Trotzdem bleibt eine Grauzone. Manche Dinge sind nicht so einfach als richtig oder falsch, sündig oder nicht sündig zu klassifizieren. Einige Dinge sind eine Frage des Gewissens. In Europa ist es üblich, dass auch Christen Wein oder andere gegorene Getränke trinken. Groß ist dann die Überraschung, wenn sie erfahren, dass viele amerikanische Christen völlig abstinent leben. Viele von uns Amerikanern begründen dies damit, dass es angesichts des Fluchs des Alkoholismus besser ist, überhaupt nicht zu trinken. Andere Christen argumentieren dagegen. Ihrer Meinung nach kann alles – Essen und Trinken eingeschlossen – missbraucht werden. Als Jesus auf der Erde wandelte, nahm er Wasser und verwandelte es in Wein. Im Ergebnis bleiben so diese unterschiedlichen Auffassungen bestehen.

Vor geraumer Zeit wurde von der Kanzel verkündigt, dass Christen nicht ins Theater oder Kino gehen sollten; heute aber – ob dies nun gut oder schlecht ist – besuchen Christen diese Orte regelmäßig. Dann gab es Zeiten, als Christen sonntags nicht an sportlichen Wettbewerben teilnahmen; heute hingegen schätzen wir christliche Athleten auch dann, wenn ihre Einsatzpläne während der Spielsaison den Besuch eines Gottesdienstes am Sonntag unmöglich machen. Die Liste der Gebote und Verbote variiert von Kultur zu Kultur und je nach Zeitalter.

Wie können wir diese Unterschiede am besten bewältigen?

Sich auf eine Diskussion über diese Dinge einzulassen, bedeutet, ein Minenfeld zu betreten. Dessen bin ich mir wohl bewusst. Das hervorstechende Merkmal eines Minenfeldes liegt darin, dass die Minen versteckt sind. Ich gehe also das Risiko ein, auf eine dieser Minen zu treten, ohne dass ich sie erwartet habe. Wir müssen uns jedoch vergegenwärtigen, dass dieses Feld für den einen Gefahr, für den anderen Schutz bedeutet. Gehen wir also gemeinsam durch dieses Kapitel.

Wir alle neigen dazu, unsere eigenen Überzeugungen zu verallgemeinern; wir wollen das verabsolutieren, was relativ sein sollte. Wir sind der Meinung, dass alle unserer persönlichen Musikrichtung und Form der Anbetung zu folgen haben. Wir wären schockiert zu erleben, wie unterschiedlich Menschen in anderen Teilen der Welt ihre Anbetung ausdrücken; manche tun dieses schlicht, andere in großer Freiheit mit Tanz und Gesang. Wir sind viel stärker in unserer eigenen Kultur eingepflanzt, als wir es vermuten. Und doch wollen wir unsere persönlichen Vorlieben zum Maßstab aller Dinge machen.

Die andere Versuchung besteht darin, Sünde zu relativieren. Es ist zu beobachten, wie wir Sünde als vertretbar definieren, indem wir absolute Werte auf kulturelle Normen und Einstellungen reduzieren. Wenn wir dies tun, senken wir den Standard, anstatt ihn auf solide biblische Prinzipien zu gründen. Wir sollten immer bemüht sein, das Gleichgewicht zwischen Gesetzlichkeit und Freizügigkeit herzustellen.

Ein weiteres Problem tut sich auf, wenn wir Geistlichkeit danach bemessen, was wir *nicht* tun. Wir finden Gefallen an langen Listen von Geboten und Verboten, weil sie uns dabei helfen, den Inhalt christlichen Lebens zu präzisieren. Einige von uns erinnern sich vielleicht an den bekannten Reim, der besagt:

»Tu nicht trinken, tanzen, Kaugummi kauen,
oder mit Mädchen ausgehen, die darauf bauen!«

Etliche Leute glauben immer noch, dass der Beweis der Bekehrung damit erbracht ist, dass man einfach die richtigen »Regeln« befolgt.

Sind diejenigen, die Regeln – sogar strenge Regeln – einhalten, gesetzlich? Ja und nein. Gesetzlichkeit ist gleichbedeutend mit der falschen Anwendung von Regeln und Gesetzen. Wenn ich also meine, dass ich durch die Einhaltung von Regeln gottwohlgefällig bin, dann bin ich gesetzlich. Regeln können mich vor einigen ausgewählten Sünden bewahren; was sie mir jedoch nicht geben können, ist die Gerechtigkeit vor Gott. Regeln bringen mich auch nicht dazu, Gott mehr zu lieben oder nach Heiligkeit zu streben. Jesus versuchte, den Pharisäern zu zeigen, dass Regeln nicht das Herz eines Menschen erreichen können.

Es gibt hier in Chicago einen Stadtbezirk mit etwa 160.000 Bewohnern. Keiner von ihnen trinkt einen Tropfen Alkohol oder raucht. Niemand von ihnen geht tanzen oder ins Kino. Ich habe einem Freund von mir davon erzählt, und er wollte diesen Bezirk gleich besuchen, ja vielleicht sogar dort hinziehen. Ich sagte ihm, dass das eines Tages gut möglich sein könnte. Bei dem Bezirk handelt es sich um den Rose Hill Friedhof! Sehen Sie, manche Menschen definieren das christliche Leben durch all die Dinge, die sie *nicht* tun. Dabei verfehlen Sie aber den eigentlichen Punkt.

Trotzdem haben Regeln – selbst die negativen – ihren Wert. Sie bewahren uns vor einigen ausgewählten Sünden. Ich bin dankbar für die Regeln, die mich in meiner Jugendzeit von bestimmten Sünden ferngehalten haben. Wir haben auch unsere Kinder mit vielen dieser Regeln erzogen. Es gibt eine Fülle von Dingen, die man besser nicht tut; einige davon sind ganz einfach falsch. Und natürlich haben Verhaltensvorschriften Bedeutung, wie uns die Anweisungen der Zehn Gebote deutlich vor Augen führen.

Wir wollen daher nicht diejenigen kritisieren, die Regeln beibehalten möchten; sie mögen gesetzlich erscheinen, sind dies aber nicht automatisch. Jesus beanstandete nicht, dass die Pharisäer Gesetze einhielten (obwohl einige von ihnen über die Grenzen der Schrift hinausgingen). Vielmehr betrübte ihn, dass die Pharisäer kurz vor dem Eigentlichen anhielten: der Entwicklung einer persönlichen Beziehung zu Gott.

Für einige Leser mag es trivial erscheinen, mit welchen Sachverhalten sich dieses Kapitel befasst. Doch wenn Sie ein Mitglied der Familie Gottes sind und dem Herrn gefallen möchten, sind auch triviale Sünden von Wichtigkeit. Wir müssen dem Herrn wohlgefällig sein und miteinander daran arbeiten. Dies ist keine kleine Aufgabe. Wir wenden uns daher an die Bibel, um die Ge- und Verbote zu besprechen. Wir hoffen, in den Prinzipien Einigkeit zu erzielen, wenn auch nicht in einzelnen Verhaltensweisen. Zwei Leute können dieselben Regeln einhalten. Und doch mag es der eine gesetzlich tun, weil er meint, die Regeln definierten sein Verhältnis zu Gott. Der andere Mensch jedoch ist sich dabei bewusst, dass das wirklich Wichtige darin liegt, seine Beziehung zu Gott zu pflegen. Im Kern ist Gesetzlichkeit eine Frage des Herzens und der Motive für das entsprechende Verhalten.

Gebote und Verbote

Im Rom des ersten Jahrhunderts hatten einige der zum Christentum bekehrten Gläubigen jüdische Wurzeln, andere kamen aus dem Heidentum. Manche der Bekehrten waren überzeugt, dass die

Essensvorschriften des Alten Testaments einzuhalten waren; andere folgten der neuen Offenbarung, dass solche Anforderungen nun der Vergangenheit angehörten. Paulus schrieb ihnen, um ihnen so Prinzipien zur Klarstellung an die Hand zu geben. Diese sind auch heute noch für uns relevant. Er sagte, dass mitunter zwei gleichberechtigte Standpunkte nebeneinander existieren können und wir uns gegenseitig annehmen und friedlich zusammenleben müssen.

Richte nicht andere Geschwister!

»Den Schwachen im Glauben aber nehmt auf, doch nicht zur Entscheidung zweifelhafter Fragen! Einer glaubt, er dürfe alles essen; der Schwache aber isst Gemüse« (Röm 14,1-2). Wie lässt sich dieses miteinander vereinbaren? Paulus führte weiter aus: *»Wer isst, verachte den nicht, der nicht isst; und wer nicht isst, richte den nicht, der isst! Denn Gott hat ihn aufgenommen«* (Vers 3). Wer die neuen Offenbarungen Gottes bezüglich der Freiheit von Essensvorschriften verstand (d.h. die im Glauben Starken), sollte nicht die Geschwister richten, die diese Freiheit zum Verzehr von Fleisch nicht besaßen (d.h. die im Glauben Schwachen).

Paulus betrachtete die als stark, die Freiheit in dieser Angelegenheit besaßen; die anderen Gläubigen sahen es als notwendig an, sich den alten Regeln zu unterwerfen und waren daher schwach. Wenn wir dabei gewesen wären, hätten wir die Sache wohl ganz anders beurteilt. Wir hätten wahrscheinlich die Verfechter der alten jüdischen Vorschriften als stark bezeichnet; im Gegensatz dazu hätten wir die anderen, die die Freiheit hatten, alles zu essen, wohl schwach genannt. Stillschweigend nehmen wir an, dass der Christ schwach ist, der die Freiheit in Anspruch nimmt, gewisse Handlungen zu genießen. Umgekehrt halten wir den Christen für stark, der die Auffassung vertritt, dass eine solche Freiheit im Handeln die Kapitulation vor der Welt bedeutet.

Paulus sagte genau das Gegenteil. Ein starker Christ wird erkennen, dass moralisch neutrale Handlungen nicht kategorisch zu verbieten sind. Ein schwacher Christ wird Tabus vervielfachen, und glaubt dabei fest, dass geistliches Leben gleichzusetzen ist mit der richtigen

Zusammenstellung von »Verboten«. In Rom war es dem starken Christen möglich, Fleisch zu essen und dabei ein reines Gewissen zu haben; der schwache Christ war dazu nicht fähig.

Paulus stellte heraus, dass weder der Starke den Schwachen noch umgekehrt richten sollte. Wer sich als starken Christen sieht, wird nicht den schwachen richten. Die Person, die das Kino besucht, sollte nicht den Menschen richten, der sich weigert, dorthin zu gehen; und doch sollte auch der, der zu Hause bleibt, den Kinogänger nicht richten – es sei denn, es handelt sich um einen gewagten Film, den kein Christ sehen sollte. Das Kino als solches ist neutral; wir müssen deshalb Spielraum in der Handlungsfreiheit ansetzen, ohne zu richten. Für den starken Glaubensbruder ist das Kino an sich nichts Besonderes, aber trotzdem darf er den schwachen Bruder nicht richten, der der festen Überzeugung ist, dass seine Anwesenheit an diesem Ort ein Zugeständnis an die Welt bedeutet.

Angenommen, Sie und einige andere Personen wären Diener in einem Haushalt. Fiele es in Ihren Verantwortungsbereich, die Leistung der anderen zu beurteilen? Nein. Paulus schrieb: *»Wer bist du, der du den Hausknecht eines anderen richtest? Er steht oder fällt dem eigenen Herrn. Er wird aber aufrecht gehalten werden, denn der Herr vermag ihn aufrecht zu halten«* (Röm 14,4). Im Weiteren veranschaulichte er seine Aussage mit Blick auf den Sabbat. Auch nach ihrer Bekehrung konnten manche Juden nicht mit der alten Vorschrift brechen, den siebten Tag der Woche anstelle des ersten Tages (Sonntag) zu beachten. Wie ging Paulus damit um? *»Der eine hält einen Tag vor dem anderen, der andere aber hält jeden Tag gleich. Jeder aber sei in seinem eigenen Sinn völlig überzeugt!«* (Vers 5).

Können Sie sonntags ein Fußballspiel besuchen? Wenn wir sagen: »Nun, es ist in Ordnung, ein Fußballspiel am Sonntag am Bildschirm zu verfolgen, nicht aber, dieses im Stadion mitzuerleben«, werden wir flugs in Haarspaltereien verwickelt. Die Frage betrifft das persönliche Gewissen, und es steht uns nicht zu, andere Geschwister in dieser Frage zu richten. Unser Hausherr mag es einem seiner Kinder gestatten, sich an solchen Handlungen zu beteiligen, einem anderen nicht. Vor Ihrem eigenen Herrn müssen Sie stehen oder fallen.

Sollen wir dann also nicht besorgt darüber sein, wie der Sonntag durch Sport, Einkaufen und Herumreisen entehrt wird? Doch, wir sollten uns darüber Sorgen machen. Zwar ehren wir Gott jeden Tag, doch ist der Sonntag eine besondere Zeit, zu der wir uns mit den Glaubensgeschwistern versammeln. Die Antwort liegt jedoch nicht darin, dass wir eine Regel aufstellen, der sich jeder einzelne Christ zu unterwerfen hat! Sie lautet vielmehr, dass wir den Menschen beibringen müssen, Gott mehr als den Sport zu lieben. Und in gleicher Weise die Gläubigen mehr zu lieben als das Einkaufen oder andere Beschäftigungen.

Paulus hätte Folgendes gesagt: Welchen Tag wir auch als unseren besonderen Tag auswählen, ob Samstag oder Sonntag; welche Essensvorschrift wir auch befolgen, wir müssen immer zur Ehre Gottes anbeten und essen. Wenn dies unsere Motivation ist, dann lassen Sie uns nicht einander richten. Im Haushalt Gottes gibt es Platz für Unterschiede im Verhalten.

Trage mit deinem eigenen Verhalten Sorge dafür, dass deine Glaubensgeschwister nicht stolpern!

»Lasst uns nun nicht mehr einander richten, sondern haltet vielmehr das für recht, dem Bruder keinen Anstoß oder kein Ärgernis zu geben!« (Röm 14,13). Noch eindeutiger und zum wiederholten Mal formuliert es Paulus wenige Verse später: *»Zerstöre nicht einer Speise wegen das Werk Gottes! Alles zwar ist rein, aber es ist böse für den Menschen, der mit Anstoß isst. Es ist gut, kein Fleisch zu essen, noch Wein zu trinken, noch etwas zu tun, woran dein Bruder sich stößt«* (Verse 20-21).

Was bedeutet die Aussage, keinen Stolperstein in den Weg seines Bruders zu legen, ihm also nicht zum Ärgernis zu werden?

Betrachten wir dazu eine etwas andere Meinungsverschiedenheit, die Paulus in der Gemeinde in Korinth erlebte. Dort befand sich der Mittelpunkt heidnischer Anbetung und sexueller Freizügigkeit. Teil heidnischen Tempeldienstes war es, das den Göttern geweihte Fleisch zu verzehren. Es war die Aufgabe des Priesters, das von den Tempelbesuchern dargebrachte Fleisch auf den Altar zu legen; danach wurde dieses Fleisch zum Markt gebracht und dort zu einem geringeren Preis als vergleichbares und direkt vom Schlachthof kommendes Fleisch verkauft. Als die Heiden Christen wurden, erkannten sie, dass ihre alten Götzen wertlos waren und demzufolge auch ihnen dargebrachtes Fleisch nicht unrein war. Es gab aber einige Christen, deren Glaube schwach war. Sie waren sich ihrer ehemaligen heidnischen Anbetung bewusst und hatten das Gefühl, dass der Verzehr des Götzenopferfleisches sie auch jetzt noch an ihren ehemaligen Götzendienst binden könnte. Dieses Fleisch zu essen, war für sie gleichbedeutend mit der eigenen Verunreinigung.

Sie können sich bestimmt vorstellen, welche Unstimmigkeiten durch dieses unterschiedliche Verständnis erzeugt wurden.

»Ich kann es nicht glauben! Du isst Fleisch, das Zeus dargebracht wurde!«

»Nun aber langsam, wer ist denn Zeus? Er ist doch nicht mehr als ein bloßer Götze aus Stein.«

»Das mag wohl sein, aber hinter diesen Götzen stecken Dämonen.«

»Zugegeben, das ist richtig. Aber ich bin ein Nachfolger von Jesus. Und deshalb nimmt er das, was den heidnischen Gottheiten gehörte und heiligt es.«

Der eine Christ beschuldigte den anderen, dass er sich nicht genügend von der Welt absonderte; der andere würde ihm darauf Engstirnigkeit vorhalten. Paulus zeigte, dass Christen in dieser Frage Handlungsfreiheit haben. Damit war aber nicht unbedingt gemeint, dass sie diese ausschöpfen mussten – trotz ihrer Erkenntnis, dass ein Götze keine Bedeutung hat. Nur weil einige Gläubige wussten, dass sie das Fleisch essen konnten, hieß dies doch nicht, dass sie ihren Spielraum nutzen *sollten*. Ja, es ist richtig, dass Gott alle Speisen rein gemacht hat. Und doch schrieb Paulus vor dem Hintergrund, dass für einige Christen der Verzehr des Götzenopferfleisches ein Zugeständnis an das Heidentum war: »*Seht aber zu, dass nicht etwa diese eure Freiheit den Schwachen zum Anstoß werde!*« (1Kor 8,9).

Was also bedeutet es, zum Anstoß zu werden? Es heißt ganz gewiss nicht, niemals irgendetwas zu tun, was einem anderen Christ nicht gefällt! Christus hat häufig Dinge gesagt und getan, die anderen ein Dorn im Auge waren – sogar seinen Jüngern. Wenn es Christus darum gegangen wäre, den Pharisäern keinen Grund zum Anstoß zu sein, hätte er keine Leute am Sabbat geheilt und nicht mit Zöllnern und Sündern gespeist. Diese Handlungen erzürnten die religiösen Gruppierungen aufs Äußerste, und doch führte er sie aus.

Für Paulus wurde man also durch etwas anderes zum Ärgernis. Es ging ihm darum, dass man es vermied, etwas zu tun, wodurch ein Glaubensbruder wieder in sein altes Sündenleben geworfen wurde. Stellen wir uns dazu einmal vor, der schwächere Bruder wird in das Heim des stärkeren eingeladen, der ihm Fleisch serviert. Der schwächere Bruder erkundigt sich, ob es sich bei diesem Fleisch um Götzenopferfleisch handelt. Der Stärkere bejaht. Sogleich glaubt der schwächere Bruder, dass er dadurch wieder in die alten Bindungen an die heidnischen Götzen hineingezogen wird. In unserem Beispiel hat der eine Bruder den anderen in eine sehr heikle Situation gebracht, die den schwächeren dazu zwingt, entweder unhöflich zu sein oder sein Gewissen zu verletzen. Paulus sagt hier klar: »Tut das nicht.«

Auch wenn die folgende Geschichte wie eine triviale Veranschaulichung des Sachverhalts klingt, möchte ich sie erzählen, da ich selbst zugegen war. Das Leben eines bestimmten Mannes zeichnete sich dadurch aus, dass er seine ganze Freizeit in einer Spielhalle verbrachte und dort ausgiebig seiner Trink- und Spielleidenschaft nachging. Dann übergab er sein Leben vollständig Jesus. Nach einigen Monaten wurde er in das Haus eines christlichen Ehepaars eingeladen, das einen Billardtisch im Keller stehen hatte. Dem jungen Christen stockte der Atem, als er den Tisch entdeckte; er hielt es nicht für möglich, dass Christen dieses Spiel spielten, das seiner Auffassung nach so sündhaft war. Der ältere Glaubensbruder war von der Reaktion seines neuen Freundes überrascht. Was konnte wohl daran auszusetzen sein, wenn man Billard spielte? Die Antwort ist einfach: nichts. Er würde jedoch sündigen, wenn er darauf bestünde, dass der junge Christ beim Spiel mitmacht. Es wäre sogar besser, wenn er auf das Spiel an dem Tag ganz verzichten würde und so seinen Bruder nicht in die Situation brächte, seine Überzeugungen zu kompromittieren.

Wenn das Weintrinken meinen Bruder in Versuchung bringt, erneut dem Alkoholismus zu verfallen; wenn eine Einladung zu einer Football-Begegnung bei meinem Bruder seine Sportbesessenheit wieder aufleben lässt; wenn der Kinobesuch ihn wieder in sein Leben sinnlichen Vergnügens zurückführt, dann sollte ich diese Dinge lassen, auch wenn ich die Freiheit besitze, sie zu tun. *»Darum, wenn eine Speise meinem Bruder Ärgernis gibt, so will ich nie und nimmer mehr Fleisch essen, damit ich meinem Bruder kein Ärgernis gebe«* (1Kor 8,13).

Wir sind nicht nur für uns selbst verantwortlich, sondern auch füreinander.

Belasten Sie nicht Ihr Gewissen!

Paulus fährt fort, die römische Gemeinde mit diesen Worten zu unterrichten: *»Hast du Glauben? Habe ihn für dich selbst vor Gott! Glückselig, wer sich selbst nicht richtet in dem, was er gutheißt! Wer aber zweifelt, wenn er isst, der ist verurteilt, weil er es nicht aus Glauben tut. Alles aber, was nicht aus Glauben ist, ist Sünde«* (Röm 14,22-23). Dieses Prinzip gilt sowohl dem starken als auch dem schwachen Bruder. Der Schwache soll nichts tun, was er nicht mit seinem Glauben vereinbaren kann, auch wenn es sich dabei um harmlose Dinge handelt. Ebenso soll der starke Bruder solche Handlungen unterlassen, die er nicht für richtig und gut hält. Falls eine Handlung Ihr Gewissen in irgendeiner Weise belastet, *verzichten Sie einfach darauf.*

Da unser Gewissen von seinem Umfeld beeinflusst wird, fühlen sich manche vielleicht schon bei den allertrivialsten Dingen schuldig. Mit der Zeit werden diese Gläubigen Gottes Offenbarung hinsichtlich der Freiheit eines Christen in der Ausübung mancher Handlungen verstehen dürfen. Solange sie dieses Verständnis noch nicht besitzen, werden ihnen diese Handlungen zur Sünde, weil sie dabei kein reines Gewissen haben. Auch der starke Bruder sollte sich seines Gewissens überzeugen, denn wenn er durch seine Handlungen anderen zum Ärgernis wird, ist sein Gewissen nicht rein.

Heute gibt es gewisse Kartenspiele, die ihren Ursprung im Okkultismus haben. Ich selbst spiele aus tiefster Überzeugung überhaupt keine Kartenspiele und schon gar nicht solche mit okkulten Symbolen oder Verbindungen. Wenn ich also spielte, würde ich mein Gewissen belasten. Nun bin ich vor einiger Zeit in einem christlichen Altenheim zu Gast gewesen. Dabei fiel mir auf, dass viele der Leute dort Karten spielten. Meine erste Reaktion war, sie zu verurteilen und mich zu der Behauptung aufzuschwingen, kein Christ dürfe mit diesen Karten spielen, ganz abgesehen davon, dass sie Zeitverschwendung seien. Man denke nur einmal an all die Möglichkeiten, die brachliegen: die Rentner könnten sich für Missionare interessieren, mit ihnen korrespondieren und für ihre Kinder beten!

Je mehr ich allerdings darüber nachdachte, desto mehr erkannte ich, dass wir auch in diesem Fall dem persönlichen Gewissen Freiraum ermöglichen müssen. Ebenso wie das Götzenopferfleisch, das durch das Wort Gottes und das Gebet geheiligt wurde, sind vielleicht auch die Spielkarten in den Händen von Christen einfach nur das, was sie sind – Karten mit Bildern. Paulus würde hier wohl anmerken: *»Du aber, was richtest du deinen Bruder? Oder auch du, was verachtest du deinen Bruder? Denn wir werden alle vor den Richterstuhl Gottes gestellt werden. ... Also wird nun jeder von uns für sich selbst Gott Rechenschaft geben«* (Röm 14,10.12).

Ja, wie wir gesehen haben, gibt es also Zeiten, in denen wir richten müssen; aber seien wir auf der Hut, dass wir uns selbst zuerst richten. Und lassen Sie uns auch sicherstellen, dass wir nicht unsere Gewissen belasten.

Dienen Sie nicht Ihrem eigenen Ich, sondern Gott!

Paulus benennt im folgenden Kapitel das vierte Prinzip, das uns Richtschnur für unser Handeln sein soll: *»Der Gott des Ausharrens und der Ermunterung aber gebe euch, gleichgesinnt zu sein untereinander, Christus Jesus gemäß, damit ihr einmütig mit einem Munde den Gott und Vater unseres Herrn Jesus Christus verherrlicht. Deshalb nehmt einander auf, wie auch der Christus euch aufgenommen hat, zu Gottes Herrlichkeit!«* (Röm 15,5-7).

Wenn wir ein Leben führen wollen, das Gott verherrlicht, müssen wir uns von der reinen Regelbefolgung lösen; eine solche Motivation geht über die Gesetzlichkeit hinaus, denn sie ist nicht länger darauf gerichtet, das christliche Leben auf eine Liste von Ge- und Verboten zu reduzieren. Eine solche Antriebskraft für unser Leben schlägt auch nicht in einen Missbrauch unserer Freiheit im Handeln um. Es handelt sich hier also um ein Prinzip, das unser Herz offenlegt und Grundlage für all unser Verhalten wird.

Sie sagen von sich, dass Sie die Freiheit besitzen, ins Kino zu gehen? Nun, dann achten Sie beim Besuch darauf, dass Sie tatsächlich nur solche Filme sehen, die Ihnen dabei helfen, Gott zu verherrlichen. Sie können mit reinem Gewissen fernsehen? Dann schauen Sie doch am besten wirklich nur die Sendungen an, die Ihnen bei der Verherrlichung Gottes dienlich sind. Und alle von uns müssen darauf vorbereitet sein, das Gerät abzuschalten, wenn die Programme nicht länger diesen Zweck erfüllen. Wir lieben Gott und wollen Ihm dienen. Gott existiert nicht für uns, sondern wir für ihn. Es geht nur um ihn, nicht um uns.

Wenn Sie in gleicher Weise die Freiheit besitzen, Alkohol zu konsumieren, versichern Sie sich, dass Sie auch dieses zur Ehre Gottes tun; das Trinken sollte Sie nicht zur Trunkenheit führen. Wenn Sie mit reinem Gewissen sonntags im Verein Sport treiben, tun Sie dieses zur Erhöhung Gottes; haben Sie allerdings auch die Kraft, sich von dieser Beschäftigung zu trennen, wenn es Sie in Konflikt mit dem Wunsch bringt, demjenigen zu gefallen, der Sie erkauft hat. Für das Tanzen gilt dasselbe Prinzip. Wenn Sie tanzen dürfen, tun Sie dies, um damit Gott zu verherrlichen. Seien Sie jederzeit bereit, das Tanzen aufzugeben, wenn es diesem Zweck nicht mehr dient.

Auch das Internet können Sie in dieser Weise benutzen. Wenn Sie damit Gott Ehre geben, können Sie Ihre Freiheit im Gebrauch ausschöpfen. Verlassen Sie das Netz, bevor Sie sich in solche Seiten verstricken, die der Verherrlichung Gottes zuwiderlaufen. Es ist der Herr, dem wir dienen.

Betrachten wir das Beispiel: *»Wir aber, die Starken, sind ver-pflichtet, die Schwachheiten der Kraftlosen zu tragen und nicht uns* *selbst zu gefallen. Jeder von uns gefalle dem Nächsten zum Guten, zur Erbauung! Denn auch der Christus hat nicht sich selbst gefallen, sondern wie geschrieben steht: ›Die Schmähungen derer, die dich schmähen, sind auf mich gefallen‹«* (Röm 15,1-3).

Denn nicht einmal Christus suchte sein eigenes Gefallen!

Es ist deutlich geworden, dass wir mit diesem Maßstab für unser Leben etwas lernen: Das Christentum ist nicht eine Sache von Regeln, sondern eine Angelegenheit des Herzens, der Beziehung zu Gott. Die Ge- und Verbote sind nur die ersten Schritte, von denen wir lernen, dass einige Dinge falsch sind. Je enger wir mit dem Herrn leben, desto deutlicher erkennen wir, dass selbst neutrale Handlungen zur Sünde werden, wenn sie Zeit und Energie in Anspruch nehmen, die für ewige Werte eingesetzt werden könnten. Sobald wir das verstehen, werden wir immer vorsichtiger werden, andere zu richten, weil wir unsere eigenen Versäumnisse und Sünden zunehmend klarer wahrnehmen.

Abschließend: Wenn wir an diesem Prinzip festhielten, würden wir die völlige Unmöglichkeit erkennen, das christliche Leben aus eigener Kraft zu führen! Gottes Wunsch nach Reinheit würde über uns so bedrohlich aufragen, dass wir zu ihm getrieben würden, um die übernatürliche Fähigkeit dazu zu erbitten. Kleinliche Unterscheidungen würden im Lichte der so viel gewichtigeren Angelegenheiten wie Ehrlichkeit, einer tiefen Zuneigung zu Gott und der Frucht des Heiligen Geistes verblassen. Wir würden uns hilflos, moralisch schwach und unwürdig fühlen. Wir hätten eine neue Perspektive, die unsere Abhängigkeit von Gott zu einer Notwendigkeit machen würde, um das christliche Leben führen zu können. Christus hat uns nicht in die Falle gelockt, gut sein zu müssen, während andere sich vergnügen! Er hat uns Beschränkungen auferlegt, um uns klarer aufzuzeigen, wie sehr wir ihn brauchen; aber nur die Beziehung, die wir zu ihm haben, ist wirklich wichtig. Ein Christ ist sehr viel mehr als ein Sünder minus seine Sünden. Es verwundert nicht, dass Christus uns wissen lies, dass er kam, um uns Leben zu geben, und dieses in größerem Maße.

Angenommen, Sie und ich wären verhaftet worden, weil wir Christen sind. Gäbe es genügend Beweise, um uns schuldig zu sprechen? Das ist das klarste Merkmal für wahres christliches Verhalten.

KAPITEL 11

Wenn man den Charakter beurteilt ...

Was sind die Merkmale und Zeichen von Integrität?

Sie erinnern sich vielleicht noch an den Namen Richard Dortch. Er war während des bekannten Skandals der achtziger Jahre Mitarbeiter von Jim Bakker. Dortch hatte versucht, Jessica Hahn mit Geld zu beschwichtigen, die Frau, mit der der Fernsehprediger Bakker ein Verhältnis hatte. Dortch landete schließlich im Gefängnis. Dortch war ein guter Mann, der unter Druck eine unkluge Entscheidung traf, um eine christliche Organisation zu retten. Später schrieb er ein Buch, das den Titel *Integrity: How I Lost It and My Journey Back*[1] (Integrität: Wie ich sie verlor und wiedergewann) trug.

Manchmal lässt sich Rechtschaffenheit leichter beschreiben als definieren. Das Wort kommt in der Bibel häufig vor. So nannte Gott z.B. Hiob einen Mann von Rechtschaffenheit. Nachdem Hiob seine Kinder verloren hatte, lesen wir, wie Gott zu Satan sprach: *»Hast du acht gehabt auf meinen Knecht Hiob? Denn es gibt keinen wie ihn auf Erden – ein Mann so rechtschaffen und redlich, der Gott fürchtet und das Böse meidet! Und noch hält er fest an seiner Rechtschaffenheit. Und dabei hattest du mich gegen ihn aufgereizt, ihn ohne Grund zu verschlingen«* (Hi 2,3). Jesus wurde als jemand angesehen, der Wahrhaftigkeit besaß. Als die Pharisäer ihre Schüler zu Jesus schickten, um ihm eine Falle zu stellen, leiteten diese ihre Rede mit den Worten ein: *»Lehrer, wir wissen, dass du wahrhaftig bist«* (Mt 22,16).

Heute nennen wir Rechtschaffenheit, Redlichkeit oder Wahrhaftigkeit auch Integrität. Doch von dieser Integrität ist heute nicht mehr viel vorhanden: Um die siebzig Prozent aller College-Studenten sagen, dass sie mogeln – wenn man der Aussage Glauben schenken darf, die sie bei der Befragung machten![2]

In Sonntagsreden wird immer wieder darauf hingewiesen, wie notwendig Integrität für unsere Gesellschaft ist. Komischerweise sind es aber immer *die anderen*, die Integrität haben sollten.

Wir möchten, dass unsere Politiker sie besitzen.

Wir wünschen uns, dass unsere Kinder Integrität entwickeln.

Firmen und Konzerne müssen sie an den Tag legen.

Unsere Schulen sollen sich durch Integrität auszeichnen.

Wir möchten, dass unsere Gemeindeleiter und Führungskräfte Integrität haben.

In seinem Buch *Integrity* vertritt Stephen Carter die Ansicht, dass Integrität vielleicht »die erste unter den Tugenden ist, weil ... [sie] in gewisser Hinsicht allen anderen vorausgeht: Alles, was wir sonst so denken, spielt eine sehr geringe Rolle, wenn wir nicht von Grund auf integer sind und den Mut und die Bereitschaft aufbringen, zu unseren Überzeugungen zu stehen, diese zu äußern und danach zu handeln, was richtig ist.«[3]

Carter definiert Integrität als etwas ganz Spezifisches, was drei Handlungsschritte erfordert: (a) zu *unterscheiden*, was richtig und was falsch ist; (b) der Unterscheidung gemäß zu *handeln*, auch wenn es uns persönlich etwas abverlangt, und (c) *sich offen dazu zu bekennen*, dass man entsprechend seines Verständnisses von richtig und falsch handelt.[4] Mit anderen Worten, eine integre Person sollte sich nicht davor scheuen, in der Weise ihr Leben zu führen, die sie für richtig hält. Genau das verlangt uns aber oft viel ab, weil wir den natürlichen Wunsch haben, uns so wie die anderen zu verhalten. Je öffentlicher wir jedoch unsere Verpflichtung zur Integrität machen, desto mehr wird es uns anspornen, entsprechend unserer eigenen Standards zu leben.

Das Wort *Integrität* hat die gleiche lateinische Wurzel wie der Begriff *integer*, was man mit »ganzzahlig« oder »ganze Zahl« übersetzen kann. Im Wort steckt also die Bedeutung von Ganzheit. Wir sind integer, wenn wir ganz sind – vergleichbar der ganzen Zahl, die nicht geteilt ist. Dies schließt die Vorstellung »einer ruhigen, gelassenen Person« mit ein, »die sich sicher darin weiß, dass sie recht lebt.«[5] Warren Wiersbe bringt es mit der witzigen Bemerkung auf den Punkt: »Gott will ganze Zahlen machen, Satan dagegen Brüche.«[6]

Es gibt einen Unterschied zwischen dem Charakter (der Integrität) einer Person und ihrem Ruf. D.L. Moody sagte einmal, dass der Charakter das sei, was einen Menschen im Dunkeln auszeichnet. Leider hat sich der Unterschied zwischen beiden Begriffen heutzutage verwischt; es ist wohl die Nachlässigkeit unserer Generation, die nur noch Wert auf den Ruf legt. In Wahrheit ist aber unser Charakter weitaus wichtiger als unser Ruf. Man kann Ihren Ruf beschädigen, nicht aber Ihren Charakter. Im Buch der Sprüche lesen wir: *»Die Rechtschaffenheit der Aufrichtigen leitet sie sicher, die Falschheit der Treulosen aber zerstört sie selbst«* (11,3).

Integrität und die evangelikale Gemeinschaft

Charles Colson liegt richtig, wenn er uns daran erinnert, dass es unser Lebensstil ist, der unseren Mitmenschen ein Bild vom Evangelium vermittelt. Wir begegnen immer wieder Leuten, die uns davon berichten, wie sehr sie die mangelnde Integrität und große heuchlerische Selbstgerechtigkeit der Gemeinde enttäuscht. Um diesen Verlust an Integrität in der gläubigen Gemeinde festzustellen, müssen wir nicht erst auf die publik gewordenen Skandale der 80er Jahre verweisen.

Ich gebe hier ein paar Beispiele dafür, wie wir unsere Integrität verlieren:

- Eine christliche Organisation bittet um finanzielle Unterstützung für ein bestimmtes Projekt, verwendet die Gelder dann aber für einen anderen Zweck.

- Ein Bittbrief bläht eine traurige Geschichte so auf, dass wir betroffen sind. (Es ist eine Alltagserfahrung, dass nur aufgebrachte Leute Geld schicken!) Im gleichen Brief übertreibt der Absender dann maßlos, welche Fähigkeiten er besitzt, um das beschriebene Problem aus der Welt zu schaffen. Da gibt es jede Menge Briefe, die den Eindruck erwecken, dass wir dem Problem der Abtreibung, Pornografie usw. Herr werden, wenn wir nur der Organisation XY eine Spende zukommen lassen. In diesen Behauptungen steckt vielleicht ein Körnchen Wahrheit. Doch wenn dem tatsächlich so wäre, wie lautstark verkündet wird, müssten unsere Bemühungen, den Betroffenen zu helfen, wesentlich erfolgreicher sein.

- Christliche Verlage interessieren sich mehr für ihre Absatzzahlen als den Wert (die Integrität) ihrer Produkte.

- Geistliche Leiter, Evangelisten und Pastoren nennen übertriebene Zahlen zu der Größe ihrer Versammlungen, der Anzahl der Bekehrungen und dem Nutzen ihres geistlichen Dienstes.

- Gemeinden ist ihr quantitatives Wachstum wichtiger als die Frage nach den Zugeständnissen, die diese Zunahme ermöglicht haben.

- Pastoren predigen unaufhörlich, welche positiven Auswirkungen der christliche Glaube hat. Sie verschweigen jedoch die biblischen Botschaften von Gottes Zorn, der Hölle und der Buße.

- Eine Bibelübersetzung entstellt die Bedeutung von Aussagen der Heiligen Schrift, um mit dem Zeitgeist auf gleicher Höhe zu sein.

- Offene Sünde unter Gliedern der Gemeinde wird toleriert, man verzichtet auf Gemeindezucht.

- Wir nehmen Missbrauch, das Auftreten von falschen Lehrern und Brüche in der Integrität stillschweigend hin, weil wir Angst haben, »in etwas hineingezogen zu werden« oder uns unbeliebt zu machen.

Wenn es wahr ist, dass Gott integres Verhalten honoriert, sollten wir nach dieser Tugend streben, auch unter Einsatz großer persönlicher Kosten. Wenn Christen nicht wegen ihrer Integrität bekannt sind, dann ist es in der Tat zweifelhaft, ob sie überhaupt für irgendetwas anderes bekannt sind. Integrität ist das Herzstück einer starken Familie; sie ist die Grundlage jedes wirksamen geistlichen Amtes und unseres Zeugnisses vor der Welt. Wir sind dazu berufen, eine gerade Furche in einer verbogenen und verdorbenen Welt zu ziehen.

Trotz all der Fehler und Schwächen der Gemeinde ist es immer besser, Teil einer örtlichen Gemeinde zu sein, anstatt sich von der Gemeinschaft zu trennen und es allein zu versuchen. Letztlich hat Gott nur die Gemeinde beauftragt, das Evangelium in der Welt darzustellen. Um noch einmal Warren Wiersbe zu zitieren: »Ich plage mich lieber als Christ innerhalb einer nicht perfekten Gemeinde ab, als dass ich ein perfekter Sünder außerhalb der Gemeinde bin.«[7]

Wir müssen uns allerdings auch dabei fragen: Welche Standards sollen wir benutzen, wenn wir in Wahrheit und Ganzheit handeln? Viele Leute besitzen tatsächlich Integrität, definieren diese aber mithilfe ihrer eigenen ungeraden Richtschnur oder gemäß ihres eingeschläferten Gewissens. Thoreau hatte ganz Recht, als er uns darauf aufmerksam machte, dass die Bereitschaft, für eine Sache sein Leben einzusetzen, die Sache nicht automatisch gut macht. Damit wir uns nicht an uns selbst messen, brauchen wir einen objektiven Maßstab zur Beurteilung der Integrität.

Psalm 15,1 wirft die Frage auf: »*HERR, wer darf in deinem Zelt weilen? Wer darf wohnen auf deinem heiligen Berg?*« Danach folgt eine Beschreibung des Mannes, den Gott annimmt. Dieser Mann darf den Berg des Herrn erklimmen; er ist Gott wohlgefällig.

Innerhalb einer Gruppe Gleichgesinnter diese Standards auszuüben, ist ein Leichtes. Ganz anders sieht es dagegen in der Geschäftswelt aus. Man kann leicht ehrlich sein, wenn man mit ehrlichen Leuten verkehrt, die mit der Gnade der Integrität gesegnet wurden. Ein Freund von mir arbeitet jedoch als Leitungskraft bei einer Autohandelsfirma. Dort wird gemogelt, frisiert und gelogen. Jeden Tag aufs Neue muss er sich mit der Frage auseinandersetzen: *Bis wohin lasse ich meine Integrität, meine Redlichkeit also, durchblicken? Welchen Preis bin ich bereit zu zahlen – ob von Seiten der mir Unterstellten oder meiner Vorgesetzten?* Integrität ist schwierig zu handhaben, wenn es um einen herum so wenig davon gibt. Aufrichtiges, rechtschaffenes Handeln verursacht Kosten.

Merkmale der Integrität

Wir haben den besten Wegweiser, wenn wir gemeinsam durch den fünfzehnten Psalm gehen. Wir halten dabei von Zeit zu Zeit an, um den Lebensstil einer von Gott als integer angesehenen Person sichtbar zu machen und ihn gemeinsam zu betrachten.

Ein solcher Mensch spricht die Wahrheit

»Der rechtschaffen wandelt und Gerechtigkeit übt und Wahrheit redet in seinem Herzen, nicht verleumdet mit seiner Zunge, kein Übel tut seinem Gefährten und keine Schmähung bringt auf seinen Nächsten« (Ps 15,2-3). Unter welchen Bedingungen spricht er die Wahrheit? Er spricht sie auch dann, wenn sie Kosten verursacht.

Dieser Mensch spricht die Wahrheit, wenn sie ihn verkleinert. Vielleicht muss er sich zu seiner sündigen Vergangenheit bekennen. Oder er muss erzählen, was sich wirklich an seinem Arbeitsplatz ereignet hat. Er spricht die Wahrheit selbst dann, wenn dadurch andere in einem besseren Licht als er selbst erscheinen. Er verheimlicht auch seiner Frau gegenüber nicht die Wahrheit, wenn er ihr etwas bekennen muss.

Ein solcher Mensch spricht die Wahrheit, auch wenn er sich dadurch selbst zur Scham verurteilt. Vor Kurzem hörte ich von einem christlichen Leiter, dem man vorwarf, eine außereheliche Beziehung über das Internet zu führen. Er bestritt dies, bis ihm Beweise vorgelegt wurden. Unsere Neigung, Sünde zu verbergen, ist so stark, dass es uns nahezu unmöglich ist, *uns selbst* die Wahrheit einzugestehen, ganz zu schweigen von der Aufgabe, diese anderen Menschen mitzuteilen!

Eine integre Person spricht die Wahrheit, auch wenn sie dadurch Schaden erleidet. Vor einer Reihe von Jahren verlor ein Baseball-Manager hier in Chicago einmal ein Spiel, weil er darauf aufmerksam machte, dass sein eigener *Home-run*-Spieler den dritten *base*-Punkt nicht getroffen hatte. Der Spieler war außer sich vor Zorn, weil selbst der Schiedsrichter die Regelverletzung nicht bemerkt hatte. Für diesen Manager war jedoch Wahrheit Wahrheit. Und Ehrlichkeit war Ehrlichkeit.

Ein integrer, gottgefälliger Mensch spricht die Wahrheit, auch wenn sie ihn anklagt. Mir ist ein Mann bekannt, der bei der Versicherung angab, eine Verletzung am Arbeitsplatz erlitten zu haben, obwohl er sie in Wirklichkeit von einem Jagdunfall hatte. Bis zu seinem Lebensende erhält er nun Versehrtenrente. Ein Geistlicher, der ihn besuchte, wies den Mann darauf hin, dass er vor der Versicherung den Betrug offen legen müsste. Der Mann entgegnete ihm: »Glauben Sie, ich habe Lust, im Gefängnis zu landen?«

Es gibt allerdings schlimmere Dinge als das Gefängnis. Eins davon ist die Tatsache, dass wir keine Gemeinschaft mehr mit dem lebendigen Gott haben können, weil es eine Sünde gibt, die wir bisher nicht bekannt und wieder gutgemacht haben. Ein integrer Mensch geht lieber ins Gefängnis, als sein Gewissen mit Sünde zu beladen, die ihn den Segnungen Gottes entzieht.

Wir sollten alle beten: *»Herr, rette meine Seele vor der Lügenlippe, vor falscher Zunge«* (Ps 120,2). Unsere verloren gegangene Integrität kann wiederhergestellt werden, wenn wir uns an diese wahre Aussage halten: *»Wer seine Verbrechen zudeckt, wird keinen Erfolg haben; wer sie aber bekennt und lässt, wird Erbarmen finden«* (Spr 28,13).

Ein solcher Mensch hält und ehrt seine Freundschaften

Er ist es, der *»nicht verleumdet mit seiner Zunge, kein Übel tut seinem Gefährten und keine Schmähung bringt auf seinen Nächsten«* (Ps 15,3). Jemand sagte einmal: »Wenn Sie herausfinden wollen, wer wirklich Ihre Freunde sind, begehen Sie nur einmal einen wirklich großen Fehler in der Öffentlichkeit.« Einige Ihrer Freunde werden schnellstens in Deckung gehen und leugnen, sie je näher gekannt zu haben. Die wahren Freunde jedoch werden zu Ihnen stehen. Einer integren Persönlichkeit wird der Ruf seiner Freunde immer wichtiger als der eigene sein. Gesegnet seien all diejenigen, die für ihre Freundschaften auch einstehen.

Schauen Sie einmal die folgende Geschichte dazu an. Sie spielt sich so oft überall ab, dass ich zu behaupten wage, dass dies auch gerade in dem Augenblick der Fall ist, wenn Sie dieses Buch lesen. In einer Organisation wird jemand von seinen Aufgaben und Pflichten entbunden. Vielleicht war diese Person Mitglied der Gemeindeleitung oder im Vorstand eines Missionswerkes. Der Grund für die Amtsenthebung mag in mangelnder Kompetenz, Unehrlichkeit oder moralischen Belangen liegen. Es kann auch einfach nur so sein, dass diese Person nicht die richtigen Gaben zur optimalen Bekleidung der Position hatte.

In unserem Beispiel sind nur dem Pastor oder dem Vorgesetzten die näheren Umstände für die Entlassung bekannt, und daher ist ihnen auch Schweigen darüber geboten. Man möchte den Ruf des Betroffenen nicht verletzen oder seiner Familie nicht wehtun oder seine Zukunft nicht gefährden. Man ist hoffentlich integer genug, um die unappetitlichen Details der Entlassung für sich zu behalten.

Der gefeuerte Angestellte weiß, dass er sich auf seinen Pastor/Arbeitgeber darin verlassen kann, dass der nicht »die ganze Wahrheit ausbreitet«. Daher kann er ganz unbesorgt jedweden Grund für seine Entlassung erfinden. Vielleicht wird er mitleidheischend seinem Vorgesetzten größtmöglichen Schaden zufügen wollen, und der muss dann die Scherben wieder zusammensetzen. Der Angestellte sagt vielleicht nicht einmal seiner Frau die volle Wahrheit. Er informiert sie nur teilweise, verdunkelt die Wahrheit oder fabriziert sie nach Gutdünken. Er kann sich dabei so ins rechte Licht setzen, wie es ihm beliebt, und den Vorgesetzten schlecht aussehen lassen. Da kann wenig gegen getan werden.

Wenn der Vorgesetzte Integrität besitzt, wird er die Verleumdungen hinnehmen, ohne sich deswegen zu rechtfertigen. Er wird einfach die Last der Führungsaufgabe tragen und mit der Kritik so gut wie möglich umgehen. Hätte der entlassene Angestellte Integrität, so hätte er sich positiv zu der getroffenen Entscheidung geäußert – ob er ihr nun zustimmt oder nicht. Er hätte auch andere darin ermutigen können, diese Organisation auch weiterhin zu unterstützen. Kurz gesagt, er hätte eine gute Miene gemacht, wohl wissend, dass Gott selbst Ungerechtigkeiten dazu gebraucht, uns in der Hand des Meisters zu schleifen. Jemand sagte einmal etwas Weises: »Ihre Freunde werden Sie bis zur Grenze Ihrer Möglichkeiten bringen. Nur Ihre Feinde aber schaffen es, Sie auch darüber hinaus wachsen zu lassen.« Wie dem auch sei, integre Leute stellen sich nicht besser dar, als sie es tatsächlich sind.

Redlichkeit!

Ein solcher Mensch steht zu seinen Verpflichtungen

Psalm 15,4 können wir ein weiteres Merkmal eines integren Menschen entnehmen: »*... der, in dessen Augen der Verworfene verachtet ist, der aber die ehrt, die den HERRN fürchten; der, hat er zum Schaden geschworen, es nicht ändert.*« *Er hält seinen Eid, auch wenn es schmerzt!*

Sofort denken wir an den Eid bei der Eheschließung. Da heißt es nicht: »Ich werde dich so lange lieben, wie du mir die Befriedigung verschaffst, die ich verdiene.« Es heißt auch nicht: »Ich werde dich lieben, bis ich jemanden finde, der zu meiner Persönlichkeit besser passt.« Sicherlich kann eine Scheidung mitunter unausweichlich sein. Und doch kann diese nicht vonstatten gehen, ohne dass wir das Scheitern der Ehe betrauern. Wir müssen den Verlust an Integrität beklagen, wenn dieser einst so feierlich abgelegte Eid aus welchem Grunde auch immer gebrochen wird.

Ein Versprechen ist mehr als nur eine Aneinanderreihung von Wörtern, die einen Satz ergeben. Ein Versprechen ist eine Aussage darüber, wie man leben und handeln möchte. Natürlich ist es so, dass in den Versprechen auch Bedingungen mitenthalten sind. »Ich treffe dich zum Frühstück.« Damit ist ausgesagt, dass ich unter der Voraussetzung, dass alles so bleibt, wie es momentan aussieht, anwesend sein werde. Wir würden nicht von einer Verletzung der Integrität sprechen, wenn ich die Verabredung aus gutem Grund nicht einhalten konnte. Diejenigen aber, denen es an Integrität mangelt, werden mit allen möglichen Ausreden ankommen, um einer Verpflichtung aus dem Weg zu gehen. Einige Leute verpflichten sich sogar zu bestimmten

Dingen, obwohl sie wissen, dass sie ihr Versprechen nicht einhalten können oder werden.

Können Sie Menschen vertrauen, ein Geheimnis für sich zu behalten? In der Regel schon, nur darf das Geheimnis nicht deren Ego berühren. In dem Fall werden sie das Geheimnis verraten, wenn sich die Gelegenheit bietet, hieraus einen persönlichen Nutzen zu ziehen. Das gilt leider oft auch für Menschen, von denen Sie angenommen hatten, sie besäßen Integrität. Leute werden also die ihnen anvertraute Geschichte weitererzählen, wenn sie dadurch ihren »Selbstwert« aufbessern. Genauso werden sie Geheimnisse und vertrauliche Geschichten preisgeben, wenn sie zu Unrecht angeklagt werden und sich nun durch die Bekanntgabe die Möglichkeit ergibt, gut dazustehen. Unser Bedürfnis nach Selbstschutz ist so ausgeprägt, dass wir Ausnahmen machen werden, wenn es uns nutzt.

Im umgekehrten Falle werden Menschen mitunter schweigen und Freunde betrügen, wenn ihnen durch ihr Sprechen Unannehmlichkeiten entstehen. Ein befreundeter junger Pastor wurde von den Ältesten der Gemeinde, in der er zuerst tätig war, gebeten, einen reichen Landwirt aufzusuchen. Dieser verfügte im Ort über großen Einfluss, besuchte von Zeit zu Zeit die Gemeinde und ließ ihr auch finanzielle Zuwendungen zukommen. Die Ältesten wollten in Erfahrung bringen, ob der Bauer errettet sei. »Wir wissen einfach nicht, wo er geistlich steht«, erklärten sie. Der junge Pastor kam dem Wunsch nach und stellte dem Mann, in vielleicht etwas naiver Art, die entsprechende Frage. Der Landwirt reagierte darauf zornig und beleidigt zugleich. Beim nächsten Leitungstreffen erzählte er aufgebracht von dem Vorfall: »Dieser Pastor hatte den Nerv, mich danach zu fragen, ob ich Christ sei. Was sollen wir Ihrer Meinung nach mit ihm machen?« Dann setzte er sich.

Tödliches Schweigen.

Der Mann erhob sich erneut: »Meiner Ansicht nach sollten wir ihn zum Verlassen unserer Gemeinde auffordern.« Man stimmte ab, der Pastor wurde seines Amtes enthoben – und nicht einer der Ältesten stand zu seiner Verteidigung auf! Der Pastor verließ die Gemeinde und marschierte mehrere Meilen durch den Regen. Er konnte einfach nicht glauben, was gerade geschehen war. Es überrascht nicht, dass er nicht mehr als Pastor tätig wurde. Nicht einer der Ältesten – diese *Feiglinge!* – verteidigte ihn oder erläuterte, dass er auf ihr Geheiß zu dem Landwirt gegangen war!

Wo ist die Integrität?

Ein solcher Mensch weigert sich, andere auszunutzen

Der integre Mensch ist der, *»der sein Geld nicht auf Zins gibt, und kein Bestechungsgeschenk nimmt gegen den Unschuldigen«* (Ps 15,5). Begehen wir nicht den Fehler, die Textstelle so zu deuten, als ob er eine Bestechung dann annähme, wenn es sich um einen Schuldigen handelte. Nein, der Vers sagt uns einfach, dass der integre Mensch andere nicht ausnutzen wird. Er wird seinen Preis nicht in die Höhe treiben, nur weil er meint, dass er dann davonkäme.

Die Vorschrift des Alten Testaments, nach der Zins nicht erhoben werden sollte, hat nichts mit unserer modernen Sitte zu tun, Zinsen für Geldanlagen zu erhalten. Wenn ich Ihnen Geld leihe, damit Sie damit Geld verdienen können, habe ich ein Recht darauf, einen Betrag für die Bereitstellung des Geldes zu bekommen. Gott wollte uns hier zeigen, dass es ungerecht ist, Zinsen von den Armen zu verlangen, die nicht die Gelegenheit dazu haben, das geliehene Geld zu vermehren. Wir sollen andere nicht ausnutzen.

Integrität kann schon noch gefunden werden – man muss nur lang genug danach suchen. Ein Christ überzeugte Missionare und christliche Arbeiter davon, Anteile an einer Mine zu erwerben, da es gute Gründe dafür gab, dass sich der Preis bald nach oben bewegen würde. Das passierte dann auch. Als später jedoch die Mine einstürzte, brach auch der Aktienkurs ein. So verloren viele ehrliche Leute ihr Geld.

Was tat nun dieser Christ? Vom juristischen Standpunkt gab es keinerlei Verpflichtungen für ihn. Jeder weiß, dass man in Aktien investiertes Geld auch verlieren kann. Dieser Mann – Gott möge ihn segnen – machte all seine Festwerte flüssig und zahlte jedem Anleger das aus, was er eingesetzt hatte. Es handelte sich also um einen Mann, der nicht käuflich war; der über die reine Pflichterfüllung hinausging, weil ihm daran gelegen war, gottgefällig zu handeln und somit seine eigenen Interessen zurückzustellen. Vergleichen Sie dieses Beispiel einmal mit dem berühmten Enron – Firmenskandal, der sich im Jahre 2002 ereignete. Wir sehen dann sehr rasch, dass die Integrität dieses Mannes in der Tat selten ist.

Man kann einen solchen Mann nicht kaufen

Die Experten versichern uns, dass man alles kaufen kann. Wedeln Sie nur mit großen Geldscheinen und die Rechtschaffenheit wird beim richtigen Preis über Bord geworfen. Deshalb werden wir ermahnt: *»Kaufe Wahrheit und verkaufe sie nicht, dazu Weisheit und Zucht und Verstand«* (Spr 23,23).

Kann man Sie kaufen?

Man erzählt sich die Geschichte von einem Mann, der eine Frau fragte: »Würden Sie für 50.000 Dollar mit mir schlafen?« Die Frau überlegte einen Augenblick und meinte dann: »Für 50.000 Dollar ... Ja, ich glaube, das würde ich tun.« Daraufhin wollte der Mann wissen, ob sie es auch für 50 Dollar täte. Sie reagierte entrüstet: »Für was halten Sie mich?« Der Mann antwortete: »Nun, das haben wir gerade herausgefunden. Jetzt verhandeln wir nur noch über den Preis.«

Als Christen sind wir nicht käuflich. Für einige Dinge sind wir bereit, den Arbeitsplatz zu räumen; für manche Dinge lohnt es sich, sein Erbe zu verlieren; auch vor dem Gefängnis scheuen wir uns in bestimmten Situationen nicht; für andere Dinge werden wir auch den Erfolg bei einer Prüfung an der Hochschule aufs Spiel setzen.

Der englische Staatsmann und Autor Thomas Morus war Katholik. Von daher ist es klar, dass ich mit seiner Theologie nicht übereinstimme. Ich bewundere jedoch seine Integrität. Sie erinnern sich vielleicht an die Geschichte, als König Heinrich VIII. darauf bestand, dass Morus den sogenannten *Act of Supremacy* unterzeichnete. Dieses Gesetz sollte den König zum Oberhaupt der englischen Kirche machen. Thomas Morus war allerdings ein treuer Katholik. Er war dagegen, dass Heinrich auf diese Weise nicht mehr länger dem Papst unterstellt sein sollte. Er war sich dessen bewusst, dass ihn seine ablehnende Haltung seinem langjährigen Freund gegenüber das Leben kosten könnte. Und genau dazu kam es dann bekanntlich.

Der oft gehörte Satz: »Nun, ein Mensch muss schließlich leben«, stimmt einfach nicht. Die Märtyrer der gesamten Kirchengeschichte sind ein beredtes Zeugnis davon, dass es sich für einige Dinge wirklich zu sterben lohnt. Gesegnet sind all diejenigen, die ihr eigenes Leben nicht mehr als das Evangelium lieben. Gesegnet sind auch diejenigen, die Integrität für wichtiger halten als das, was die Welt zum Ersatz anbietet. Eine solche Person kann zu Gottes heiligem Berg aufsteigen; ein solcher Mensch ist gottwohlgefällig.

Worauf Integrität hinausläuft

Es gibt viel zu lernen im Hinblick auf Rechtschaffenheit.

Als Erstes ist sie sehr zerbrechlich. Sobald man sie verloren hat, ist sie nur schwer wiederzugewinnen – wenn überhaupt. Es ist anders als bei einem Eimer Wasser, den man umgeworfen hat und einfach wieder auffüllt. Integrität lässt sich da schon besser mit einer Vase auf einem Sims vergleichen: Wenn sie zu Boden fällt, muss sie wieder zusammengeklebt werden. Und selbst wenn das hervorragend gelungen ist, werden einige feine Haarrisse doch zeigen, wo die Bruchstelle war.

Falls Sie gegenteiliger Ansicht zur Zerbrechlichkeit der Integrität sind, machen Sie doch einmal Geschäfte mit einem Freund von Ihnen, den Sie betrogen haben. Oder versuchen Sie einmal mit Ihrer Frau wieder eine Beziehung aufzubauen, nachdem Sie sie belogen haben. Ich gab einmal einem Freund einige Informationen weiter. Er versprach mir, diese geheim zu halten. Stattdessen erzählte er alles genau den Leuten weiter, vor denen ich diese Informationen geheim halten wollte. Wenn wir heutzutage gemeinsam zu Mittag essen, so berichte ich ihm nur von Dingen, die er ruhig weitergeben kann. Barclay zitiert jemanden, der einmal sagte: »Drei Dinge kommen nicht zurück – der verschossene Pfeil, das gesprochene Wort und die verpasste Gelegenheit.«[8]

Als Zweites können wir lernen, dass der Verlust an Integrität mit kleineren Bruchstellen beginnt. Jahre vor dem Platzen eines Reifens kommt es zu Haarrissen, die sich unter Druck verbreitern. Wenn das Fahrzeug dann von der Straße abkommt, gibt es hierzu eine lange Vorgeschichte. In der gleichen Weise verhält es sich mit verborgenen Charakterschwächen, die erst nach Jahren an der Oberfläche sichtbar werden. Der Mensch, den man der Unehrlichkeit bezichtigt, ist vermutlich lange schon unehrlich gewesen.

Ich möchte gerne denjenigen Frauen unter uns einen Rat geben, die die Absicht haben, bald zu heiraten. Wenn Sie einen Mann kennengelernt haben, der sich als unehrlich erweist, können Sie sicher sein, dass Sie nicht die erste Person sind, zu der er sich so verhält; auch werden Sie bestimmt nicht die letzte sein, die er belügt. Brüche in der Integrität erscheinen vielleicht als isolierte Vorfälle. Meistens sind sie jedoch Ausdruck für ein bestimmtes Verhaltensmuster.

Drittens ist festzuhalten, dass die Wiederherstellung der Integrität mit Buße anfängt. Niemand von uns ist vor Fehlverhalten gefeit. Wenn es dazu kommt, können wir nur dann unsere Integrität wiedererlangen, wenn wir unsere Herzen gründlich und ehrlich prüfen. Dann ist es unsere Pflicht, alles Notwendige zu tun, um mit Gott und Mensch wieder einen Ausgleich herzustellen. Wir sind dem Teufel niemals ähnlicher als in dem Moment, in dem wir lügen.

Für diejenigen, die mit der Lüge zu kämpfen haben, habe ich ein erprobtes Mittel, um von dieser Sünde befreit zu werden: Sobald Sie die Unwahrheit sagen, bekennen Sie diese sofort und gegenüber der Person, der Sie diese gerade geäußert haben. Unterbrechen Sie die Unterhaltung in der Mitte des Satzes und erklären: »Was ich Ihnen gerade mitgeteilt habe, war eine Lüge.« Dies ist meines Erachtens eine gute Möglichkeit, Ihr Herz in der Disziplin des Aussprechens von Wahrheit auszubilden und zu trainieren.

Der Historiker Flavius Josephus berichtet uns eine berühmt gewordene Geschichte. Danach hatte der römische General Petronius zehntausend Juden den Befehl erteilt, eine Statue des Kaisers Caligula im Tempel von Jerusalem zu errichten. Diese weigerten sich jedoch. Sie entblößten ihre Hälse und beharrten darauf, dass sie eher sterben würden, als sich zu Götzendienern zu machen. Nach der Verhandlung mit ihnen war Petronius angesichts ihres Mutes so bewegt, dass er dem Kaiser schrieb, dass es ihm seine Ehre nicht erlaube, die Statue in dem Tempel aufzustellen.[9] Die Menschen, die den Tod dem Verrat an ihren religiösen Überzeugungen vorziehen, sind echte Vorbilder integren Verhaltens – ob wir nun ihren Glauben teilen oder nicht.

Wenn wir erwarten, bleibenden Einfluss auf die Welt zu nehmen; wenn wir erwarten, dass Gott unsere Bemühungen zur Weitergabe des Evangeliums ebenso segnet wie unser Wirken als »Salz und Licht«, dann müssen wir wissen, wodurch sich die Gemeinde von der Welt unterscheidet. Unabhängig von den Kosten, die uns entstehen, müssen wir Leute sein, die geistlich zu unterscheiden vermögen. Die Wurzel unserer Urteile heißt Integrität oder Rechtschaffenheit, jene Eigenschaft, die sich gegen die Ichbezogenheit abhebt, die unsere Kultur durchdringt. Wir können hierzu wohl am besten die Worte Hiobs zitieren: »*Er soll mich auf der Waage der Gerechtigkeit wiegen, so wird Gott meine Rechtschaffenheit erkennen*« (Hi 36,1).

Rufen wir gemeinsam zu Gott. Bitten wir ihn, dass er uns den Wunsch und die Fähigkeit dazu gibt, in einer verfaulenden Gesellschaft Menschen zu sein, die der Wahrheit verpflichtet sind. Und lassen Sie uns durch seine Gnade die Gemeinde sein. Wir wollen der Leib sein, dessen Einfluss größer als die Zahl seiner Glieder ist. Lassen Sie uns zusammen der Leib sein, dessen Botschaft uns umgestaltet.

Steh auf, o Gemeinde Gottes!
Wir taten dies, als wir weniger hatten.
Mit Herz und Seele, Denken und Kraft,
dem König aller Könige zu dienen.

Heb hoch das Kreuz Christi!
Geh die Wege, die seine Füße gingen;
als Brüder des Menschensohnes
erhebe dich, o Gemeinde Gottes!

Anmerkungen

1. Richard W. Dortch, *Integrity: How I Lost It and My Journey Back* (Green Forest, Ark.: New Leaf, 1993).
2. Stephen Carter, *Integrity* (1996; New York: Harper Trade, 1997; New York: Basic Books, HarperCollins, 1996), S. 4.
3. Ebd., S. 7.
4. Ebd.
5. Ebd.
6. Warren W. Wiersbe, *The Integrity Crisis* (Nashville: Thomas Nelson, 1988), S. 20.
7. Ebd., S. 11.
8. William Barclay, *The Letter to the Romans* (Edinburgh: St. Andrew: 1965), S. 179.
9. Carter, *Integrity*, S. 15.

Buchempfehlungen

Erwin W. Lutzer
Einig in der Wahrheit?
Grundlegende Kontroversen in der Geschichte des Christentums
Pb., 272 Seiten, Best.-Nr. 273.525
Biblische Lehre ist ein notwendiges Element des christlichen Glaubens. Bestimmte Überzeugungen haben jedoch im Lauf der Kirchengeschichte zu Trennungen und Spaltungen geführt. Erwin Lutzer untersucht die geschichtlichen Hintergründe solcher trennenden Glaubenslehren und liefert den biblischen Befund dazu. Dabei geht es ihm nicht um Nebensächlichkeiten, die man im Interesse der Einheit ignorieren kann. Es geht u. a. um Themen wie Maria als Mutter Gottes, das Papsttum, Rechtfertigung, Abendmahl und Taufe sowie um den Lehrstreit zwischen Calvin und Arminius.
EUR (D) 10,90 EUR (A) 11,20 SFR 19,50
ISBN: 978-3-89436-525-7

Erwin W. Lutzer
Verrat an Jesus
Sechs Lügen, die über den Weltenerlöser verbreitet werden
Geb., 176 Seiten, Best.-Nr. 273.577
Glauben Sie an Jesus? Wenn ja, an welchen? Wir benutzen vielleicht denselben Namen, aber wenn wir uns über Jesus unterhalten, merken wir, dass wir nicht über dieselbe Person sprechen. Wer ist der wahre Jesus? Ist es möglich zu wissen, wie er wirklich war? Dr. Erwin Lutzer zeigt dies, indem er die sechs häufigsten Lügen widerlegt, die heute über Jesus im Umlauf sind: Man hat das Familiengrab Jesu entdeckt, Jesus wurde nie gekreuzigt, Jesus war ein ganz normaler Mensch, Jesus ist ein Weg zu Gott unter vielen.
EUR (D) 10,90 EUR (A) 11,20 SFR 19,50
ISBN 978-3-89436-577-6

Buchempfehlungen

Michael Kotsch (Hrsg.)

Abschied von den Geschlechtern

Die Gender-Ideologie auf dem Vormarsch

Tb., 11 x 18 cm, 96 Seiten, Best.-Nr. 273.618

Die Begriffe „Gender" oder „Gender-Mainstreaming" tauchen in den Medien immer häufiger auf. Dahinter verbirgt sich eine Ideologie, nach der jeder Mensch seine geschlechtliche Identität selbst bestimmen kann und somit jede sexuelle Orientierung als gleichwertig zu betrachten ist. Worin liegen die Wurzeln eines solchen Konzepts? Wie sehen die Folgen aus? Wie sollen sich Christen dazu stellen?

EUR (D) 5,50 EUR (A) 5,70 SFR 10,30

ab 20 St.: EUR (D) 4,10 EUR (A) 4,20 SFR 7,90

ISBN 978-3-89436-618-6

Rudolf Möckel

Als Christ im Beruf

Biblische Perspektiven für das Leben am Arbeitsplatz

Tb., 11 x 18 cm, 144 Seiten, Best.-Nr. 273.619

Viele Christen kennen dieses Problem: Sie bewegen sich in verschiedenen Welten, in denen ganz unterschiedliche Gesetze und Regeln gelten – die Arbeitswelt und die Familien- und Gemeindewelt. Scheinbar unverbunden existieren beide Lebensbereiche nebeneinander und berühren sich kaum. Diese Spannung hält auf Dauer kein Mensch aus, der ernsthaft in der Nachfolge Leben möchte! Rudolf Möckel schreibt in seinem Buch über die Herausforderung, als Christ im Beruf ein echtes, ungeteiltes Leben zu führen.

EUR (D) 5,50 EUR (A) 5,70 SFR 10,30

ab 20 St.: EUR (D) 4,10 EUR (A) 4,20 SFR 7,90

ISBN 978-3-89436-619-3